普通高等学校"互联网+"立体化教材

U0727104

新时代大学体育信息化教程

庞元宁　等　主编

北京体育大学出版社

策划编辑：刘付锡
责任编辑：杨　洋
责任校对：宋志华
版式设计：高荣华

图书在版编目（CIP）数据

新时代大学体育信息化教程 / 庞元宁等主编 . –– 北京：北京体育大学出版社 , 2020.8
　ISBN 978-7-5644-3373-4

Ⅰ . ①新… Ⅱ . ①庞… Ⅲ . ①体育教学 – 信息化 – 高等学校 – 教材 Ⅳ . ① G807.4

中国版本图书馆 CIP 数据核字 (2020) 第 167930 号

新时代大学体育信息化教程　　　　　　　　庞元宁　等　主编

出版发行：北京体育大学出版社
地　　址：北京市海淀区农大南路 1 号院 2 号楼 4 层办公 B–421
邮　　编：100084
网　　址：http://cbs.bsu.edu.cn
发 行 部：010–62989320
邮 购 部：北京体育大学出版社读者服务部 010–62989432
印　　刷：三河市聚河金源印刷有限公司
开　　本：787mm×1092mm　1/16
成品尺寸：185mm×260mm
印　　张：18.75
字　　数：356 千字
版　　次：2020 年 8 月第 1 版
印　　次：2020 年 8 月第 1 次印刷
定　　价：45.00 元

《新时代大学体育信息化教程》
编委会

前　言

　　随着信息化时代的到来，信息化水平已经成为衡量一个国家的国际竞争力、现代化程度和综合国力的重要标志。教育信息化对于转变教育思想和观念，深化教育改革，提高教育质量，培养创新人才具有深远意义。

　　随着我国高校体育教育改革的不断深入，体育教育的课程内容、教育模式和教学方法均面临新的挑战。如何适应新形势下高校体育教育的变化和发展，在"健康第一"的教育理念下创建大学公共体育教育的新体系和新特色，把健康教育的理论付诸体育教育实践，是当今大学公共体育教育改革面临的新任务和新课题。将信息技术融入大学公共体育教学，有利于提高大学公共体育教学的质量，实现大学公共体育教学目标，促进学生身心的全面发展。

　　2016年印发的《关于强化学校体育促进学生身心健康全面发展的意见》指出，以"天天锻炼、健康成长、终身受益"为目标，改革创新体制机制，全面提升体育教育质量，健全学生人格品质，切实发挥体育在培育和践行社会主义核心价值观、推进素质教育中的综合作用。

　　为了落实国家的相关文件精神，适应新时代高校体育教学改革的需要，我们编写了这本教材。本教材力求体现以下特点。

1. 利用信息技术助力纸媒教材

　　本教材从体育信息化教学的角度出发，在每章都附加了相应的二维码。学生通过扫描二维码，不仅可以学习体育的相关知识，还可以反复观看各种运动项目的技战术视频微课，学习不同运动项目的动作要点，有效地掌握运动技能，从而帮助学生自主学习。

2. 理论与实践并重

　　本教材遵循"健康第一""终身体育"的指导思想，在体育理论知识部分，重点对体育教育的功能和健康的重要性等方面进行阐述；在体育实践部分，重点介绍学生喜闻乐见的运动项目，为学生进行终身体育锻炼打下坚实的基础。

3. 版式新颖

本教材的版式新颖，图文并茂，并设计了知识拓展、名词解析、名人故事等版块，从而增加了教材的趣味性和实用性，利于学生阅读。

4. 内容精练

本教材用图解的方式力争把最新的体育锻炼理念和运动技能传授给大学生，激发大学生的体育兴趣，使他们掌握至少两项运动项目，以实现体育教学目标。

由于编写时间仓促，本教材若有不妥之处，恳请广大师生批评与指正，以便今后进一步完善和提高。

< 2 >

目　录

<1>

< 2 >

第一章

体育，美好的教育

本章思维导图

本章思维导图

》 本章导读

　　体育产生于人类社会中的两种需要：一种是生产活动的需要；另一种是人类生理和心理活动的需要。体育起源于生产劳动，并受教育、艺术、风俗习惯等因素的影响。现代社会中，体育作为一种被大众普遍接受且热爱的社会活动，已经发展到了较高的水平。其中，大学体育作为学校体育乃至体育的有机组成部分，在实现教育目标方面有着十分重要的作用和功能。

》 学习目标

► 了解我国大学体育的目标、任务和功能。
► 了解我国大学体育课程的组织形式。
► 了解体育思政的相关知识。

第一节 大学体育的目标、任务和功能

　　学校体育是全面发展中国特色社会主义教育的重要组成部分，是培养"有理想、有道德、有文化、有纪律"的德、智、体、美、劳全面发展的社会主义建设者和接班人的重要途径；学校体育是国民体育的基础，是增强中华民族体质、促进我国群众体育发展、提高运动技术水平、建设体育强国的战略措施；学校体育是丰富学生课余文化生活、对学生进行思想政治教育、进行社会主义精神文明建设的重要手段。

一、大学体育的目标

（一）总体目标

　　培养大学生的体育意识，提高其体育能力，促进大学生身心素质的全面发展，使之成为中国特色社会主义现代化建设所需要的身心健康的高层次合格人才，是大学体育的总体目标。大学体育的总体目标从根本上反映了体育的本质特征，制约并影响着大学体育的全过程，切实体现了我国社会教育、体育发展的基本要求和大学生的需求。

（二）具体目标

　　大学体育的具体目标主要包括以下几个方面。

　　（1）使大学生掌握体育锻炼和卫生保健的基础知识和基本技能，正确认识体育对人类和当代社会的重要意义和作用；增强大学生的体育意识，使之学会选择符合个体兴趣和需求的科学的锻炼方法，并养成经常锻炼身体的习惯，提高其体育能力，为终身体育打下良好的基础。

　　（2）有效增强大学生体质，促进其身心健康发展，使体质达到《国家学生体质健康标准》规定的指标和要求，使大学生更好地完成体育学习的任务，从而愉快地学习和生活。

　　（3）学校通过开展体育活动对大学生进行思想道德及意志品质教育，加强对大学生的主体性教育、体育审美教育，以完善大学生的人格，促进大学生的个性发展。

（4）对具有运动特长的大学生进行课余训练，并适当地组织比赛，提高大学生的运动技术水平，满足其对运动竞技的需求，进而为竞技体育培养骨干人才，促进全民健身运动的开展。有条件的院校还可以组织大学生成立高水平运动队或运动俱乐部参加国际大赛，增强国际间的体育交流。

大学体育的具体目标是一个相互联系、相互促进的统一整体，决不能为追求一时的效果而片面突出其中的部分目标，造成长期的负面影响。

二、大学体育的任务

（一）全面锻炼大学生的身体，增强大学生的体质

增进大学生的身心健康、增强大学生的体质是大学体育的首要任务，也是大学体育教育的出发点和归宿。高校应根据大学生的身心发展特点，有计划、有组织地全面锻炼大学生的身体，促进大学生身体的生长发育，使其形成正确的身体姿势和健美的体格，提高机体各器官、系统的机能；全面发展大学生的身体素质和基本活动能力，提高大学生对自然环境和社会环境的适应能力，以及对疾病的抵抗能力。

知识拓展

学校体育的"全面锻炼大学生的身体，增强大学生的体质"这一任务得到了国内外学者的一致认同。美国学者认为，体育教育与一般教育的目的相同，均在于使学生成为"完整"的人；日本教育学家认为，学校体育必须使学生在德、智、体等方面协调发展，使其成为身心健康的人；芬兰政府明文规定，学校体育是唯一以促进学生身体发展为目的的学科，它将发展学生的完整个性与培养学生的身心健康统一为一体。我国学校体育始终把增进学生的身心健康、增强学生的体质放在首位，始终将其作为学校体育的首要任务。

（二）激发大学生的锻炼兴趣，培养大学生的锻炼习惯

大学体育应以丰富多彩的教学内容和形式激发大学生参与体育锻炼的兴趣和热情，应通过系统的体育教学活动使大学生掌握体育运动、卫生保健等基础知识和基本技能；培养大学生的体育能力，使其养成锻炼身体的习惯，以适应终身体育的要求。

（三）结合体育的特点，对大学生进行思想品德和美育教育

大学体育不仅要育"体"，还要育"心"。大学体育教育可以培养大学生自觉遵守纪律、热爱集体、团结友爱等品质。参与体育运动的过程，实际上是一个克服困难、磨炼意志、塑造品格、树立信念、陶冶情操的过程。

大学生应该在参与体育活动和观赏体育比赛的过程中，主动培养自己的体育意识，自觉树立为建设中国特色社会主义现代化强国而锻炼身体的观念，培养吃苦耐劳、艰苦奋斗、团结友爱、勇于奉献、拼搏进取的优良品质，以形成文明的行为方式和良好的体育作风；提高自信心和自制力，发扬开拓创新的精神，提高热爱美、鉴赏美、表现美的能力，使自己在知、情、意、行等方面均有较高层次的追求，自觉形成文明、科学、健康的生活方式，促使自己在德、智、体、美、劳诸方面都得到全面发展。

（四）培养体育人才，进一步促进学校体育的发展

对于具有相对良好的体育教育氛围、雄厚的专业体育师资力量、优厚的物质条件等优势的高校，应该注重培养有竞技体育运动才能的大学生，这不仅能为国家培养优秀的体育人才，还能进一步推动大学体育活动的开展，丰富校园文化生活。

三、大学体育的功能

大学体育除了具有增强体质、防病治病、调节人的心理等功能外，在学校素质教育中，还具有其他学科无法比拟的独特功能。

（一）思想教育强化功能

教师可通过大学体育教育对大学生进行德育教育，在对教学内容进行编排和组织后，让大学生体会勇敢顽强、吃苦耐劳、拼搏进取、团结合作等良好品德的重要性。大学体育活动可采用竞赛、评比等形式进行，并对比赛的优胜者进行奖励，这有利于激发学生的兴趣和拼搏精神。

知识拓展

体育比赛对优胜者的奖励，能给学生带来精神上的满足和情感上的愉悦，激发学生锻炼身体和发展才能的积极性，培养学生敢于竞争、力争第一的性格，以使他们适应未来社会的竞争要求。此外，体育课的教学形式与其他科目的教学形式不同，体育课要求教师在上课前整队，要求学生在练习时按照一定的组织形式进行；在练习过程中，教师还要向学生提供保护和帮助。严格的纪律和组织形式都蕴藏着德育教育，有利于加强学生的责任感，引导学生正确处理个人与集体、个性与共性的关系，以形成团结互助、自觉遵守纪律的良好思想品德。

（二）智力开发功能

体育锻炼不仅可以促进人的大脑发育，改善大脑机能，为人们进行智力活动打下良好的物质基础，还可以促进人的观察力、记忆力、想象力、思维能力等智力因素的发展。体育锻炼促进大学生的神经系统兴奋过程增强、抑制过程加深，改善其神经系统的均衡性和灵活性，提高其大脑分析能力，使大学生的反应迅速、注意力集中、感知敏锐和准确、思维敏捷和灵活、判断能力加强，从而更好地进行智力活动。

（三）审美意识培养功能

在丰富多彩的大学体育教育中，教师流畅的动作讲解、标准的动作示范、对各种教学手段的运用，体育课各种队列练习和动作技能练习，以及各种体育竞赛和表演等，都可以使大学生受到美的熏陶，并获得美的情感体验，进而培养大学生健康的审美观念。

第二节 大学体育课程概述

一、课程性质

大学体育课程是大学生以身体练习为主要手段，通过系统的体育教育和科学的体育锻炼过程，达到以增强体质、增进健康、提升体育素养为主要目标的公共必修课程。大学体育课程是大学课程体系的重要组成部分，是大学体育工作的中心环节，也是实施素质教育和培养全面发展人才的重要途径。

二、课程目标

大学体育课程目标主要分为身体素质、运动技能、健康知识、锻炼习惯和社会适应五个方面。

（一）身体素质

大学生通过学习大学体育课程，可以提高自身的力量、耐力、柔韧性等各项身体素质，提高体质健康水平，从而能够较好地完成学业，为将来步入社会打下基础。

（二）运动技能

大学生能够掌握两项或两项以上运动技能；能够科学地进行体育锻炼，提高自身的运动能力，并具备预防和处理常见运动损伤的能力；能够积极参与有挑战性的体育运动和竞赛活动，尝试学习新的运动项目；等等。

（三）健康知识

大学生能够形成正确的健康理念，能够对自我体质健康状况进行评估；能够合理地选择人体所需要的健康营养食品。

（四）锻炼习惯

大学生能够积极参与各项体育运动，养成自觉锻炼的习惯，树立终身体育的意识；能够根据自己的身心发展水平，制订切实可行的个人锻炼计划；同时具备一定的体育文化素养和运动竞赛欣赏水平。

（五）社会适应

大学生能够通过参与体育运动促进身心健康，形成积极乐观的生活态度，培养顽强拼搏的意志；能够体验运动带来的乐趣，努力形成体育道德品质和团队合作意识，积极传播体育文化精神；能够拥有文明的思想和强健的体魄，成为中华民族的栋梁。

三、课程设置

普通高等学校一、二年级必须开设大学体育课程，共 4 个学期，共计 144 学时。修满规定学分和达到基本要求是大学生毕业并获得学位的必要条件之一。

四、课程内容

以一学年为单位，大学生可自主选择课程内容和任课教师。对于大部分高校来说，可供大学生选择的课程有田径、篮球、排球、足球、乒乓球、羽毛球、网球、民族传统体育养生、跆拳道、健美操、排舞、瑜伽、体育舞蹈、轮滑、花样跳绳等。

五、课程评价方式

大学体育课程的评价方式以考查为主，包括课堂考查和课外自主锻炼考查，以课堂考查为主。课堂考查内容为课堂考勤、在线作业、运动技能和素质测试。

（1）运动技能考试和素质测试由任课教师组织进行，按评分规则和统一制定的标准进行评分。

（2）对于部分有条件的高校来说，课外自主锻炼数据由智能可穿戴设备收集，教师根据数据按照统一的标准核定分数。

（3）加分项目及标准由学校体育教研室统一制定。

第三节　大学体育课程的组织形式

体育课程是学校课程的重要组成部分，是实施素质教育和培养德、智、体、美、劳全面发展人才不可缺少的重要途径。大学体育课程的基本组织形式主要包括体育课、课外体育活动、课余体育训练、课外体育竞赛等。

体育课程的分类

一、体育课

体育课是大学体育教育的重要组织形式之一，是高校教学计划和课程结构的组成部分。体育课是寓促进学生身心和谐发展、思想品德教育、科学文化教育、生活及体育技能于身体活动并与身体活动有机结合的教育过程，是实施素质教育和培养全面发展人才的重要途径。体育课是按照教育培养计划和体育教学大纲而组织的专门教育过程，是实现大学体育目标和任务的基本途径。

二、课外体育活动

课外体育活动包括在课前、课间和课后所进行的自我身体锻炼，主要形式为早操、课间操、课后运动，全校或院系的运动会、体育节、体育周及有组织的旅行、郊游等。学校应从实际情况出发，因地制宜地开展多种多样的课外体育活动。课外体育活动对巩固和提高体育课教学效果、增强大学生体质、培养大学生的锻炼习惯、丰富校园生活、增强学校凝聚力、促进精神文明建设起着重要作用。

课外体育活动应以振奋精神、调节情绪、经常坚持且不过于疲劳为原则，采取多样易行的形式。大学生可独立按计划完成，或者在教师的指导下组成体育锻炼小组，或者以体育协会、体育俱乐部等组织形式进行锻炼。课外体育活动的主要目的是增强大学生的体质，培养他们的体育锻炼兴趣和习惯，调节身心，消除脑力疲劳，提高大学生的学习效率。

三、课余体育训练

课余体育训练是指利用课余时间，对部分热爱体育运动、身体素质优秀、有一定运动特长的大学生，进行有组织的系统训练的一种专门的体育教育过程。课余体育训练是学校体育教育的重要组成部分，也是我国竞技体育的组成部分。

根据《学校体育工作条例》的有关规定，高等学校要将课余体育训练纳入学校体育工作范畴和体育教学系统。课余体育训练的目的是提高大学生的专项体育竞技水平。

运动训练是一个科学且复杂的教育过程，其实质是对大学生的机体和心理进行适应性改造，以激发大学生的运动潜能，从而使其创造优异的体育成绩。因此，为了提高大学生的身体素质和运动成绩，教师除了根据大学生的年龄特征、知识结构、运动基础、学习制度，以及生理、心理特点制订专门的体育训练计划外，还应遵循运动训练的基本原则，参照最新的运动训练成果，采用科学的训练方法对大学生进行训练，以使其取得优异的运动成绩。

大学课余体育训练的项目应根据学校的体育师资力量、体育场地设施、传统体育项目等方面的条件来确定。目前，大多高校根据实际情况，致力于招生选材、培养目标、训练系统等管理体系的建立，以及在高校现有的条件下对训练方式、方法等方面的探索及创新。

四、课外体育竞赛

课外体育竞赛具有竞争性的特点，它不仅具有丰富校园生活、振奋人心、增强团队凝聚力、促进交流的作用，还是检查学校体育教育效果的一个重要手段。大学课外体育竞赛应以育人为宗旨，以小型多样、单项分散为原则。另外，高校可以通过开展各种形式的校际体育竞赛活动，扩大大学生的视野，提高大学生的社交能力。

第四节 体育思政"必修课"

一、体育与爱国主义和团队精神

（一）体育与爱国主义

📢 **名词解析**

> 爱国主义是指个人或集体对祖国的一种积极和支持的态度。早在中国古代，人们就宣扬爱国主义，赞颂家国情怀，倡导"修身、齐家、治国、平天下"的家国抱负。在战争年代，人们的爱国主义精神集中体现在浴血奋战、保卫祖国上，它是一种崇高的民族精神品质和精神气质。在和平年代，爱国主义有着团结人民、凝聚共识的作用。大学生的爱国主义展现了其自身对祖国的深厚情感，主要体现在大学生能够认识和了解祖国的河山，热爱祖国的优秀文化，能够发奋图强，为祖国的繁荣和富强贡献自己的力量。因此，加强对大学生的爱国主义教育，培养大学生对祖国的自豪感和自信心很有必要。

1. 体育为中华民族优秀传统文化教育提供了土壤

中华民族优秀传统文化是文明发展沉淀下来的精神财富，是经历了数千年发展的历史文化的瑰宝，也是爱国主义内涵的一个重要方面。因此，在对大学生进行爱国主义教育的过程中，不能忽视对大学生了解和传承优秀传统文化的教育和倡导。

武术是中华民族优秀传统文化的代表之一，武术运动源远流长、博大精深。例如，太极拳的拳理就是以中国传统文化为理论基础的，"天人合一""虚实转换""阴阳平衡""以柔克刚"等技艺精髓建立在中国古代哲学观的基础之上。这些传统体育运动传承到今天，展现了民族文化的发展活力，并且有力地弘扬了自强不息、不卑不亢、顽强拼搏的民族精神。充分利用体育活动传承体育精神，让大学生对中华民族优秀传统文化有更深的认识是必要的，也是可行的。

2. 体育为大学生的家国情怀提供了情感寄托

大学生在观看体育比赛时总是不由自主地将自己与国家联系起来。当代表自己国家的运动员获胜时，大学生强烈的民族自豪感会油然而生，对祖国繁荣富强的信心倍增，这无疑是爱国主义教育最为生动的一课。因此，大学生参加或观看体育活动是表达爱国主义情感、寄托民族情怀的重要途径和方式，是培育和加强爱国主义精神不容忽视的手段。

（二）体育与团队精神

名词解析

要理解团队精神的含义，必须先了解团队的概念。1994年，组织行为学的权威专家、美国圣地亚哥大学的管理学教授斯蒂芬·罗宾斯首次提出了团队的概念，并将团队定义为是为了实现某一目标而由相互协作的个体所组成的正式群体。团队精神是指团队成员为完成某个既定目标而需要统一的思想，以及为达到既定目标所表现出来的自愿合作和协同努力的作风。

现代体育运动基本是以团队的形式进行竞赛的，如国家队、省队或区队、市队、校队、院系代表队、班队等。团队中的成员分工虽各不相同，但目标一致。每位成员都有着共同的目标，能有效地提升团队的凝聚力。

体育教育是一项特殊的教育，在其绝大多数的教学内容和教学方式当中，培养和强化团队意识是极为重要的一部分。体育团队讲求配合意识和团队精神，尝试一切可能实现目标的积极方法。在足球、篮球、排球、接力跑等体育运动中，团队意识是决定一支队伍生命力的重要因素之一。体育教育应从以下方面培养团队精神。

1. 在集体活动中培养大学生的团队精神

体育活动有着严格的组织形式和活动规则，它要求参加者自觉遵守组织规则。对于集体活动，每位参加者都是整体中不可缺少的一部分。参加者要认识到自己的特点、长处，了解集体的部署，随时观察、注意环境的变化，并清楚地了解同伴的状态和战术设计。参加者通过与团队成员的沟通、合作，围绕共同的目标，最大程度地发挥个人水平，使团队取得理想的成绩。大学体育教育正是通过此种方式来培养大学生的责任感、使命感、组织纪律性，以及团结互助、热爱集体的意识的。

2. 在体育游戏中培养大学生的团队精神

教师在大学体育课堂中运用体育游戏教学法，对培养大学生的合作意识有良好的作用。大学生参加体育游戏，要有合作练习的意识；进行游戏对抗时，大学生之间需要相互交流、相互合作，这样才能达到共同提高、取胜的目的。因此，体育游戏教学法对培养大学生的团队精神具有独特的作用。

3. 在体育竞赛中培养大学生的团队精神

在体育教学中开展体育竞赛活动是培养大学生团队精神的良好方式。在紧张激烈的体育竞赛中，个人技术虽然重要，但战术配合是不可或缺的，而战术配合的实质就是团队协作。在体育竞赛中，大学生个人必须融入集体才能感受到团队合作的重要性，才能理解团队的成败与个人的关系，才能领略团队竞争和拼搏的艰辛。

二、体育与公平竞争

（一）培养大学生公平竞争意识的意义

从个人方面看，竞争在当代社会中无处不在。一个人一生要面临许多竞争，如升学、就业等，缺乏竞争精神和竞争能力就难以立足于社会。

从教育方面看，培养大学生的竞争精神和竞争能力是提高教育效率的手段，具有重要的教育意义。第一，竞争可以激发大学生的原始动机和内驱力，推动大学生积极思考，勤奋学习，努力实践，探索创造；第二，竞争可以为大学生提供展示其特长、个性、潜能、价值的机会或平台；第三，竞争可以为大学生提供模拟的社会竞争环境，为其搭建从大学内部竞争到社会外部竞争的桥梁，有助于其进行心理状态过渡。

具备竞争精神和竞争能力是社会发展对现代人提出的基本要求。社会的发展促使竞争精神成为大学生必备的基本素质。竞争有助于个人潜能的发挥和自身价值的实现；竞争有助于个人适应社会发展，从而成就事业；竞争有助于强化全民族的竞争精神，推动社会进步。

（二）体育课程是培养大学生公平竞争精神的方式

体育课程是培养大学生公平竞争精神的良好途径。没有竞争就没有超越，也就没有创新和发展。体育竞争激励着人们利用体能、勇气、技术、智慧去奋勇拼搏、积极进取、大胆创新，为集体争取荣誉。在体育教学中，教师要利用体育自身所特有的竞争性，培养大学生的竞争精神，发挥其他教学手段不可替代的重要作用。体育教学中的竞争无处不在，其形式多种多样：可利用比赛形成竞争；可变化形式突出竞争；可抓住差异引起竞争；也可布置作业延续竞争。另外，教师还可在体育课程的考核和达标测试中，建立不同层次的竞争机制，使大学生有较为明确的奋斗目标，从而努力锻炼，缩小与他人的差距。

三、体育在健全大学生人格方面的作用

名词解析

人格是人的性格、气质、能力等特征的总和。人格是人类独有的，由先天遗传因素与后天环境相互作用形成，反映人的个性特点（如性格、品德、品质等），以及由此形成的魅力等。健康、健全的人格特性，不但表现在个人对社会接纳的开放姿态上、在人际交往过程中的和谐关系上，以及正确对待人生目标的积极态度上，而且表现在面对困难、挫折和挑战时，能拥有积极进取、乐观向上的良好精神。

（一）体育对健全大学生人格的促进

因个体存在差异，健全人格的表现要素也各不相同。健全人格是一个复杂的、多层次的结构。个体通过满足社会的需求和自身的努力，激发内在潜能，促使自己不断完善，适应社会发展。体育作为人类活动实践的精神产物，对个体健康人格的塑造有着独特的作用。体育锻炼不仅能促进个体身体机能的发展，满足个体精神层面的需求，还能促进个体"心理人格"的平衡、协调，"法律人格"的平等、公正，以及"道德人格"的友爱、高尚，从而实现个体全面发展、全面健康的最终目标。

体育与规则意识

人格的特点

（二）学校体育对塑造大学生健全人格的作用

知识拓展

蔡元培是中国著名的教育家，他提倡教育独立，尊重学术自由，并提出了"五育并举"（军国民教育、实利主义教育、公民道德教育、世界观教育和美感教育）的教育方针，对我国教育产生了重大影响。蔡元培认为完全人格，首在体育；人格健全者，应身心协调，追求个性，注重德育、智育、体育、美育与世界观教育全面和谐发展。体育作为全面教育的基石，可将各项教育相互联系起来，形成和谐统一的整体。

体育教育作为学校教育的重要组成部分，承担着培养优秀社会人才的积极作用。大学生正确的人生观、价值观一直是人们所关心和关注的。越来越多的事实表明，大学阶段的人格教育对一个人今后在社会的发展起重要作用。

1.促进道德规范的形成，增强法规意识

大学生通过参与各项体育运动，接触并了解体育比赛的规则和程序，在体育运动过程中逐渐接受和认同行为准则，并且在日常的学习和生活中约束自己，形成自我固有的道德规范，增强法规意识，进而养成遵守社会规范的行为习惯。

2.促进智力发展

大学生经常参加体育锻炼可以提高身体机能，使长时间工作的大脑得到休息和放松，提升脑力工作效率。当大脑疲乏劳累时，身体适当进行活动，可使过于紧张兴奋的脑细胞得到放松，从而调动另一部分皮质细胞处于适当的兴奋状态。此时想象力、创作力、灵感思维会得到激发，智力也能提升到一个新的高度。

体育运动还可以增强大脑神经系统的稳定性，提高应变能力和灵活性。可以说，没有一项体育运动不需要智力，而智力发展也离不开体育运动。因此，脑力与体力相互结合、劳逸结合才符合健全思维和机体活动的规律。

3.培养个性美、心灵美和审美能力

经常参加体育锻炼，使男性体格健壮、女性体态优美，有利于他们展现青春活力。体育教育可以教会大学生如何欣赏美，陶冶他们的情操。大学生可通过体育运动展示良好的精神风貌，塑造完美形象，可以充分享受自然风光，欣赏自然之美。户外体育运动的气氛活跃愉快，能激发大学生的兴趣爱好，发挥大学生独特的潜能优势，将大学生的内在美展现出来。

4.形成正确的世界观、价值观

引导大学生形成健康向上、科学发展的社会主义核心价值观是培养大学

生健全人格的必备条件。体育运动所特有的实践性、直观性、竞技性和参与性都为个体形成正确的世界观、价值观提供了适宜的环境。

知识拓展

通过参加体育锻炼，大学生可感悟"友谊第一，比赛第二"的运动精神，体会"公平、公正、公开"的竞赛原则的重要性，理解"更快、更高、更强"的奥林匹克格言。体育在构建大学生富强、民主、文明、和谐、自由、平等、公正、法治、爱国、敬业、诚信、友善的社会主义核心价值观中发挥着重要作用。

四、体育锤炼学生的意志品质

意志品质是人自觉地确定目的，并根据目的调节和支配自身的行动，克服困难，实现预定目标的心理过程，它是人的意识对一定客体的一种能动关系的反映。在中国的传统文化中，坚毅、坚强、恒心就是意志力的代名词。意志品质是指一个人在实践中所形成的比较稳定的意志特质，是衡量人的意志是否坚强的标准。体育比赛不仅是向对手的挑战，还是对自己的磨砺，特别是对于高水平体育比赛或参加者实力接近的体育比赛，最终起决定作用的往往是个人的意志品质。体育课程在培养大学生的意志品质方面具有其他课程不可比拟的优势。体育教学具有较强的竞争性、规范性、实践性、集体性、普及性等特点，在体育教学中充分利用体育教学中的困难因素是培养大学生意志品质的良好时机。

知识拓展

2016年，习近平在全国高校思想政治工作会议上提出："要用好课堂教学这个主渠道，思想政治理论课要坚持在改进中加强，提升思想政治教育亲和力和针对性，满足学生成长发展需求和期待，其他各门课都要守好一段渠、种好责任田，使各类课程与思想政治理论课同向同行，形成协同效应。"高校体育作为培养社会主义现代化的建设者和接班人的重要课程之一，尤其在我国青少年体质不断下滑的趋势下，应受到高度重视。教育者应严格遵守"体育课程与思想政治理论课程同向同行"的准则，在体育课程的改革中不断挖掘体育课程的思政特点，以"具身德育"为基础不断完善体育课程，充分发挥体育课程的德育功能，让大学生在体育教育中健全人格。

培养学生意志品质的重要性

体育运动锤炼大学生意志品质

本章课后思考题

第二章

健康，人生宝贵的财富

本章思维导图

≫ 本章导读

　　健康是大学生学习、生活和以后步入社会的重要保障。虽然健康的获得需要付出时间和精力，但是益处颇多。当代大学生要树立健康第一的思想，践行终身体育的理念，增强体质，锤炼意志，健全人格。

≫ 学习目标

▶ 掌握健康的概念和要素。

▶ 了解HELP哲学观。

▶ 了解亚健康的概念和表现。

▶ 了解影响大学生健康的因素。

▶ 理解健康第一的指导思想，树立健康第一的观念。

▶ 践行终身体育的理念。

第一节　健康的多维观

一、健康的概念

健康是每个人幸福生活的基础。古希腊哲学家赫拉克利特指出："如果没有健康，智慧就难以表现，文化无从施展，力量不能战斗，财富变为废物，知识也无法利用。"拥有健康是每个人终身的财富，是任何东西都无法取代的个人珍宝。

世界卫生组织在其《组织法》中指出："健康不仅为疾病或赢弱之消除，而系体格、精神与社会之完全健康状态。"这就是人们所指的身心健康。后来，世界卫生组织又将健康阐述为："躯体健康、心理健康、社会适应良好和道德健康才算是完全的健康。"

知识拓展

健康价值

现代社会对健康价值的理解可从个体和社会两个层面上看。从个体层面上看，一个人的健康价值是不生病、少生病、长寿，以及在社会竞争中获得成功的资本。它意味着一个人能充分享受精力充沛的生活、享受情感的实现，有能力去追求人生目标和实现自我价值。健康本身就是人的生命价值的体现，是个人解放和自由的一种形式，是个人最基本的权利。从社会层面上看，健康价值是将个人的健康视为社会或国家的大事来对待，把个人的健康与国家和社会紧密地联系起来。对于国家和社会来讲，健康是一种重要的资源，是社会经济发展和劳动力再生产的物质基础。社会群体的健康有利于为社会提供更多优质的劳动力，有利于提高生产效率。因此，健康是人类社会追求的永恒目标。

二、健康的要素

健康的要素包括以下几方面。

（1）躯体健康：躯体结构和功能正常，具有生活自理能力。

（2）心理健康：个体能够正确地认识自己，能够及时地调整自己的心态，使自己的心理处于良好状态，以适应外界的变化。

（3）社会适应良好：能够以积极的态度和行为去适应社会生活的各种变化。

（4）道德健康：能够按照社会规范的准则和要求来支配行为，为人类的幸福生活作贡献。

三、HELP哲学观与健康

HELP哲学观的提出为保障人类健康提供了理论基础。HELP由四个英文单词的首字母组成，理解HELP哲学观的内涵将有助于人们养成健康的生活习惯，并影响人的终身。

HELP中的"H"代表健康，即Heath。健康是生命的根本，人们要认识到健康的重要性，认识到养成健康的生活习惯是机体保持健康的根本保证；要从根本上认识和理解健康的含义，有效地付诸行动。良好的生活习惯可以有效地促进人体身心健康的发展，并使机体处于良好的状态。

HELP中的"E"代表每个人，即Everyone。具备追求健康的意识很重要，每个人都应认识到健康的重要性，每个人都应养成良好的生活习惯，并影响周围的人。最终目的是消除人们的健康差距，促进全民健康。

HELP中的"L"代表一生，即Lifetime。人们在年轻时，可能并没有意识到吸烟、酗酒、运动不足等不利于健康的行为会对机体产生严重的危害性，等到疾病发生时，才意识到不健康的行为将会造成严重的后果。人们应该认识到不利于健康的行为具有累积性，因此，在生命的早期就应开始重视健康行为，树立终身体育意识，这将使人终身受益。健康的生活习惯实施的时间越早、越长，机体受益就越持久。

HELP中的"P"代表个人，即Personal。世界上没有能包治百病的灵丹妙药，同样，促进身心健康、提高身体素质也没有单一的方法或运动处方。健康的生活习惯应基于个人需求，每个人应根据自己的习惯对自身行为做出调整。指导者要了解被指导者的具体情况，做到因人而异、循序渐进。

四、亚健康

亚健康是一种暂时性的生理功能失调，常常会引起精神紧张综合征、疲劳综合征、疼痛综合征等。亚健康的主要表现为疲乏无力、焦虑不安、易怒、情绪不稳定、适应能力差、失眠、胃口不佳、懒散、注意力不集中、理解判断能力差、具有社交障碍等。

知识拓展

根据人的身体健康状况，现代医学把健康人称为"第一种人"，把患病者称为"第二种人"，把处于健康与患病之间的人称为"第三种人"，其状态又称"第三状态"或"亚健康状态"。"亚健康状态"是指机体虽无明确的疾病，却呈现出活力降低、功能减退的一种生理状态。

第二节 影响大学生健康的因素

一、影响大学生健康的主观因素

主观因素是影响大学生健康的内在因素，主要包括大学生的认知态度、自我意识、性格特点、自控自理能力等，这些因素会使人对同一种事物持有不同的态度，从而对心理健康产生不同的影响。

（一）认知态度

人的心理健康受情绪的影响，而情绪受人的认知态度的支配。不同的学生所受的学校教育和生活经历不同，会形成不同的认知态度，产生不同的情感体验，从而对心理健康产生不同的影响。

（二）自我意识

外界事物和生活事件对心理健康的影响需要个体通过自我意识进行调

节。如果个体对自己的力量有充分的估计、对自我有信心，则有利于他们冷静、沉着地面对现实，凭借自己的力量去战胜困难和挫折。如果个体对自我缺乏信心，就难以有效地面对现实的挑战。

（三）性格特点

性格特点对人们应对突发事件有重要的影响。不同性格特点的人在应对突发事件时有不同的表现，有的人可以机智灵活地应对，而有的人则不能有效地应对。

（四）自控自理能力

大学生活较为自由，大学生的自控自理能力决定了其学习习惯和生活习惯。大学生要有足够的自控能力去抵制吸烟、酗酒等不良行为，有足够的自理能力处理好休息、学习、娱乐、健身之间的关系，做到劳逸结合、节制上网、规律作息。

二、影响大学生健康的客观因素

客观因素是影响大学生健康的外部环境因素。大学生处在一个与现实社会相联系和相互作用的环境之中，环境的变化必然会给个体带来生理和心理上的变化。

（一）社会因素

人们在社会生活中有很多矛盾，如理想与现实之间的矛盾、竞争意识与渴望交友之间的矛盾、合理需求与经济条件之间的矛盾等。大学生缺乏社会生活的磨炼，其心理承受能力较差，当面对诸多问题时难以有效应对，这时就极易产生心理失衡，甚至导致心理疾病。

（二）学校因素

当今社会，如果学校忽视对大学生进行必要的人生观、价值观教育和良好的行为训练，则易导致部分大学生既不能对自己的行为作出客观评价，又不能对复杂的社会现象做出恰当的反应。现实与理想的差距使部分大学生感到深深的失落、焦虑、不安。当遇到困难时，有的大学生消极地把自己封闭起来，拒绝和逃避面临的困境，变得自暴自弃；有的大学生因在竞争中失败而变得自卑、消极。因此，学校因素在大学生的心理健康教育中扮演重要角色。否则，大学生的心理健康问题将越发严重。

当代大学生生活
方式的特点

（三）人际交往因素

人际交往包括大学生与老师和同学的关系、与朋友和伙伴的相处方式、恋爱问题等。大学提倡自由，鼓励大学生自立自理，并且大学中的人际关系比中学时的人际关系更加复杂和多变。正确处理自己与他人的关系，融入学校自由、开放、积极向上的氛围中，而不把自己孤立于集体之外，这是大学生保证身心健康的重要因素。

知识拓展

恋爱问题是大学中人际交往的一个重要部分。由于许多大学生缺乏对爱情的理性认识，没有处理感情问题的经验，遇到感情挫折又不能有效地调整自己的心态，因此，恋爱问题也是影响大学生心理健康的一个重要因素。

第三节　树立健康第一的指导思想

一、健康教育的概念

健康教育的核心是教育人们树立健康意识、养成良好的行为习惯和生活方式，以减少或消除影响健康的危险因素。健康教育应该向人们提供改变不良行为所必需的知识、技能和服务，并且促使人们合理地利用这些服务。在健康教育中，学校是首要的，应重点关注青少年的身心健康、健康意识和行为方式的改变；家庭、社区和政府部门是其次，它们通过对健康教育给予有效的支持，促使个体、群体和全社会的行为改变。

高校在对大学生进行健康教育时，首先要使其树立健康第一的观念。

对大学生健康
教育的认识

知识拓展

　　健康教育在过去被认为是普及卫生知识，因此被称为卫生教育或卫生宣传。近年来，随着医学模式的转变、健康内涵的扩展，人们对健康教育的认识也在不断地深化。卫生宣传通常是指卫生知识的传播，而健康教育强调的是行为的改变。

二、正确理解健康第一的指导思想

健康新概念的提出

　　健康第一是针对健康与教育和学习的关系而言的。健康或健壮的身体是一切教育的基础。毛泽东同志在《体育之研究》中写道："体育于吾人实占第一之位置。体强壮而后学问道德之进修勇而收效远。"可见，健康与教育和学习的关系是第一和第二的关系，这种关系并不是说明教育和学习不如健康重要，而是说明教育和学习应在健康的基础上进行。
　　健康第一的指导思想是面向学校教育提出的，是指学校各项教育教学工作都要以学生的健康为出发点和落脚点，也就是说德育、智育、体育、美育和劳动教育都应该把保障和促进学生健康放在教学工作的首位，都要对学生的健康负有责任。

知识拓展

　　健康第一的指导思想强调体育与健康教育结合的内容论和方法论，使健康第一的思想与体育学科的建设有了紧密的连接点；使健康维护和增进的效益延伸到终身体育的空间；也使学科教学与学校工作、运动学习与身体锻炼都有了紧密结合的基础。特别是将培养学生意志和社会性列入了健康的范畴，更使体育为素质教育服务的特殊作用得以明确，使体育教学内容有了新方向。

　　《中共中央国务院关于深化教育改革，全面推进素质教育的决定》明确指出："健康体魄是青少年为祖国和人民服务的基本前提，是中华民族旺盛生命力的体现。学校教育要树立健康第一的指导思想，切实加强体育工作，使学生掌握基本的运动技能，养成坚持锻炼身体的良好习惯。"
　　2018年9月，在全国教育大会上，习近平提出："要树立健康第一的教育理念，开齐开足体育课，帮助学生在体育锻炼中享受乐趣、增强体质、健全人格、锤炼意志。"

三、大学体育教育应树立健康第一的指导思想

高等院校作为培养高素质人才的重要基地，对大学生进行体育教育应该全面贯彻健康第一的指导思想，把健康教育和素质教育与体育教育有机地融为一体，完成为社会主义现代化建设培养合格的建设者和接班人的重任。

人类已经跨入知识经济的新时代，在充满竞争和挑战的新时代里，拥有大批高素质人才是一个国家可持续发展的保障。健康的体质是思想道德素质和科学文化素质的基础，也是高素质人才成才的基础。健康第一是培养新时代合格人才和提高人类生活质量的新理念。

首先，高等院校体育教学的改革必须明确以全面促进学生身心发展为目标的健康第一的指导思想。健康第一是衡量学校体育教学得失成败的唯一标准，也是推动学校体育教学全面发展的根本动力，抓住了这个中心也就抓住了学校体育教学的本质。其次，高等院校体育教学的改革必须明确促进学生身心全面发展的总体目标。因此，高等院校体育教学改革要以健康第一为指导思想，从课程建设、教学模式、教学内容和手段、教学管理等方面进行改革和创新，使大学体育突出健康第一的主题，以适应中国特色社会主义现代化建设的需要。

知识拓展

高等院校贯彻健康第一的指导思想的具体措施：

（1）全面实施《国家学生体质健康标准》，把健康素质作为评价学生全面发展的重要指标。

（2）广泛开展"全国亿万学生阳光体育运动"。

（3）深入推进高等院校体育课程改革，创新教育理念。

（4）举办多层次、多形式的学生体育运动会，积极开展丰富多彩的体育活动。

（5）加强学校体育设施建设，加快校内资源与社会体育资源的整合和利用，为广大的大学生拓展更多、更大的体育活动空间。

第四节 践行终身体育理念

大学体育教育属于一种基础性教育，旨在提高大学生的综合素质，帮助大学生在校期间养成参与体育锻炼的良好习惯。以终身体育理念作为大学生在校期间实现成长和发展的思想基础，这为大学生以后走向社会奠定了基础。与此同时，未来社会人们的发展也将深受终身体育理念的影响。

知识拓展

在20世纪60年代，法国教育学家保罗·朗格朗提出了终身教育的理念，与此同时，终身体育的概念也出现。终身体育关注的是体育的地位及作用，强调的是将终身教育与体育充分融合，将道德、艺术、智力和公民活动与体育锻炼有效结合，进而共同发展，这便是终身体育的意义。将体育锻炼和体育教育作为人一生中必不可少的内容，以连续性的特质存在，这便是终身体育的目的。

一、大学体育在终身体育中的重要作用

从终身体育的角度来看，学校体育是整个体育教育体系的重要环节，大学体育则是学校体育与社会体育的衔接点，是大学生在校期间进行体育学习的最后一站，是学校体育的最后环节，起着承前启后的桥梁作用。

二、开展终身体育教育的措施

（一）培养终身体育意识

名词解析

终身体育意识

终身体育意识是指人们按照所获得的体育运动知识、技能和方法，有目的地指导自己终身参与体育锻炼的一种稳定的心理活动。

快速的生活节奏、较大的工作压力、复杂的社会关系等常常使人处于应激状态，因此在现代社会中，拥有一个强健的体魄至关重要，参与职业竞争也需要竞争者具有良好的综合素质。体育作为人们保持健康的手段越来越被社会重视，体育锻炼的作用也决定了终身体育是社会发展的必然趋势。大学生要形成终身体育的意识，要从根本上认识到终身体育不仅是社会发展的需要，还是个人生存和发展的需要。

（二）培养终身体育兴趣

体育教育可以激发学生参与体育活动的热情，培养学生对体育活动的兴趣和爱好。高校应注重学校体育文化的建设，组织多种体育活动，提高学生体育竞赛的参与度，关注学生的体育获得感，可以使学生积极主动地参与体育活动，激发学生参与体育活动的热情，从而培养终身体育兴趣。

（三）培养终身体育习惯

终身体育习惯是指终身能持之以恒地进行体育锻炼的自动化的行为方式，其内涵是指能够坚持参加体育锻炼的终身性，其外延是指体育锻炼自动化的行为方式。因此，学生在终身体育习惯养成的过程中，掌握基本的运动技能、形成自动化的运动技能是养成终身体育习惯的根本；不断进行自我提高，在生理、心理上达到自我满意是养成终身体育习惯的动力；长期进行体育锻炼，转变对体育锻炼的态度是养成终身体育习惯的保证；久而久之，把体育锻炼作为生活的重要组成部分、形成体育信念是养成终身体育习惯的桥梁。

（四）培养终身体育能力

终身体育能力是指人们能够运用所学的体育学科知识和方法，结合体育兴趣爱好、运动能力和身体状况，在生命的不同阶段，科学地、有效地锻炼身体，进行体育欣赏等方面的能力。培养终身体育能力是素质教育的重要组成部分。

本章课后思考题

第三章

科学健身——运动·突破自我

本章思维导图

本章思维导图

》 本章导读

2003年，严重急性呼吸综合征（SARS）疫情暴发，专家们强调人体自身的免疫力是预防和抵抗SARS病毒的关键所在，呼吁人们参与适量运动以提高机体免疫力；2020年，新型冠状病毒肺炎疫情暴发，专家们再次强调人体自身的免疫力是预防和抵抗新型冠状病毒的关键所在，并再次呼吁人们加强体育锻炼以提高机体免疫力。

运动可以提高机体免疫力、增强体质、促进身体健康，也可以弱化消极情绪、强化积极情绪、促进心理健康。运动是一把"双刃剑"。适宜的运动项目、运动强度、运动时间、运动频率能产生良性的身心健康效益，反之则会损害身心健康。

》 学习目标

► 了解钟南山的体育故事，激发运动热情、培养体育兴趣。
► 具备体育信息能力，掌握人体机能提高的应激原理、运动技能形成的基本原理。
► 掌握实施体能训练、制订运动方案、测量体质健康的方法。
► 掌握评价体能水平、运动能力、体质健康的方法。

抗疫英雄钟南山的体育人生

第一节　体育信息能力

知识拓展

　　信息能力是人们获取、利用、加工信息资源的各种能力的总称，是信息素养的核心。在信息社会，个体的发展水平在很大程度上取决于个体不断利用信息进行自我学习和自我教育的能力。个体获取、利用、加工信息资源的能力将日益成为个体不断发展的重要因素。

　　对于大学生而言，在体育知识和技能的学习中，在日常的健身和体育竞赛中，体育信息能力至关重要。提高体育信息能力能够减少学生的体育知识盲区，拓宽学生的视野，提高学生对体育课堂教学知识理解的深度和广度，是对体育课堂教学的一种强有力的补充。

　　具体而言，大学生应该具备的体育信息能力主要包括以下几个方面。

一、使用信息工具的能力

　　使用信息工具的能力，即能熟练地使用信息系统的各种软硬件，包括操作信息系统的基本能力和使用各种硬件的能力。随着"互联网+"时代的到来，各种运动智能设备和运动类手机客户端层出不穷。这些工具不仅能提供基础运动知识，还能量化地评估锻炼情况，提高锻炼和训练的科学性，为学生进行体育课的学习和日常的健身保驾护航。

二、获取信息的能力

　　获取信息的能力，即能够根据特定的目的和要求，从外界信息载体中提取自己所需要的有用信息的能力，包括信息资源的浏览和查找能力。例如，可以使用多种信息工具浏览、查找、下载信息等。

三、加工和处理信息的能力

在当今信息社会，如何对海量的信息去伪存真是大学生需要掌握的一项基本技能。在此基础上，如何选择、重组、编辑有用的信息，以独立地解决自己在日常运动中遇到的问题是体育信息能力的核心。

大学生体育课学习
网络平台

主要运动健身类
APP 介绍

第二节　人体机能提高的应激原理

一、人体机能提高的生理学本质

人体基本的生理特征之一是可以对任何内外刺激产生应答性反应（又称应激性反应）。也就是说，有刺激就会有应答。体育锻炼是一种人为的、有目的施加的外部刺激。在运动负荷的刺激作用下，机体中几乎每一个系统和器官的机能状态都会受到不同程度的影响。例如，人在进行长跑锻炼时，心跳加快，呼吸急促，心输出量增大，氧的运输功能加强，全身血液重新分配。

与人体的应激性相对应的为适应性。若对机体长期施加某种刺激，机体会通过自身形态、结构和机能的变化，适应这种刺激。例如，在适宜的抗阻力量锻炼后的恢复期，损伤的肌纤维不但能得以修复，而且修复的肌纤维会有所增粗，可以产生更大的收缩力量；骨密质有所增厚，骨小梁的排列方向有所改变，可以承受更大的力量。这种现象称为机能重建。机能重建的过程是人体机能提高的过程。

通过科学、规律的体育运动提高身体机能的过程本质上是一个不断重复进行"刺激—应答—适应"的过程，是一个不断破坏与重建的循环过程。通过这个循环过程，身体机能不断提高，人体运动能力不断增强。

二、机体对运动负荷的反应特征

当对人体施加运动负荷刺激时，身体的机能状态和工作水平将出现一系

列的特征性反应。这些反应表现为耐受性、疲劳、恢复、超量恢复和消退。

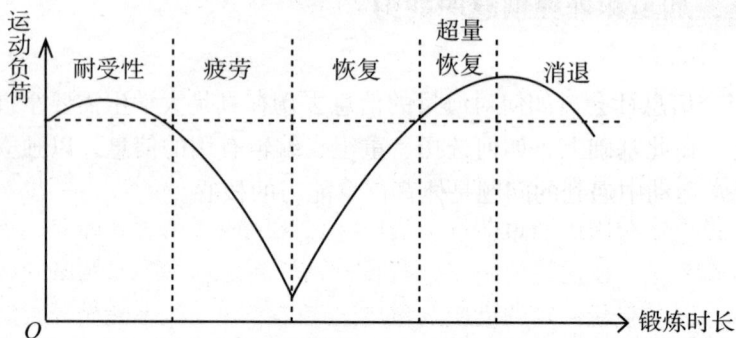

一次有效的体育锻炼引起的身体机能变化

（一）耐受性

人体在进行锻炼时，其身体机能总是会对运动负荷表现出一定的承受能力，这种承受能力称为对运动负荷刺激的耐受性。在这段时间内，机体会出现比较稳定的工作能力，能高质量地完成各项锻炼任务。

（二）疲　劳

机体在承受一定时间的运动负荷刺激后，其机能水平和工作效率会降低，即出现疲劳现象。

（三）恢　复

当运动负荷停止刺激后，机体开始补充所消耗的能源物质，恢复紊乱的内环境。恢复所需时间与疲劳程度相关。

（四）超量恢复

锻炼后应安排足够的恢复时间，在身体结构和机能重建完成后，运动中所消耗的能量等物质，以及所降低的身体机能不仅能得以恢复，还会超过原有水平，这种现象称为超量恢复。超量恢复引起的机能提高就是体育锻炼的效果。

（五）消　退

若不能及时在已产生的能量恢复的基础上对机体施加新的刺激，则锻炼产生的效果在短时间内就会逐渐消失。这种现象称为消退。

运动负荷与锻炼
效果的关系

三、提高人体机能的体育锻炼基本原则

（一）超负荷原则

在给机体施加较大的运动负荷的初期，机能反应较强烈，锻炼效果比较明显。随着机体对该运动负荷逐渐适应，机能反应便会越来越弱，训练效果也越来越不明显。在这种情况下，若要继续提高运动水平，则必须适度增加运动负荷，以引起新一轮的反应及适应过程，依此周期不断循环，此即超负荷原则的基本内涵。超负荷并非过度负荷，而是在不引起身体机能衰竭的情况下最大限度地刺激机体，使之发生最大的适应性变化。这就意味着运动负荷必须在运动员机体所能够承受的范围内。

（二）专门性原则

应激性反应往往出现在某特定系统或身体的某部位，很少影响身体的其他未受刺激的系统或部位。例如，充分刺激右臂的肱二头肌，只会使右臂肱二头肌变强壮。基于此，任何锻炼计划都应当严格依据锻炼者所要达到的目的来制订。

（三）可逆性原则

训练可以提高运动能力，不训练会使运动能力下降。对于健身爱好者而言，长时间停止锻炼后，若重新开始锻炼，则其身体就难以适应以前的运动负荷，会产生较大的应激性反应。

（四）个性化原则

运动水平与运动天赋有直接关系。人们都是独立的个体，虽然生理应答对一般的刺激是可预测的，但不同的个体对精确的应答和适应是不同的。因此，采用同样的锻炼方案，不同的个体所获得的锻炼效果是不同的。人们要正确看待这一客观现象，而不是盲目地与身边的其他锻炼者进行横向比较。

第三节 运动技能形成的基本原理

体育运动的发展要求人们具有良好的身体素质和运动技术水平。身体素

质的发展在于人体机能的不断提高和增强，运动技术水平的提高则在于运动技能的改进和创新。随着运动技能的形成，身体素质也得到了发展，身体素质的提高又进一步为运动技能的改进奠定了良好的基础，二者相辅相成、相互影响。

运动技能的分类

名词解析

运动技能是指人体在运动中掌握和有效地完成专门动作的能力，这种能力包括大脑主导下的不同肌群间的协调性。换言之，运动技能是指在准确的时间和空间内大脑精确支配肌肉收缩的能力，要求使用准确的力量和速度按照一定的秩序和时间去完成所需要的动作。

一、运动技能形成的生理学基础

根据巴甫洛夫的经典条件反射学说，运动技能的生理学本质是繁杂的、连锁的、本体感受性的条件反射。从某种意义上来说，运动技能的形成过程就是建立运动条件反射的过程。运动技术要想内化为运动技能，就必须与运动能力相结合，使人体的生理结构（肌肉、神经、细胞等）发生适应性变化。这个变化不仅是神经中枢暂时性的联系，还包括肌肉、神经、细胞等的结构适应性变化，如突触数量增加、肌肉选择性肥大和肌力增长、肌细胞出现选择性的优化形变等。

二、运动技能形成的心理学分析

在心理学上，运动技能的学习分为三个环节：反映、控制和反馈。学习者通过教师的讲解、示范，以及技术图片、教学录像等所获得的动作信息，经反映系统传入大脑皮质高级中枢，形成初步的运动表象（主要是视觉表象），同时肌肉、肌腱、关节表面等本体感受器整合传入的信息形成动觉表象。初级水平的神经中枢控制具体活动的执行和肌肉协同收缩，使人体的关节做出相应的运动。这一过程有两个反馈环路：一个是通过脊髓反馈（可以及时调节一些简单反射）；另一个更高层次的反馈是通过人的大脑皮质，根据反馈的结构对运动活动进行调整。

三、运动技能形成的阶段及对应的学习策略

（一）泛化阶段

在学习任何一个动作的初期，个体通过教师的讲解、示范及自己的运动实践只能获得一种感性认识，因为大脑皮质的兴奋和抑制过程尚未确立，所以大脑皮质的兴奋和抑制都呈扩散状态，使条件反射暂时联系不稳定，出现泛化现象。这个阶段的动作往往是僵硬和不协调的，不该收缩的肌肉收缩，出现多余的动作，这些现象是大脑皮质细胞兴奋扩散的结果。在此阶段中，大家应该针对动作的主要环节及动作中存在的主要问题进行练习，不应过多地强调动作细节。

（二）分化阶段

经过不断地练习，初学者对运动技能的内在规律有了初步的理解，一些不协调和多余的动作会逐渐消除，错误动作也会逐步得到一定程度的纠正。此时，大脑皮质运动中枢的兴奋过程和抑制过程逐渐集中。由于抑制过程加强，特别是分化抑制得到发展，大脑皮质的活动由泛化阶段进入分化阶段。因此，此阶段练习者在练习过程中的大部分错误动作会得到纠正，能比较顺利和连贯地完成完整技术动作。这时，动力定型初步建立，但定型尚不稳定，遇到新异刺激（如有外人参观或比赛），多余动作和错误动作可能会重新出现。在此过程中，大家应特别注意纠正错误动作，多体会动作的细节，促进分化抑制进一步发展，使动作日趋准确。

（三）巩固阶段

通过进一步的反复练习，运动条件反射已经巩固，建立了巩固的动力定型。大脑皮质的兴奋过程和抑制过程在时间和空间上更加集中。此时，不但动作准确、优美，而且某些环节的动作还可能自动化，即不必有意识地去控制而做出动作。在环境发生变化时，动作不容易受到影响；同时，由于内脏的活动与动作配合得较好，练习者完成练习时会感到轻松自如。

动力定型发展到了巩固阶段，也并不是可以一劳永逸的。一方面，还可以通过继续练习精益求精，不断提高动作质量，使动力定型更加完善和巩固；另一方面，如果不再进行练习，巩固了的动力定型还会消退，动作技术越复杂，难度越大，动力定型消退得越快。在此过程中，大家应对技术学习提出进一步的要求，并进行技术理论学习，这样更有利于动力定型的巩固和动作质量的提高，以便促使动作达到自动化程度。

（四）动作自动化阶段

随着运动技能的巩固和发展，运动条件反射暂时联系达到巩固程度后，动作即可出现自动化现象。动作自动化是指某一套技术动作可以在无意识的条件下完成。其特征是整个动作或动作的某些环节暂时变为无意识进行。例如，走路是人类自动化的动作。在走路时，人可以谈话、打电话，而不必有意识地去想应如何迈步、如何维持身体平衡等。

运动技能的学习要领

第四节 体能训练方法与评价

知识拓展

生命在于运动，运动的基础在于体能。体能是指人体在先天遗传的基础上，通过后天训练而获得的在形态结构、机能调节、能量物质的储存和利用等方面所具有的潜在能力，以及在适应外界环境的过程中所表现出来的综合运动能力和心智发展水平。人体体能发展水平是由其身体形态、生理机能、身体素质和心智发展情况所决定的。构成体能的各因素之间既相对独立，又密切联系、相互影响。其中，运动素质是体能的外在表现，也是体能的决定性因素。因此，体能训练通常以发展各种身体素质作为基本内容。

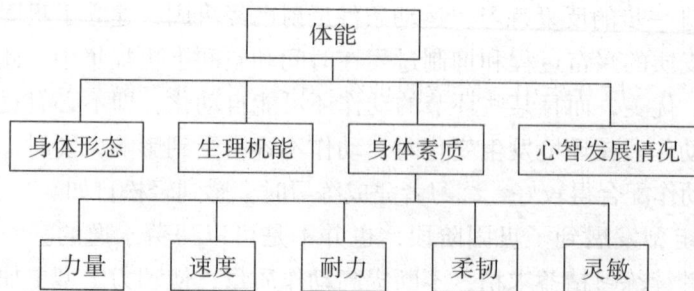

```
                        体能
                         |
     ┌──────────┬──────────┼──────────┬──────────┐
  身体形态    生理机能    身体素质    心智发展情况
                             |
              ┌──────┬──────┼──────┬──────┐
            力量    速度    耐力    柔韧    灵敏
```

体能结构

一、力量素质

名词解析

力量素质是指人体肌肉克服或对抗阻力的能力。人体运动时受到身体重力、空气或水的阻力、重物负荷等各种外力，以及肌肉的黏滞性、各肌肉间的对抗力等内力的阻碍。人体肌肉需要克服这些阻力以完成相应的运动。

（一）最大力量

最大力量是指肌肉通过最大随意收缩克服阻力时所表现出来的最大力值，也称绝对力量。影响最大力量的因素有很多，其中肌肉横断面、肌肉间及肌纤维之间的协调性是影响最大力量的主要因素。

1.最大力量的训练方法

提高最大力量主要有两个途径：一是依靠肌肉协调能力的改善，即提高神经系统的调节能力，动员更多的肌纤维参与工作，提高肌肉群之间的协调性；二是通过增加肌肉体积，以增加肌肉的收缩力量。在进行最大力量训练时，负荷强度通常较大，每组训练间歇时间稍长。承受较大强度的负荷后，练习者应进行较长时间的休息以便恢复。

（1）极限强度训练法。极限强度训练法的突出特点是负荷强度达到极限值。使用该方法选择负荷强度，是从接近本人最大强度开始的，然后递增负荷，重复1或2次，组间间歇时间为4～5分钟。以抓举为例，暂定第一阶段训练强度为100千克。经过一个阶段的训练之后，当练习者对此强度已经适应，并能在该强度下连续举起两次重物时，练习者可增加重量，如增加到102.5千克，之后开始第二阶段的训练。这样呈阶梯性地增加强度，不断提高练习者对高强度负荷的适应能力，进而使最大力量得到发展。

（2）金字塔训练法。金字塔训练法的起始强度一般不低于最大强度的65%，然后逐步提高强度，减少重复次数，直至达到100%最大强度。该方法通过发展肌肉协调性和增大肌肉横截面积来提高最大力量。具体安排如下。

负荷强度：70%最大强度、80%最大强度、90%最大强度、100%最大强度。

重复次数：9次、7次、3次、1次。

练习组数：4组、3组、2组、1组。

间歇时间：3～5分钟。

（3）重复训练法。高强度重复训练法的目的是通过提高练习者肌肉及肌肉间的协调性，以提高最大力量，同时减少肌纤维体积的增加。该方法应将负荷强度控制在最大强度的 85% 以上；每组练习 1 ～ 6 次，3 ～ 6 组；组间间歇时间为 2 ～ 5 分钟。

中等强度重复训练法的目的是通过提高一定负荷的刺激使肌纤维体积增加。该方法应将负荷强度控制在最大强度的 65% ～ 85%；每组练习 6 ～ 12 次，3 ～ 6 组；组间间歇时间为 0.5 ～ 1.5 分钟。

2. 最大力量的评定方法

评定练习者最大力量较为理想的方法是测定肌肉等速测试的最大力量值。这种方法的优点在于当练习者持器械以一定速度运动时，人体某一部位的肌肉在此过程中始终以一定负荷下的最大力量运动。常用的最大力量测试方法包括卧推、负重半蹲、负重深蹲、抓举、屈臂悬垂、引体向上、双杠臂屈伸等。

以卧推为例，其是评估个人上肢最大力量常用的测试项目。因为卧推涉及自由重量练习，所以要求受试者已经掌握相应的技术。

（1）测试设备：可以调整的杠铃及杠铃片，允许抗阻重量为 2.5 ～ 40 千克。

（2）测试程序：① 指导受试者用轻的重量热身 5 ～ 10 次。② 让受试者休息 1 分钟。③ 评估热身负荷，这一负荷将允许受试者通过增加负荷完成 3 ～ 5 次。④ 让受试者休息 2 分钟。⑤ 评估保守的、接近最大值的负荷量，允许受试者通过增加重量完成 2 或 3 次。⑥ 让受试者休息 2 ～ 4 分钟。⑦ 增大重量。⑧ 指导受试者尝试最大力量。⑨ 如果受试者成功，则让其休息 2 ～ 4 分钟，再逐步增加重量；如果受试者失败，则让其休息 2 ～ 4 分钟，并减轻重量让其再试。⑩ 记录最终成功尝试的最大举起重量，此即受试者的最大力量。

（二）相对力量

名词解析

相对力量是指练习者单位体重所具有的最大力量。相对力量对体操、跳高等项目是十分重要的，这些项目一方面要求练习者具有较大的最大力量，另一方面要求练习者体重不能过大。

1. 相对力量的训练方法

发展相对力量时应采用高强度的、提高肌肉协调能力的方法，既可使练习者的最大力量得到提高，又能限制练习者体重的增加，从而提高练习者的相对力量。通常练习者可采用抗阻训练发展相对力量。训练时，负荷强度应控制在最大力量的85%以上，使动员肌肉中更多的运动单位参与工作。一般每组重复练习1～3次，可适当增加练习组数；间歇时间控制在1～3分钟或3～5分钟。

2. 相对力量的评定方法

相对力量可按以下公式进行计算：

相对力量＝最大力量/体重

采用卧推测试，用最大力量测试所得值除以练习者体重即得到相对力量。将测试所得相对力量值与1RM卧推上肢相对力量评价标准（表3-4-1）对照，可得参考分值。

表3-4-1　1RM 卧推上肢相对力量评价标准

得　分		10分	20分	30分	40分	50分	60分	70分	80分	90分
性别 （20～29岁）	男	0.80	0.88	0.93	0.99	1.06	1.14	1.22	1.32	1.48
	女	0.30	0.33	0.35	0.37	0.40	0.41	0.42	0.49	0.54

注：1RM（1 Repetition Maximum）表示运动员以正确的动作只能重复1次动作的阻力。

（三）快速力量

名词解析

快速力量是指肌肉在尽可能短的时间内产生最大力量的能力，是力量与速度有机结合的一种能力。快速力量对短跑、短距离游泳、短距离自行车运动、短距离滑冰、击剑、跳跃、摔跤、拳击等项目的运动成绩起着决定性作用。根据快速用力的特征，快速力量分为起动力量、爆发力、制动力量和反应力量。

1. 快速力量的训练方法

快速力量的发展受力量和速度两个因素的影响。练习者完成某一动作所用的力量大、速度快，所表现出的快速力量就大。

（1）低强度快速用力法。低强度快速用力法强调抗阻练习时的动作速度，动作要求快速、协调。强度控制在最大强度的30%～50%；每组练习5～10次，3～6组；间歇时间不宜过长。这种训练方法的优点在于兼顾力量和速度因素，使练习者体会最大用力感和最大速度感；缺点在于向中枢神经系统输入的刺激可能还不足以诱发高而强的神经冲动发放频率，以完成运动单位的激活。

（2）最大向心—离心用力法。最大向心—离心用力法将发展快速力量的最大向心动作优势与最高离心用力的最高峰负荷特点结合在一起。该方法通常用于卧推和上翻练习。在完成技术动作时，要使几乎自由下落的杠铃在最短的时间内减速，然后加速。练习强度在最大强度的70%～90%；每组练习6～8次，3～5组；组间间歇时间为5分钟。

（3）超等长训练法。超等长训练法是指肌肉被快速地拉长（离心阶段），然后积极收缩（向心阶段），利用肌腱弹性、肌肉收缩性和牵张反射来发展力量的训练形式，包括各种单侧和双侧式抓举、抛掷、推举及各种形式的跳跃运动等。通常在外部阻力很小或不采用外部阻力时，通过增加伸缩速度（缩短拉长—缩短周期的持续时间）或伸缩负荷（增加深跳时的下落高度）来增加负荷。这类训练包括持续时间为0.10～0.25秒的加速跑、跳远或跳高中触地和持续时间超过0.25秒的下蹲跳或投掷。

2. 快速力量的评定方法

快速力量的大小通常采用动力曲线描记图来评定。另外，计算快速力量指数也可评定快速力量。

快速力量指数=力量的极值×达到力量极值的时间

在周期性运动项目中，可通过各种形式的速度综合测定值来评定快速力量，如周期性运动项目的出发和加速段的时间。在非周期性运动项目中，可以通过跳跃（纵跳、立定跳远、连续三级跳等）评定下肢的快速力量，通过胸前推实心球、左右抛实心球等评定上肢和躯干的快速力量。

（四）力量耐力

名词解析

力量耐力是指肌肉长时间克服阻力的能力。力量耐力兼有力量与耐力的双重特点，既要求肌肉具有较大的力量，又要求肌肉能够长时间地坚持工作。

1. 力量耐力的训练方法

发展力量耐力时，负荷强度不宜过大，一般要求多次重复，甚至达到极限，具体次数按照训练负荷来安排。间歇时间一般控制在30～90秒，也可根据心率进行控制。

（1）持续训练法：练习强度一般在最大强度的25%～60%，多次重复，直至达到极限。具体次数因负荷强度不同而异，重复练习组数视练习者的具体情况而定，一般不宜太多，也不宜用练习组数去弥补重复练习次数的不足。

（2）间歇训练法：组间间歇时间可以为 30～90 秒或更多，练习时间较短（如 20～60 秒）。为了达到疲劳积累的目的，应该在肌肉工作能力尚未完全恢复时立即进行下一组练习。

（3）循环训练法：将不同肌群分别参与工作的 6～10 个练习按一定顺序排列，然后连续地依次完成各站规定的练习。短时间歇后，再做下一组，间歇期可选择慢跑。根据练习者的具体情况及每组练习负荷，可选做 3～10 组，从而使不同肌群的力量耐力得到发展。

2. 力量耐力的评定方法

力量耐力一般以练习者重复完成动作的次数进行评定，如自行车运动练习者在功率自行车脚踏上蹬踏的次数。另外，也可用力量耐力指数评定力量耐力。

$$力量耐力指数 = 练习阻力 \times 重复次数$$

对局部肌肉的力量耐力进行评定时，可选择局部肌肉运动的最大重复次数或一定时间内完成的次数，如仰卧起坐的最大次数、1 分钟仰卧起坐的完成次数。

二、速度素质

名词解析

速度素质是指人体快速运动的能力，是决定运动成绩的重要因素之一，主要体现在快速完成动作、对各种信号刺激的快速反应及快速位移方面，包括反应速度、动作速度和移动速度三种形式。

（一）反应速度

名词解析

反应速度是指人体对各种信号刺激（声、光、肢体接触等）快速应答的能力，主要取决于人的感受器（视觉、听觉）和分析器的特征，以及中枢神经系统与神经肌肉之间的协调关系。

1. 反应速度的训练方法

（1）信号刺激法：利用突然发出的信号提高练习者的反应能力的方法。该方法要求练习者能对各种信号迅速做出反应，如利用口令、鸣哨、鸣枪等信号，提高起跑、入水和起划的反应能力。

（2）运动感觉法：通过提高练习者本体感受能力及对时间、空间的感知能力来提高反应能力的方法。

具体步骤：对信号快速做出应答后，练习者被告知反应时间；对信号快速做出应答后，练习者先自己报告估计的时间，再被告知准确时间；最后练习者按事先确定的时间完成动作。这种练习可以提高练习者对时间的判断能力。

（3）移动目标练习法：对移动目标（如球、对手或教练员）的变化做出反应的练习方法，适用于球类项目的防守动作练习，以及击剑、乒乓球、排球、羽毛球、冰球等开放式运动项目的反应速度训练。

具体步骤：第一步，看和听移动目标的信号；第二步，判断移动目标运动的方向和速度；第三步，确定对移动目标信号做出反应的应答方案；第四步，做出应答反应动作。训练中可逐渐提高难度，如做第二步时，可缩短与目标的距离或加快目标移动的速度。

（4）选择性信号反应法：通过对复合信号做出选择性判断，只对其中一种信号做出应答反应来提高反应速度的训练方法。该方法主要提高练习者对运动中出现的复合信号中的一种信号（如对对手的真假动作中的真动作）迅速做出判断、反应的能力。

2.反应速度的评定方法

通常通过练习者对信号刺激做出反应所需的时间（反应时）来评定练习者的反应速度。应根据不同项目的特点测定练习者对特定信号的反应速度。例如，短跑、游泳等选手主要通过接收听觉信号做出竞技反应，而乒乓球选手则主要通过接收视觉信号做出技战术反应。反应时可以通过实验室的测试进行评定，也可用简易的方法进行测量和评定。

使用反应时测试仪测试反应时的操作如下：测试时，受试者中指按住启动键，等待信号发出。当任意信号键发出信号时（声、光同时发出），以最快速度去按该键；信号消失后，中指再次按住启动键，等待下一个信号发出，共有5次信号发出。受试者完成第5次信号应答后，所有信号键都会同时发出声和光，表示测试结束。

测试两次，取最好成绩，记录的成绩以秒为单位，保留小数点后两位。所得数值可参照我国国民体质标准选择反应时评分表（表3-4-2）进行测评。

表 3-4-2　我国国民体质标准选择反应时评分表　　　（单位：秒）

得　分		1分	2分	3分	4分	5分
性别 （20～24岁）	男	0.61～0.69	0.50～0.60	0.44～0.49	0.39～0.43	<0.39
	女	0.66～0.79	0.53～0.65	0.46～0.52	0.40～0.45	<0.40

（二）动作速度

名词解析

　　动作速度是指人体或人体某一身体部位快速完成某一动作的能力。动作速度是技术动作不可缺少的要素，表现为人体完成某一技术动作时的挥摆速度、击打速度、蹬伸速度和踢踹速度等。此外，动作速度还指连续完成单个动作的动作频率。

1. 动作速度的训练方法

　　动作速度主要取决于中枢神经系统的功能、支持该部位运动的肌肉力量及技术动作的合理性。在训练时，练习者要重视建立合理的技术动作，在反复做某一规定动作时应合理变换练习速度。在练习前，练习者应充分做好准备活动，保持一定的神经兴奋性，提高完成动作的质量，避免出现运动损伤。

　　（1）助力或减阻练习法：训练中给练习者以助力，帮助其快速完成动作的训练方法，如下坡跑助力训练。减阻练习法是指在训练中减轻外界阻力（如负重重量）的训练方法，如投掷练习者用轻器械投掷，以体会更快的动作速度的感觉。

　　（2）预先加难练习法：加大难度、加大阻力进行练习后，突然将阻力或将难度恢复到正常水平，利用前面的练习对神经系统和运动系统的较高要求而形成后续作用（痕迹作用），以有效提高动作速度的训练方法。例如，跳高选手腿缚沙袋做摆腿练习，除去沙袋后再做相同练习，以提高起跳瞬间摆动腿的速度。

　　（3）信号刺激法：借助信号刺激提高动作速度的方法。例如，利用同步声音的伴奏，练习者伴随着声音信号的快节奏而做出协调一致的快速动作。

2. 动作速度的评定方法

　　将动作速度寓于某一个技术动作之中，如抓举、跳跃起跳、游泳转身等。将动作速度的测量与技术参数测定相联系，如出手速度、起跳速度、角速度、加速度等。此外，还可以通过对连续多次完成同一动作的计时求出平均动作速度。

（三）移动速度

移动速度是指人体在特定方向上位移的速度。

1. 移动速度的训练方法

移动速度主要取决于动作频率，即单位时间内完成的动作周期数和每一个动作周期在特定运动方向上的位移幅度，这两个因素的改善及其之间的合理组合是提高移动速度的关键。

（1）起动能力练习：包括起跑练习、负重短距离加速练习和短跑辅助技术练习。

（2）助力速度训练：利用器材或场地突破已有的速度极限的练习方法。基本方法有下坡跑、牵引练习、高速跑步机冲刺练习等。

（3）阻力速度练习：通过加大跑动阻力提高下肢力量和速度的训练方法，如上坡跑、拖重物跑、沙地跑、水中跑等方法。为了使加速跑阶段和高速跑阶段的水平速度达到最大限度，阻力训练的一个目标是必须放在加大伸髋肌群的力量上，另一个目标则是减小脚每次着地时身体重心下降的幅度。

2. 移动速度的评定方法

移动速度以单位时间内人体移动的距离为评定指标。评定移动速度的项目主要为短距离跑，如 30 米跑、50 米跑等。

三、耐力素质

名词解析

耐力素质是指人体在长时间工作或运动中克服疲劳的能力。它是反映人体健康水平或体质强弱的一个重要标志。按人体的生理系统划分，耐力素质可分为肌肉耐力和心血管耐力。肌肉耐力也称力量耐力（见本节力量耐力）；心血管耐力又分为有氧耐力和无氧耐力。

（一）无氧耐力

无氧耐力是指机体以无氧代谢为主要供能形式，坚持较长时间工作的能力。

1. 无氧耐力的训练方法

无氧耐力的训练采用短时间、最大用力和短暂休息的重复运动的方法进行。练习中，机体必须处于糖酵解供能状态，人的心率应达到 180 ～ 190 次/分，持续时间应控制在 30 ～ 120 秒，重复次数不可过多。具体练习方式有快速的间歇跑、重复跑、400 米跑、对抗性球类比赛等。

2. 无氧耐力的评定指标

无氧耐力可采用持续 1 分钟的练习指标作为评定指标。

（二）有氧耐力

有氧耐力是指机体在氧气供应比较充足的情况下，能坚持长时间工作的能力。有氧耐力训练的目的在于提高练习者机体吸收、输送和利用氧气的能力，促进机体的新陈代谢。

1. 有氧耐力的训练方法

（1）长时间中等强度训练。有氧耐力运动项目最常见的是长距离慢速跑，其特点是在长时间内保持中等强度，即最大摄氧量或最大心率的 60% ～ 70%。练习通常采用以有氧供能为主的连续训练法，负荷强度相对较小，负荷量以连续练习的距离或时间为指标，心率控制在 150 ～ 170 次/分，持续时间不少于 30 分钟。有一定训练水平的练习者的持续时间可达 60 ～ 120 分钟，主要练习方式有匀速连续跑、越野跑、变速跑等。

（2）中等时间高强度训练。中等时间高强度训练通常采用的强度接近于或略高于乳酸阈强度。该训练可以采用恒定不变的步速来完成，因此通常被称为速度/节奏训练，强度接近于乳酸阈强度；也可以采用法特莱克训练法，主要用来培养速度感、提高乳酸阈值，增强身体保持更高强度和更长时间运动的能力。法特莱克训练法可以结合慢速的长跑训练和中等时间的速度/节奏训练，几乎适用于所有运动项目。

（3）间歇性训练。间歇性训练是有氧耐力练习者普遍采用的一种有效的训练方法。间歇性训练的强度等于或高于最大摄氧量，通常持续时间为 0.5 ～ 5 分钟。对于有氧耐力练习者而言，间隔时间通常等于或少于运动时间，练习时间与休息时间比保持在 1:1 或 2:1。通常 20 分钟的间歇性训练效果可以达到 45 ～ 60 分钟的慢速长跑训练的效果，因此相比其他训练方法，间歇性训练更加高效。

2. 有氧耐力的评定方法

评定有氧耐力的主要指标通常为最大摄氧量，经常采用的方法有定距离的计时位移运动（如 1500 ～ 10000 米跑），以及定时的 12 分钟跑等。

12 分钟跑是由美国有氧运动之父——库珀发明的，要求在规定时间内测量受试者的最大跑动距离（以千米为单位计量），然后根据跑动距离参照 12 分钟测验评定标准（表 3-4-3）评定有氧耐力水平。

表 3-4-3　12分钟跑测验评定标准　　　　　　（单位：千米）

等　级		优　秀	良　好	中　等	合　格	较　差
性别 （20～29岁）	男	<2.8	2.4～2.7	2.0～2.3	1.6～1.9	>1.6
	女	<2.6	2.2～2.5	1.8～2.1	1.5～1.7	>1.5

四、柔韧素质

名词解析

柔韧素质通常指关节活动的范围，其中包含关节在不同方向活动的幅度，也可理解为跨关节肌肉、肌腱、韧带的伸展性。在运动中，柔韧素质表现为完成大幅度或极限幅度动作的能力或人体关节在不同方向上的运动能力及肌肉、韧带的伸展能力。柔韧素质取决于关节的灵活性、神经系统对肌肉的调节能力及韧带、肌肉的弹性等。

（一）柔韧素质的训练方法

1. 静态拉伸法和动态拉伸法

静态拉伸法，即肌肉被拉伸到极点之后，保持不动并坚持15秒以上，让肌肉在静止状态下获得最好的拉伸效果。动态拉伸法，即肌肉在运动过程中短暂地达到拉伸极点，但并不刻意保持，而是迅速转向不同的方向继续运动，并如此反复多次。

2. 本体感觉神经肌肉促进拉伸法

本体感觉神经肌肉促进拉伸法（PNF法）是指利用人体本体感受性神经—肌肉互动特性进行柔韧素质训练的方法。PNF法通过主动肌和被动肌的交替收缩与放松，利用牵张反射原理抑制肌肉收缩，从而达到牵拉的目的。具体做法如下：① 静态拉伸目标肌肉，约10秒；② 让目标肌肉做等长收缩，约6秒；③ 再次做静态伸展，同时收缩拮抗肌，约30秒。

3. 主动分离式拉伸法

主动分离式拉伸法（AIS）的原理是通过主动肌与拮抗肌交互抑制，增加肌肉的柔韧性及关节活动度，通常可以由自己或辅助者协助完成拉伸动作。在整个牵拉过程中，肌肉要保持放松，并配合呼吸进行练习（拉伸前吸气、拉伸时呼气）。

（二）柔韧素质的评定方法

柔韧素质的评定方法：通常采用直尺、皮尺、量角器等工具直接测量关节活动的最大幅度，测量的指标为角度和距离。测量项目包括坐位体前屈、站位体前屈、站位转体等。其中，大学生坐位体前屈测试方法与评定标准见本章第六节。

五、灵敏素质

名词解析

灵敏素质是指在各种突然变化的条件下，练习者能够迅速、准确、协调地改变身体运动的空间位置和运动方向，以适应不断变化的外界环境的能力。灵敏素质是一种综合素质，是力量、速度、耐力、柔韧等身体素质的综合反映。

（一）灵敏素质的训练方法

1. 传统的灵敏训练方法

练习者在跑跳间迅速、准确、协调地完成各种动作，进行各种调整身体方位的练习及专门设计的各种复杂多变的练习，如快速改变运动方向、之字跑、躲闪跑、立卧撑等练习组合成的综合性练习。

2. 闭式灵敏训练方法

闭式灵敏训练可在高速度下进行。在最初训练过程中，练习者必须控制好练习速度。例如，围绕摆成T字形或之字形的标志桶进行跑及穿梭跑。其中，T字形跑训练用于提高练习者迅速加速或减速及迅速改变方向的能力。布置场地时，将3个标志桶（标志桶1、标志桶2、标志桶3）排成一条直线A，每个桶相隔5米。起点设置在与直线A垂直的直线上正对标志桶1，并与其间隔10米。首先，练习者站在起点处，冲刺到标志桶1，迅速右转，快速跑到标志桶2，采用短且快的步子绕标志桶2转180°；然后，冲刺到标志桶3，绕标志桶3转180°后再冲刺到标志桶1；最后，迅速右转并加速跑回起点。

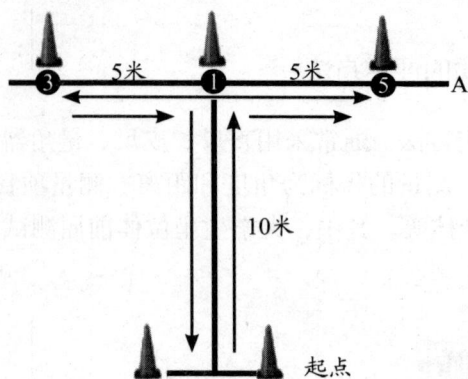

T 字形跑练习

3. 开式灵敏训练方法

开式灵敏训练方法更符合球类、搏击等项目的专项需求，是灵敏素质训练中最重要的、最难掌握的训练方法。练习者必须完成未知的运动形式和达到运动要求，往往辅以视觉、听觉信号，并根据不同的信号对运动形式做出瞬间的判断。该训练方法主要包括三类：第一类是躲闪、追逐练习，如将两个人用一根绳子拴住，然后进行躲闪练习；第二类是抛接练习，如抛接不规则球；第三类是专门性灵敏练习，如与专项特征相结合的练习。

（二）灵敏素质的评定方法

评定灵敏素质的方法有象限跳测试、T 字形跑测试、箭头跑测试、六边形跳测试、伊利诺斯灵敏性测试等。伊利诺斯灵敏性测试的方法如下。

1. 测试准备

激光计时器或秒表、卷尺、8 个标志桶或标记物、测试场地（表面平坦且防滑）。

2. 测试布局

选择一个长 10 米、宽 5 米的矩形区域，4 个标志桶的编号为 A～D，另外 4 个标志桶的编号为 1～4。其中，标志桶 A 和标志桶 D 在矩形场地的一端，分别作为测试的起点和终点；标志桶 B 和标志桶 C 放置在矩形场地的另一端；标志桶 1 至标志桶 4 以 3.3 米的间隔距离放置在测试区中间。

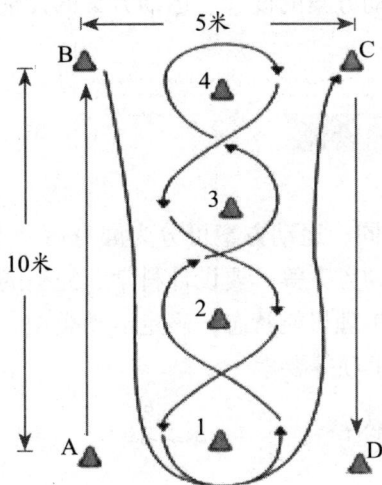

伊利诺斯灵敏性测试路线

3.开始测试

练习者俯卧，两手平放在地板上，肘部伸直，头部朝向标志桶A所在的起跑线处。练习者先以最快的速度站起来并冲刺10米的距离绕过标志桶B，再冲刺至标志桶1处，按之字形绕过标志桶2和标志桶3到达标志桶4，并绕标志桶4一圈；然后按之字形沿反方向回到标志桶1，再跑向标志桶C，绕过标志桶C冲刺到达终点标志桶D处。测试者在练习者起动的瞬间开始计时，在练习者到达终点的瞬间停止计时。

4.等级评定

参照伊利诺斯灵敏性测试标准（表3-4-4）进行等级评定。

表3-4-4　伊利诺斯灵敏性测试标准　　　　　　　　　　（单位：秒）

等　级		优　秀	良　好	中　等	合　格	较　差
性别	男	<15.2	15.2～16.1	16.2～18.1	18.2～18.3	>18.3
	女	<17.0	17.0～17.9	18.0～21.7	21.8～23.0	>23.0

第五节　运动方案的设计与评估

对于大学生而言，能够依据所学的体育知识，针对自身状况设计一套可行的运动方案，进行有目的、有计划的科学锻炼，是实现终身体育的较佳路径之一。本节将介绍运动方案的设计、运动方案的评估，为大学生进行科学锻炼提供指导和参考。

一、运动方案的设计

根据运动目的的不同，运动方案可分为健身运动方案、康复运动方案、减肥运动方案、竞技运动方案等。要设计科学、完整的运动方案必须要有明确的运动目的，再依据生理机能状态，确定运动类型、运动强度、运动持续时间、运动频率、注意事项等要素。

（一）运动方案的内容

1.运动目的

运动目的一般建立在个人需求之上，主要包括：① 增强体质，促进健康；② 促进康复，治疗疾病；③ 增强专项体能，提高竞技水平；④ 减脂增肌，塑造形体。

2.运动类型

运动类型是运动中采用的运动形式或运动项目，通常包括有氧耐力性运动、抗阻力性力量运动和伸展柔韧性运动三种类型。其中，有氧耐力性运动可改善和提高人体有氧工作能力，主要项目有健步走、慢跑、游泳、骑自行车、跳绳、滑雪、球类运动等。抗阻力性力量运动适合于增强力量、健美肌肉、塑造形体，项目包括各种深蹲、推举和各种形式的跳跃运动，以及等张练习、等长练习、等动练习等。伸展柔韧性运动可放松精神、消除疲劳和改善体形，主要项目包括太极拳、保健气功、广播体操等。

3.运动强度

运动强度是运动方案的核心，需要通过适当的监测方法来确定运动强度是否适宜。确定合理运动强度的便捷方法是将主观体力感觉等级（RPE）与心率相结合。运动时的主观体力感觉等级为 12 ～ 15 的运动强度是合理的，而适宜的运动强度以本人最大心率的 70% ～ 85% 为标准。（表 3-5-1）

表 3-5-1 主观体力感觉等级表

主观体力感觉等级	主观运动感觉	相对强度	相应心率/（次/分）	其他感受
6	安　静	0.0%	60	处于安静状态
7	非常轻松	7.1%	70	
8	很轻松	14.3%	80	感到活动比静止好
9		21.4%	90	
10	轻　松	28.6%	100	心情愉快，还想练下去
11		35.7%	110	

续　表

主观体力 感觉等级	主观运动感觉	相对强度	相应心率 / （次 / 分）	其他感受
12	稍费力	42.9%	120	未感到出汗，感到练得不够
13		50.0%	130	出汗，但可以接受，练到什
14		57.2%	140	么时候都可以
15	费　力	64.3%	150	紧张，汗流浃背，担心再练 下去
16		71.5%	160	不想再练，口干舌燥，仅能坚 持
17	很费力	78.5%	170	接近于 100% 的疲劳，能说几 句话，气喘得严重
18		85.8%	180	
19	非常费力	95.0%	190	全身疲劳不堪
20		100%	200	

4. 运动时间

运动时间指每次运动持续的时间。通常有氧耐力性运动的运动时间应达到 15 ~ 60 分钟，一般以 20 ~ 40 分钟较为适宜，其中，达到适宜心率的运动时间须在 15 分钟以上。

5. 运动频率

在运动方案中，运动频率通常指每周运动的次数。运动频率要根据运动目的、身体情况、运动强度和运动时间而定。一般每周锻炼 3 或 4 次，隔日锻炼一次的效率最高。

6. 注意事项

要清楚地列出按照运动方案进行运动时的注意事项，如禁止参加的运动项目、运动前的准备活动、运动中的自我观察、运动后的整理活动及运动损伤的防范；另外，还需注意运动后的休息、恢复及合理膳食。

（二）运动方案的制订程序

制订运动方案时，首先应进行较系统的身体检查，对自身健康状况进行预检和评价。在此基础上，选择运动试验方法进行运动试验，对生理机能进行评定。特别是在制订健身和康复运动方案时，要对心血管机能进行评价，以发现潜在的心血管疾病，确定是否可进行运动，做好运动风险防控。然后进行体力测试，对力量、耐力、速度、灵敏、柔韧素质进行检测，以评定身体素质和体力等级，确定运动的负荷范围。常用的测验方法有 3 分钟台阶测试、12 分钟跑等。

（三）制订运动方案

对自己的健康状况、体力活动水平、运动能力等有了较全面的了解后便可制订运动方案，逐项制订运动目的、运动类型（项目、方式）、运动时间、

运动强度、运动频率、注意事项等。下面列举常见的男、女大学生运动方案以供参考。（表 3-5-2、表 3-5-3）

表 3-5-2 男生健身运动方案

×年×月×日

基本信息		
姓名：×××	性别：男	年龄：20 岁

运动前筛查结果	
体力活动水平	体力一般
健康筛查	身高：170 厘米；体重：60 千克；体脂率：15%
	血压：80/120 毫米汞柱；心率：60 次/分
	伤病史：无疾病，无运动损伤史
运动风险分级	中 等
运动测试结果	心肺机能：中等；肌肉力量与耐力：一般；柔韧性：一般

存在的主要问题：体形较瘦，肌肉力量较弱，柔韧素质较弱

需求：增强肌肉力量和增加肌肉含量，增强体能

运动方案		
运动目的：增肌，增强体能	运动频率：每周运动 5 次	

准备活动	运动方式	运动时间	运动强度
	原地跑跳及动态伸展	15 分钟	RPE 12 左右

作用：提高体温，降低肌肉黏滞性，激活目标肌群，防止运动损伤

力量训练	锻炼部位	运动项目	重量/千克	次 数	组 数	组间间歇时间/秒	备 注
	胸 部	哑铃卧推	30	8～12	6	30	
	背 部	引体向上	—	12～15	6	30	
	上 肢	肱二头肌弯举	20	15	3	20	
		窄距俯卧撑	—	15	3	20	
	下 肢	杠铃深蹲	50	8～12	4	40	
		硬 拉	50	8～12	4	40	
	核 心	卷 腹	—	20	6	20	

作用：提高肌肉适能，给肌肉纤维以良性撕裂，促进肌肉体积增大

有氧运动	运动方式	运动时间/分钟	运动强度/（次/分）	伸展运动	运动方式	运动强度
	水阻划船	30	135～148		被动拉伸	RPE 12 左右

作用：提高心肺功能，增强体质

注意事项：训练前充分热身；训练中注意练习负荷的控制和动作的准确性，体会肌肉发力，遵循渐进性的训练原则，避免过度训练引发疲劳而导致运动损伤；训练后及时放松、拉伸，以促进机体恢复

表 3-5-3 女生减脂运动方案

×年×月×日

基本信息		
姓名：×××	性别：女	年龄：20 岁

运动前筛查结果	
体力活动水平	体力严重不足，体质较弱
健康筛查	身高：160 厘米；体重：60 千克；体脂率：30%
	血压：80/120 毫米汞柱；心率：70 次/分
	伤病史：无疾病，无运动损伤史
运动风险分级	低
运动测试结果	心肺机能：中等；肌肉力量与耐力：一般；柔韧性：一般

存在的主要问题：心肺功能需提升，肌肉耐力较弱

需求：减少脂肪含量，提高心肺耐力

运动方案	
运动目的：减脂，降低体重	运动频率：每周运动 4 次，隔日 1 次

准备活动	运动方式	运动时间	运动强度
	慢 跑	10 分钟	体温上升，强度一般

作用：提高体温，克服器官的生理惰性，防止运动损伤

力量训练	锻炼部位	运动项目	次数	组数	组间间歇时间/秒	备注
	全 身	开合跳	30	4	20	
		放松跑	20	4	20	
		波比跳	15	4	30	
	下 肢	自重深蹲	15	4	30	
	上肢、躯干	跪姿俯卧撑	15	4	30	
	核 心	卷 腹	20	3	20	
		平板支撑	20	3	20	

作用：提高肌肉适能，提高心肺功能

有氧运动	运动方式	运动时间/分钟	运动强度/（次/分）	伸展运动	运动方式	运动强度
	跑 步	35	135～148		动态拉伸	RPE 12 左右

作用：提高心肺功能；充分燃烧脂肪，降低体脂率

注意事项：训练前充分热身；训练中控制锻炼间隔时间，注意动作要领，避免发生运动损伤；训练后及时放松、拉伸

男生 1000 米竞技运动方案

男生下腰背酸痛康复运动方案

二、运动方案的评估

在运动方案的具体实施过程中，还应选择能够反映身心状况变化的指标，对运动中、运动后的身心状态进行监测和评估，从而为运动方案的修订和调整提供依据。

（一）心率、体重

心率、体重是常见又便捷的自我监测基础指标。其中，对于心率的监测，一般在手腕桡动脉处或耳前方颞浅动脉处用手指触扪动脉搏动次数，也可把手放在左胸部，直接数心跳次数。通常用运动停止后即刻测得的 10 秒脉搏次数乘以 6 近似地作为运动时的心率；运动后次日在基础状态下测定基础心率。一般基础心率波动不超过 4 次/分，体重减少在 0.5 千克以内。如果数日内基础心率持续上升或体重持续下降，则说明运动量偏大，有疲劳积累的征兆，应及时减少运动量。

（二）自我感觉

自我感觉是指在锻炼后次日或之后，身体和精神有无不适的感觉或异常的反应，包括：是否头晕、恶心、发烧、疲劳不堪、胸闷、腿部浮肿；食欲是否下降，有无腹泻、腹痛或便秘现象；精力是否充沛、情绪是否饱满、心情是否舒畅等。出现上述不良反应的原因可能是锻炼时运动强度过大而导致了过度疲劳。一般运动量适宜的标志是每次运动后睡眠良好，次日晨起疲劳感基本消除，感觉轻松愉快，体力充沛，有运动兴趣和欲望。另外，运动中还可通过 RPE 评估运动方案是否合理。

（三）形态结构

坚持参加体育锻炼，可使练习者肺活量增加，以及安静时心率呈现逐渐下降的趋势。练习者可以通过测试仪器测量这些变化，也可以通过自身感受体会。另外，可通过四肢、腰腹部肌肉围度和肌肉力量的变化评估运动方案是否合理。

运动风险的自我评估

（四）运动能力

坚持参加体育锻炼，可使练习者的身体素质和运动能力逐渐提高，在工作和运动时不易感到疲劳。练习者可以通过身体素质测试和运动成绩测定来发现这些变化，也可以通过自身感受来体会，从而评估运动方案是否合理。

（五）心理状态

坚持参加体育锻炼，可使练习者身体各器官在运动时进入工作状态较快，消除或减轻不适感；运动后虽有一定的疲劳感，但疲劳感消失得较快；体质得到增强，生活、工作和学习时精力充沛、情绪饱满。练习者可以通过运动能力测定来发现这些变化，也可以通过自身感受来体会，从而评估运动方案是否合理。

第六节　大学生体质健康测量与评价

一、《国家学生体质健康标准》实施说明

（一）说　明

《国家学生体质健康标准》（以下简称《标准》）是国家学校教育工作的基础性指导文件和教育质量基本标准，是评价学生综合素质、评估学校工作和衡量各地教育发展的重要依据，是《国家体育锻炼标准》在学校的具体实施，适用于全日制普通小学、初中、普通高中、中等职业学校、普通高等学校的学生。

《标准》的修订坚持健康第一，落实《国家中长期教育改革和发展规划纲要（2010—2020年）》《国务院办公厅转发教育部等部门关于进一步加强学校体育工作若干意见的通知》（国办发〔2012〕53号）和《教育部关于印发〈学生体质健康监测评价办法〉等三个文件的通知》（教体艺〔2014〕3号）有关要求，着重提高《标准》应用的信度、效度和区分度，着重强化其教育激励、反馈调整和引导锻炼的功能，着重提高其教育监测和绩效评价的支撑能力。

《标准》从身体形态、身体机能和身体素质等方面综合评定学生的体质健康水平，是促进学生体质健康发展、激励学生积极进行身体锻炼的教育手段，是国家学生发展核心素养体系和学业质量标准的重要组成部分，

是学生体质健康的个体评价标准。

《标准》将适用对象中高校部分分为：大学一、二年级为一组，三、四年级为一组。

大学各组别的测试指标均为必测指标。其中，身体形态类中的身高、体重，身体机能类中的肺活量，以及身体素质类中的50米跑、坐位体前屈为各年级学生共性指标。

《标准》的学年总分由标准分与附加分之和构成，满分为120分。标准分由各单项指标得分与权重乘积之和组成，满分为100分。附加分根据实测成绩确定，即对成绩超过100分的加分指标进行加分，满分为20分；大学的加分指标为男生引体向上和1000米跑，女生1分钟仰卧起坐和800米跑，各指标加分幅度均为10分。

根据学生学年总分评定等级：90.0分及以上为优秀，80.0～89.9分为良好，60.0～79.9分为及格，59.9分及以下为不及格。

每个学生每学年评定一次，记入《〈国家学生体质健康标准〉登记卡》。特殊学制的学校，在填写登记卡时可以按规定和需求相应地增减栏目。学生毕业时的成绩和等级，按毕业当年学年总分的50%与其他学年总分平均得分的50%之和进行评定。

学生测试成绩评定达到良好及以上者，方可参加评优与评奖；成绩达到优秀者，方可获体育奖学分。测试成绩评定不及格者，在本学年度准予补测一次，补测仍不及格，则学年成绩评定为不及格。普通高等学校学生毕业时，《标准》测试的成绩达不到50分者按结业或肄业处理。

学生因病或残疾可向学校提交暂缓或免予执行《标准》的申请，经医疗单位证明，体育教学部门核准，可暂缓或免予执行《标准》，并填写《免予执行〈国家学生体质健康标准〉申请表》，存入学生档案。确实丧失运动能力、被免予执行《标准》的残疾学生，仍可参加评优与评奖，毕业时《标准》成绩需注明免测。

各学校每学年开展覆盖本校各年级学生的《标准》测试工作，《标准》测试数据经当地教育行政部门按要求审核后，通过"中国学生体质健康网"上传至"国家学生体质健康标准数据管理系统"。测试和数据上传时间由教育行政部门确定。

《标准》由教育部负责解释。

（二）单项指标与权重

单项指标与权重见表 3-6-1。

表 3-6-1 单项指标与权重

测试对象	单项指标	权　重
大学各年级	体重指数（BMI）	15%
	肺活量	15%
	50米跑	20%
	坐位体前屈	10%
	立定跳远	10%
	引体向上（男）/1分钟仰卧起坐（女）	10%
	1000米跑（男）/800米跑（女）	20%

注：体重指数（BMI）=体重（千克）/身高^2（米^2）。

二、《国家学生体质健康标准》测试方法

（一）1分钟仰卧起坐（女）

受试者仰卧于垫上，两腿屈膝，小腿与地面夹角为 45° 左右，两手轻轻地扶在两耳侧。脚底紧贴地面。受试者坐起时两肘触及或超过两膝为完成一次。仰卧时，两肩胛必须触垫。记录受试者 1 分钟完成仰卧起坐的次数。

1分钟仰卧起坐（女）

（二）引体向上（男）

受试者跳起，两手正握杠，两手与肩同宽，成直臂悬垂。静止后，两臂同时用力向上引体（身体不能有附加动作），上拉到下颌超过横杠上缘为完成一次。记录引体次数。

（三）立定跳远

受试者两脚自然分开站立，站在起跳线后，脚尖不得踩线（最好用线绳

做起跳线）。两脚原地同时起跳，不得有垫步或连跳动作。丈量起跳线后缘至最近着地点后缘的垂直距离。以厘米为单位记录测试成绩，不计小数。

（四）坐位体前屈

受试者两腿伸直，坐在平地上，两脚分开 10～15 厘米，两脚平蹬测试纵板，上体前屈，两臂伸直，用两手中指指尖逐渐向前推动游标，直到不能前推为止。测试计的测试纵板内沿平面为零点，向后为负值，向前为正值。以厘米为单位记录测试成绩，保留一位小数。测试两次，取最好成绩。

坐位体前屈

（五）800 米跑（女）、1000 米跑（男）

受试者至少两人一组进行测试，站立式起跑。当听到"跑"的口令后开始起跑。计时员看到旗动开表计时，当受试者的躯干部到达终点线的垂直面时停表。以分、秒为单位记录测试成绩，不计小数。

（六）50 米跑

受试者至少两人一组测试，站立式起跑。受试者听到"跑"的口令后开始起跑。发令员在发出口令的同时要摆动发令旗。计时员视旗动开表计时，受试者躯干部到达终点线的垂直面时停表。以秒为单位记录测试成绩，精确到小数点后一位，小数点后第二位数按非 0 进 1 原则进位，如将 10.11 秒读成 10.2 秒并记录。

（七）肺活量

房间通风良好；使用干燥的一次性口嘴（如果使用非一次性口嘴，则每换一名受试者需消毒一次，每测一人后对口嘴进行清洁、消毒并注意消毒后必须使其干燥）。肺活量计主机放置在平稳的桌面上，检查电源线及接口是否牢固，按工作键液晶屏显示"0"，表示机器进入工作状态，预热 5 分钟后测试为佳。

告知受试者不必紧张，并且要尽全力，以中等速度和力度吹气效果最好。受试者面对肺活量计站立，手持吹气口嘴；测试过程中，口嘴或鼻处不能漏气，如漏气应调整口嘴和用鼻夹（或自己捏鼻孔）；学会深吸气（避免耸肩提气，应该像闻花似的慢吸气）。受试者进行一两次较平日深一些的呼吸动作后，更深地吸一口气，屏住气向口嘴处慢慢呼出至不能再呼出为止，防止此时从口嘴处漏气。测试中不得中途二次吸气。吹气完毕后，液晶屏最终显示的数字即肺活量。以毫升为单位记录测试成绩，不计小数。

（八）体　重

测试时，电子秤应放在平坦的地面上。受试者赤足，男性受试者身着短裤，女性受试者身着短裤、短袖衫，站在秤台中央。

（九）身　高

受试者赤足，以立正姿势站在身高计的底板上（上肢自然下垂，脚跟并拢，脚尖分开约60°）。脚跟、骶骨部及两肩胛区与立柱相接触，躯干自然挺直，头部正直，耳屏上缘与眼眶下缘呈水平位。测试人员站在受试者右侧，将水平压板轻轻沿立柱下滑，轻压于受试者头顶。测试人员读数时，两眼应与压板水平面等高，记录员复述后进行记录。以厘米为单位记录测试成绩，保留一位小数。测试误差不得超过0.5厘米。

测量体重

测量身高

三、《国家学生体质健康标准》测试评分表

《国家学生体质健康标准》测试评分表见表3-6-2～表3-6-8。

表3-6-2　体重指数（BMI）单项评分表　　（单位：千克/米²）

等　级	单项得分	大学男生	大学女生
正　常	100	17.9～23.9	17.2～23.9
低体重	80	≤17.8	≤17.1
超　重		24.0～27.9	24.0～27.9
肥　胖	60	≥28.0	≥28.0

表3-6-3　大学男生各测试项目评分表　　（大一、大二适用）

等　级	单项得分	肺活量/毫升	50米跑/秒	坐位体前屈/厘米	立定跳远/厘米	引体向上/次	耐力跑1000米/（分·秒）
优秀	100	5040	6.7	24.9	273	19	3'17"
	95	4920	6.8	23.1	268	18	3'22"
	90	4800	6.9	21.3	263	17	3'27"
良好	85	4550	7.0	19.5	256	16	3'34"
	80	4300	7.1	17.7	248	15	3'42"

续　表

等　级	单项得分	肺活量/毫升	50米跑/秒	坐位体前屈/厘米	立定跳远/厘米	引体向上/次	耐力跑1000米/（分·秒）
及　格	78	4180	7.3	16.3	244		3'47"
	76	4060	7.5	14.9	240	14	3'52"
	74	3940	7.7	13.5	236		3'57"
	72	3820	7.9	12.1	232	13	4'02"
	70	3700	8.1	10.7	228		4'07"
	68	3580	8.3	9.3	224	12	4'12"
	66	3460	8.5	7.9	220		4'17"
	64	3340	8.7	6.5	216	11	4'22"
	62	3220	8.9	5.1	212		4'27"
	60	3100	9.1	3.7	208	10	4'32"
不及格	50	2940	9.3	2.7	203	9	4'52"
	40	2780	9.5	1.7	198	8	5'12"
	30	2620	9.7	0.7	193	7	5'32"
	20	2460	9.9	-0.3	188	6	5'52"
	10	2300	10.1	-1.3	183	5	6'12"

表3-6-4　大学男生各测试项目评分表　　（大三、大四适用）

等　级	单项得分	肺活量/毫升	50米跑/秒	坐位体前屈/厘米	立定跳远/厘米	引体向上/次	耐力跑1000米/（分·秒）
优　秀	100	5140	6.6	25.1	275	20	3'15"
	95	5020	6.7	23.3	270	19	3'20"
	90	4900	6.8	21.5	265	18	3'25"
良　好	85	4650	6.9	19.9	258	17	3'32"
	80	4400	7.0	18.2	250	16	3'40"
及　格	78	4280	7.2	16.8	246		3'45"
	76	4160	7.4	15.4	242	15	3'50"
	74	4040	7.6	14.0	238		3'55"
	72	3920	7.8	12.6	234	14	4'00"
	70	3800	8.0	11.2	230		4'05"
	68	3680	8.2	9.8	226	13	4'10"
	66	3560	8.4	8.4	222		4'15"
	64	3440	8.6	7.0	218	12	4'20"
	62	3320	8.8	5.6	214		4'25"
	60	3200	9.0	4.2	210	11	4'30"

等 级	单项得分	肺活量/毫升	50米跑/秒	坐位体前屈/厘米	立定跳远/厘米	引体向上/次	耐力跑1000米/（分·秒）
	50	3030	9.2	3.2	205	10	4'50"
	40	2860	9.4	2.2	200	9	5'10"
不及格	30	2690	9.6	1.2	195	8	5'30"
	20	2520	9.8	0.2	190	7	5'50"
	10	2350	10.0	−0.8	185	6	6'10"

表3-6-5 大学女生各测试项目评分表 （大一、大二适用）

等 级	单项得分	肺活量/毫升	50米跑/秒	坐位体前屈/厘米	立定跳远/厘米	1分钟仰卧起坐/次	耐力跑800米/（分·秒）
优 秀	100	3400	7.5	25.8	207	56	3'18"
	95	3350	7.6	24.0	201	54	3'24"
	90	3300	7.7	22.2	195	52	3'30"
良 好	85	3150	8.0	20.6	188	49	3'37"
	80	3000	8.3	19.0	181	46	3'44"
及 格	78	2900	8.5	17.7	178	44	3'49"
	76	2800	8.7	16.4	175	42	3'54"
	74	2700	8.9	15.1	172	40	3'59"
	72	2600	9.1	13.8	169	38	4'04"
	70	2500	9.3	12.5	166	36	4'09"
	68	2400	9.5	11.2	163	34	4'14"
	66	2300	9.7	9.9	160	32	4'19"
	64	2200	9.9	8.6	157	30	4'24"
	62	2100	10.1	7.3	154	28	4'29"
	60	2000	10.3	6.0	151	26	4'34"
不及格	50	1960	10.5	5.2	146	24	4'44"
	40	1920	10.7	4.4	141	22	4'54"
	30	1880	10.9	3.6	136	20	5'04"
	20	1840	11.1	2.8	131	18	5'14"
	10	1800	11.3	2.0	126	16	5'24"

表3-6-6　大学女生各测试项目评分表　　　（大三、大四适用）

等　级	单项得分	肺活量 / 毫升	50米跑 / 秒	坐位体前屈 / 厘米	立定跳远 / 厘米	1分钟仰卧起坐 / 次	耐力跑800米 / （分·秒）
优　秀	100	3450	7.4	26.3	208	57	3'16"
	95	3400	7.5	24.4	202	55	3'22"
	90	3350	7.6	22.4	196	53	3'28"
良　好	85	3200	7.9	21.0	189	50	3'35"
	80	3050	8.2	19.5	182	47	3'42"
及　格	78	2950	8.4	18.2	179	45	3'47"
	76	2850	8.6	16.9	176	43	3'52"
	74	2750	8.8	15.6	173	41	3'57"
	72	2650	9.0	14.3	170	39	4'02"
	70	2550	9.2	13.0	167	37	4'07"
	68	2450	9.4	11.7	164	35	4'12"
	66	2350	9.6	10.4	161	33	4'17"
	64	2250	9.8	9.1	158	31	4'22"
	62	2150	10.0	7.8	155	29	4'27"
	60	2050	10.2	6.5	152	27	4'32"
不及格	50	2010	10.4	5.7	147	25	4'42"
	40	1970	10.6	4.9	142	23	4'52"
	30	1930	10.8	4.1	137	21	5'02"
	20	1890	11.0	3.3	132	19	5'12"
	10	1850	11.2	2.5	127	17	5'22"

表3-6-7　大学生加分指标测试项目评分表一　　　（单位：次）

加　分	引体向上（男）		1分钟仰卧起坐（女）	
	大一、大二	大三、大四	大一、大二	大三、大四
10	10	10	13	13
9	9	9	12	12
8	8	8	11	11
7	7	7	10	10

加　分	引体向上（男）		1分钟仰卧起坐（女）	
	大一、大二	大三、大四	大一、大二	大三、大四
6	6	6	9	9
5	5	5	8	8
4	4	4	7	7
3	3	3	6	6
2	2	2	4	4
1	1	1	2	2

注：引体向上（男）、1分钟仰卧起坐（女）均为高优指标，学生成绩超过单项评分100分后，以超过的次数所对应的分数进行加分。

表 3-6-8　大学生加分指标测试项目评分表二　　　（单位：秒）

加　分	1000米跑（男）		800米跑（女）	
	大一、大二	大三、大四	大一、大二	大三、大四
10	−35"	−35"	−50"	−50"
9	−32"	−32"	−45"	−45"
8	−29"	−29"	−40"	−40"
7	−26"	−26"	−35"	−35"
6	−23"	−23"	−30"	−30"
5	−20"	−20"	−25"	−25"
4	−16"	−16"	−20"	−20"
3	−12"	−12"	−15"	−15"
2	−8"	−8"	−10"	−10"
1	−4"	−4"	−5"	−5"

注：1000米跑（男）、800米跑（女）均为低优指标，学生成绩低于单项评分100分后，以减少的秒数所对应的分数进行加分。

本章课后思考题

第四章

保健与体育随行

本章思维导图

>> **本章导读**

　　在运动时，科学地做好安全与防护、合理补充营养物质、了解体育卫生常识，不仅能够防止运动损伤，有益于身体健康，还能够有效地应对在体育锻炼中遇到的突发事件，掌握自救、互救的方法。

>> **学习目标**

▶ 了解运动安全与防护措施。

▶ 了解体育卫生常识。

▶ 学会运动损伤的处理方法。

▶ 学会在运动时合理补充营养物质。

▶ 了解特殊人群的体育保健方式。

第一节 运动安全与防护措施

运动安全与防护是参与运动的重要组成部分。科学的运动安全与防护不仅要求运动项目技术合理、强度适中、时间恰当，还要求锻炼者在锻炼过程中对身体反应进行监督和调整，以及考虑各种安全因素。只有综合考虑运动设施等外界因素和锻炼者的个体特点，选择适合的运动方式和运动负荷，加强自我监督和控制，做好安全防护，使体育锻炼良性发展，才能使锻炼者长久受益。

一、运动前的安全与防护措施

（一）检查运动场地、设施和服装

运动前，首先应保障运动场地及设施的安全性，一定要对常用的运动设施进行安全检查。锻炼者在运动时，应当穿着舒适的运动服装和运动鞋，必要时可以使用防护用具，如头盔、护腕、护膝、护踝等。

（二）做好充分的准备活动

准备活动又称热身活动，可以提高锻炼者中枢神经的兴奋性，升高其体温，克服内脏器官的生理惰性，促进血液循环，提高肌肉工作能力。合理的准备活动不仅是增强运动能力的必要手段，还是避免发生运动损伤的最好方法。做准备活动可以采取徒手操、柔韧练习、放松跑等练习方法，要求达到心率明显加快的程度。

（三）了解当日的身体状况

当生理机能状况不良或身体生病时，锻炼者应停止锻炼。当生理机能状况不良时，运动的效率较低，此时运动起不到健身的作用。锻炼者可以用精神状态、运动心情等指标判断生理机能状态。当精神状态不好、不想运动时，基本可以认定为生理机能不良，锻炼者应停止运动。

（四）防止运动损伤

锻炼者可以采取多种方法防止发生运动损伤，如运动前进行身体检查、

加强自我保护意识、使用护具、重视准备活动和整理活动、建立健全指导员制度等。当发生运动损伤后，锻炼者应立即停止运动，尽快拨打急救电话，到医院进行检查和治疗。如损伤不严重，锻炼者进行自助救治时，应注意加强对局部患肢的保护，如采取绷带包扎加固或使用保护性用具。

二、运动中的安全与防护措施

在运动中做好安全与防护，主要是锻炼者在身体出现不良反应时及时作出准确判断，并进行正确的处理，以及加强针对性的保护措施。运动中常出现的不良身体反应包括呼吸困难、腹痛、胸闷、胸痛、下肢疼痛、中暑等。

知识拓展

判断停止运动或运动减量的时机

（1）观察：当锻炼者出现面色苍白、眼神无光、连打哈欠、反应迟钝、精神不集中、成绩下降等状况时，应考虑停止运动或减少运动负荷。

（2）自我感觉：当锻炼者在运动中出现严重的不良感觉，如呼吸困难、胸痛、腹痛、头痛等症状时，应当停止运动或减少运动负荷。

（3）临床检查：当锻炼者感觉身体机能不良时，应考虑进行临床检查和评价，检查的内容包括肺活量测定、心电图测定、肌张力测定及运动测试，根据检查评价来调整运动负荷。

（一）呼吸困难

一般锻炼者（未适应运动者）若在运动 1～2 分钟后出现呼吸困难，则在短时间内即可缓解。若在运动 5 分钟后仍感觉呼吸困难，则可能是运动强度过大所致。如果锻炼者在运动中出现呼吸困难，则应及时进行呼吸调整，使呼吸频率和动作节律相配合，如跑步时采取两步一吸、两步一呼（或三步一吸、三步一呼）的节律，也可以采取降低运动强度、逐步加深呼吸的方法进行缓解。

（二）腹痛

普通锻炼者在运动中发生腹痛最常见的原因是准备活动不充分，内脏机能还没有被完全调动起来就进行剧烈运动。如果心脏机能没有被及时、充分地调动起来，则肝脏或脾脏回心血液循环不良会导致肝脾淤血，运动时的震动、牵扯会引发疼痛。另外，胃肠炎症也可能会引起运动中腹痛。

锻炼者一旦发生运动中腹痛，应马上降低运动强度，手按疼痛部位做弯腰减速跑，一般在短时间内疼痛可减轻或消失。如果疼痛仍不减轻，则应当停止运动，并用手指按压足三里、合谷等穴位，或休息片刻，腹痛一般会减轻或消失。

（三）胸闷、胸痛

运动时出现胸闷、胸痛一般是由心肌缺血或冷空气刺激支气管所致。此时，锻炼者应停止运动，进行休息和观察。运动后若出现胸闷、胸痛，则可能是由心脏疲劳缺血所致，锻炼者应到医院进行身体检查，以排除心脏的器质性病变。

（四）下肢疼痛

运动时和运动后易发生下肢肌肉痛和膝关节、足关节痛。如果运动中突发强烈的下肢疼痛，则表明可能发生了运动损伤，如果运动中出现肌肉痛，则可能由肌肉过度疲劳导致。一般跑步锻炼者在锻炼一个月后容易出现膝关节痛，这时应当停止跑步，减少对膝关节的直接刺激，选用其他项目替代跑步，待症状减轻、消失后再逐步增加跑步的运动量。

（五）中　暑

中暑是由高温环境引起的，以通过体温调节中枢功能障碍、汗腺功能障碍，以及水、电解质丢失过多为特点的疾病。气温过高、饮水不足和缺乏降温措施是运动中暑的常见原因。

中暑后身体易出现高热、头晕、头痛、恶心、呕吐、口渴、乏力、胸闷、焦虑、面色苍白、手足抽搐等症状。中暑属危险急症，锻炼者在发生中暑后应当高度重视，及时诊治。

中暑后的处理方法：① 补水，可饮用运动饮料或凉开水；② 降温，如将中暑患者转移到阴凉的地方，用冷水冲凉或用酒精擦胸背降温；③ 用解暑药物治疗。

运动猝死的原因

三、运动后的安全与防护措施

运动后进行必要的整理活动属于积极性休息，锻炼者可进行 2 ～ 3 分钟的慢跑或步行，做柔软体操或全身伸展运动，进行肌肉放松及按摩等活动。运动后洗热水浴有利于消除疲劳，保证充足的睡眠是促进身体恢复的良好手段，同时应进行合理的营养补充。

第二节　体育卫生常识

一、做好准备活动和整理活动

体育运动过程是人体由静态到动态再到静态的变化过程，而准备活动和整理活动就是实现这种变化的过渡手段。

（一）准备活动

体育锻炼前进行充分的准备活动对于体育锻炼者来说是非常重要的。有的大学生由于不重视锻炼前的准备活动而在锻炼时或锻炼后发生了各种运动损伤，这不仅影响锻炼效果，还影响锻炼兴趣，甚至会使其对体育活动产生畏惧感。

做好准备活动的作用：① 克服机体的生理惰性；② 促进肌肉组织的新陈代谢，提高氧的利用率；③ 调节心理状态，提高神经系统的兴奋性；④ 预防运动损伤。

（二）整理活动

整理活动是人体由运动状态过渡到相对安静状态的活动过程，它是促进体力恢复的一种有效手段。整理活动的作用：① 有助于人体的生理机能尽快恢复正常；② 有助于偿还运动中的过量氧耗。

整理活动应侧重于全身性放松，特别是在紧张剧烈的运动之后，锻炼者一定要进行全身性放松活动，以免身体受到损伤。整理活动之后，锻炼者应注意保暖，防止着凉。

二、讲究运动饮食卫生

经常进行体育锻炼，可促进胃肠道的蠕动和消化液的分泌，对消化吸收产生良好的影响。如果在体育锻炼中不注意饮食卫生，则会严重影响锻炼者的身体健康。原因是运动时大量血液流入运动器官，导致消化器官的血液量相对减少，胃液分泌减少，消化系统的功能处于相对的抑制状态。如果锻炼者在运动后立即进食，则会影响食物的消化和吸收，长此以往，会造成消化不良或其他消化道疾病。因此，在体育锻炼中应注意饮食卫生。

（一）饭后不宜立即进行剧烈运动

锻炼者在饭后立即进行剧烈运动，不仅容易产生消化不良，还可能引起腹痛、恶心等症状，甚至造成胃下垂等疾病。进食与运动之间要有一定的时间间隔，一般饭后30分钟方可进行运动；剧烈运动或比赛最好安排在饭后1.5小时。缺乏体育锻炼或体质较弱的人，进食与运动之间的时间间隔应更长些。

（二）空腹不宜进行长时间剧烈运动

长时间剧烈运动需消耗大量能量，而能量主要来自体内血糖的氧化。锻炼者空腹进行长时间剧烈运动，没有充足的血糖补充，易引发低血糖。另外，空腹进行长时间剧烈运动易使胃发生痉挛性收缩，出现胃痛，经常如此易导致胃炎等疾病。因此，空腹锻炼的时间一般不宜超过30分钟，且运动强度不宜过大。

（三）运动后不宜立即进餐

锻炼者在体育锻炼后不要急于进食，应待心肺功能逐渐稳定、胃肠道机能逐渐恢复后再用餐。一般体育锻炼后30分钟方可就餐，如果在下午进行较剧烈的体育锻炼，间隔的时间应更长些。此外还应注意，运动后易产生饥饿感，锻炼者在用餐时不要狼吞虎咽，更不要暴饮暴食。

（四）体育锻炼中或锻炼后应合理补充水分

锻炼者在体育锻炼中或锻炼后补水时，首先应确认体内是否真的缺水。如果在短时间的体育运动或剧烈的体育运动过程中感到口渴，则主要是由口腔和咽部黏膜水分蒸发、唾液分泌减少引起的，或者是由心理紧张造成的，此时不必补充水分，只需用水漱口，增加口腔湿润感即可。在体育锻炼后补充水分，应采取少量多次的办法。

三、防止和消除运动性疲劳

疲劳是一种暂时的生理现象，对人体是一种保护性抑制。运动性疲劳的出现一般不会损害人的身体健康，只要不是由疲劳积累导致的过度疲劳。经过疲劳的产生—消除过程，借助不断强化的体育锻炼，人体的生理机能和运动能力可以达到超量恢复，从而有利于提高锻炼者的健康水平。

（一）运动性疲劳的判断

正确判断运动性疲劳的出现时机及其程度，对科学地锻炼身体、增强体质，以及合理地安排运动强度和提高运动成绩都有重要的意义。大学生在学

校进行集体体育运动或自我锻炼的过程中，可采用比较简单的方法来判断运动性疲劳是否出现及其程度。（表4-2-1）

表4-2-1　运动性疲劳的判断

判断依据	轻度疲劳	中度疲劳	重度疲劳
自我感觉	无任何不适	疲乏、腿痛、心悸	除了疲乏、腿痛、心悸外，还有头痛、胸痛、恶心，甚至呕吐等症状，有些症状存在的时间较长
面色	稍红	相当红	十分红或苍白，有时呈紫色
排汗量	不多	稍多，特别是肩部	非常多，尤其是整个躯干部分
呼吸	中度加快	显著加快	显著加快且表浅（其中有少数深呼吸出现），有时呼吸节奏紊乱
注意力	较好，能正确地执行口令	执行口令不准确，改变方向时会发生错误	执行口令缓慢，只对大声口令有反应
动作	步法轻稳	步法摇摆不稳	步法摇摆显著，行进时掉队，出现不协调动作

（二）消除运动性疲劳的常用方法

为使运动中消耗的物质和各器官、系统的机能得到尽快恢复，避免疲劳积累而造成过度疲劳，锻炼者一般可采用以下消除疲劳的方法。

1. 进行放松活动

放松活动包括慢跑、呼吸体操及各主要肌群的伸展练习。运动后做伸展练习，可消除肌肉痉挛，改善肌肉血液循环，减轻肌肉酸胀和僵硬程度。

2. 采取物理方法

消除运动性疲劳的物理方法较多，其中，在训练和比赛后采取局部热敷和进行温水浴是简单易行的手段。按摩也是消除运动性疲劳的常用方法。按摩可改善全身血液循环状况，促进代谢产物的消除，减轻肌肉的酸痛感和坚硬感，增强肌肉的收缩力，改善关节的灵活性。

3. 补充营养物质

运动中消耗的营养物质要得到及时补充。体育锻炼和比赛后合理补充营养，有助于锻炼者恢复体力和消除运动性疲劳。因此，运动后应根据运动项目的特点补充足够的碳水化合物、蛋白质、维生素（维生素C、维生素E、维生素B_1、维生素B_6）、无机盐（钠、磷、铁）、水等。

4. 保证充足的睡眠

充足的睡眠是消除疲劳、恢复体力的方法之一。睡眠时，大脑皮质的兴奋度降低，体内分解代谢处于较低水平，而合成代谢水平则相对较高，有利于体内能量的蓄积。因此，锻炼者每天应保证充足的睡眠时间，一般每天不少于8小时。在大运动量训练和比赛期间，睡眠时间应适当延长。

第三节　常见运动损伤的处理

一、擦　伤

（一）原因与症状

擦伤，即因运动时皮肤受到摩擦而受伤，如跑步时摔倒、做体操运动时身体受到器械摩擦而受伤。擦伤后皮肤可能出血或有组织液渗出。

（二）处　理

发生小面积擦伤，可用碘伏为伤口消毒。大面积擦伤可先用生理盐水洗净伤口，后涂抹碘伏，再用消毒布覆盖，最后用纱布包扎。

二、撕裂伤

（一）原因与症状

剧烈运动或突然遭到强烈撞击，可能会造成皮肤或皮下组织撕裂，即撕裂伤。撕裂伤包括开放伤和闭合伤两种，常见的有眉际撕裂、跟腱撕裂等。开放伤顿时出血，周围肿胀；闭合伤被触及时伤处有凹陷感，患者有剧烈疼痛感。

（二）处　理

发生轻度开放伤，用碘伏涂抹伤口即可。若裂口较大时，则需止血和缝合伤口，必要时注射破伤风抗毒素。如果肌腱断裂，则需做手术缝合。

三、肌肉拉伤

（一）原因与症状

在外力直接或间接作用下，肌肉过度主动收缩或被动拉长时容易引起肌肉拉伤，特别是准备活动不充分、动作不协调，容易引起拉伤。肌肉弹性、伸展性、肌力差者更易拉伤。损伤后，伤处会出现肿胀、压痛、肌肉痉挛，触诊时可摸到硬块。严重的肌肉拉伤可导致肌肉撕裂。

（二）处　理

发生肌肉拉伤后，轻者可即刻冷敷，局部加压包扎，抬高患肢，24 小时后可施行按摩等理疗。如果肌肉大部分或完全撕裂，则在加压包扎急救后，应立即送至医院进行急救。

四、肩关节扭伤

（一）原因与症状

肩关节扭伤一般由肩关节用力过猛及反复劳损所致，或由动作技术错误、违反解剖学原理引起。当投掷、扣球、大力发球时常会出现这类损伤。其症状一般是按压疼痛，急性期会出现肿胀，慢性期可能出现三角肌萎缩、肩关节活动受限。

（二）处　理

发生单纯的韧带拉伤，可即刻冷敷、加压包扎，24 小时后采用按摩等理疗方法。出现韧带断裂时，应立即送医院进行缝合和固定处理。当肩关节肿胀和疼痛感减轻后，可适当进行功能性锻炼，但不宜过早活动，以防转为慢性病症。

五、踝关节损伤

（一）原因与症状

运动中跳起落地时失去平衡，踝关节过度内翻或外翻可致踝关节损伤。在准备活动不充分、场地不平坦的情况下更易造成踝关节损伤。其主要症状为伤处疼痛、肿胀、有明显压痛、皮下淤血。

（二）处　理

发生踝关节损伤后，应立即冷敷，用绷带固定包扎，并抬高伤肢。24 小时后，应根据伤情进行综合治疗，如外敷药物、理疗等。必要时采用封闭疗法，待病情好转后再进行功能性练习。伤势严重者可用石膏固定。

六、关节脱位

（一）原因与症状

因受外力作用而使关节面失去正常的连接关系即关节脱位，又称脱臼。关节脱位可分为完全脱位和半脱位（或称错位）两种。严重的关节脱位伴有关节囊撕裂，甚至神经损伤。运动中发生的关节脱位大都是间接外力撞击所致，如摔倒时用手撑地，易引起肘关节或肩关节脱位。关节发生脱位后，常出现畸形，与健肢对比不对称，以及因软组织损伤而出现炎症反应，局部疼痛、压痛和关节肿胀，并失去正常活动功能，甚至出现肌肉痉挛等症状。

（二）处　理

发生关节脱位后，可用长度和宽度相称的夹板固定伤肢，如果没有夹板，则可将伤肢固定在伤者自己的躯干或健肢上，防止震动，随后及时送至医院治疗。必须指出，如果没有把握做整复处理，切不可随意处置，以免再度增加伤害。

七、脑震荡

（一）原因与症状

脑震荡是指头部受到外力打击后即刻发生的短暂的脑功能障碍。在体育锻炼时，两人头部相撞，或者头部撞击硬物，或者从高处跌下时头部撞地都可造成脑震荡。致伤时，伤者神志不清、脉搏徐缓、肌肉松弛、瞳孔稍大但能对称，神经反射减弱或消失；清醒后，伤者常有头痛、头晕、恶心、呕吐、情绪烦躁、注意力不易集中、耳鸣、心悸、多汗、失眠、记忆力减退等症状。

（二）处　理

发生脑震荡后，应立即让患者平卧，冷敷头部；若患者昏迷，即指压患者的人中穴、内关穴、合关穴；若患者出现呼吸障碍，应立即进行人工呼吸。经过上述处理后，若患者还出现反复昏迷或耳鼻口出血，两瞳孔放大、不对称，表明病情严重，应立即送至医院治疗。在运送途中，要让患者平卧，将其头部固定，避免颠簸。轻微脑震荡一般可自愈，患者无须住院治疗，但要注意休息和进行必要的药物治疗，保持情绪稳定，减少脑力劳动。

八、骨　折

（一）原因与症状

运动中身体某部位受到直接或间接的暴力撞击时，容易造成骨折。例如，小腿被踢，可造成胫骨骨折；摔倒时手臂直接撑地，可造成尺骨或桡骨骨折；跪倒可造成髌骨骨折等。骨折是一种比较严重的运动损伤，发生率较低。骨折分为不完全性骨折和完全性骨折两种。常见的骨折部位有手骨（腕骨、掌骨、指骨）、前臂骨（尺骨、桡骨）、大腿骨（股骨）、小腿骨（胫骨、腓骨）、肋骨、脊柱、头骨等。发生骨折后，患者的伤处立即出现肿胀、皮下淤血，有剧烈疼痛，肢体失去正常功能，肌肉发生痉挛，有时骨折部位会发生变形，移动时可听到骨摩擦声。骨折严重时，可能引起患者神经损伤，并伴有出血、发热、口渴，甚至休克等全身性症状。

（二）处　理

发生骨折后，暂勿移动患者伤肢，应用夹板或其他代用品固定伤肢，及时送患者至医院进行检查和治疗。若伴有伤口出血，应先进行止血。

第四节　运动与营养

人体在运动时，新陈代谢非常活跃，各种物质消耗增加。若营养储备不足，则运动能力就会降低。例如，碳水化合物供应不足可导致低血糖甚至中枢疲劳，蛋白质供应不足可导致肌肉蛋白丢失，大量出汗而不及时补充水和无机盐可导致严重脱水甚至热衰竭。锻炼者若长期不注意合理补充营养，则可能导致营养缺乏而引起健康问题。合理补充营养物质可以为人体提供充足的能量，延缓疲劳的发生，加快运动后的恢复，增强免疫机能。

一、运动与蛋白质的补充

蛋白质是组成人体一切细胞、组织的重要成分。蛋白质是建造和修复身体的重要原料，是人体发育及受损修复的主要材料。它可以为人体的生命活动提供能量。

通常，运动员的蛋白质供给量应该比一般人高，经常参加运动的锻炼者可适当增加蛋白质的摄入。如果锻炼者经常参加运动且蛋白质摄入不足，则不但影响训练效果，而且可能导致运动性贫血，但过多补充蛋白质对提高运动能力没有帮助。运动时，人体内只有少量的氨基酸参与氧化供能，供能的比例也较小。即使摄入过多的蛋白质，人体也不能全部吸收，多余的蛋白质只能氧化生成尿素、尿酸排出体外，这样不但造成浪费，而且会加重肝肾负担。运动员在比赛期间应适当减少蛋白质和脂类的摄入，应适当摄入高碳水化合物膳食，这样在运动时不仅能量充足，还可避免体内酸性增加，对运动有利。

普通成年人每天蛋白质的摄入量为每千克体重 1～1.5 克，一般成年运动员每天蛋白质的摄入量为每千克体重 1.8～2 克，少年运动员每天蛋白质的摄入量为每千克体重 2～3 克。

知识拓展

蛋白质由氨基酸构成。在人体内由二十多种氨基酸按不同顺序、空间结构和数目构成的种类繁多、千差万别的蛋白质，发挥着不同的生理作用。蛋白质的主要生理功能是构成机体组织，促进生长发育。蛋白质还参与调节各种生理功能及供给机体少量热能。蛋白质在动物性食物中含量丰富，如肉、内脏、蛋等的蛋白质含量为11%～20%；植物性食物中，谷类的蛋白质含量为8%～10%，干豆类的蛋白质含量为20%～30%，大豆的蛋白质含量最为丰富，达30%以上。

二、运动与脂类的补充

脂类是人体需要的重要营养素之一，供给机体所需的能量，提供机体所需的必需脂肪酸，是人体细胞组织的组成成分。脂类包括油脂（甘油三酯）和类脂（磷脂、固醇类）。其中的低密度脂蛋白胆固醇可沉积于血管内，如浓度过高，可导致动脉粥样硬化；而高密度脂蛋白胆固醇是一种抗动脉粥样硬化的脂蛋白，其血浆含量的高低与患心血管疾病的风险呈负相关。经常运动可降低血液中低密度脂蛋白胆固醇的浓度，并升高高密度脂蛋白胆固醇的浓度，有利于增强心血管系统功能，预防心血管疾病。

人体中的脂类在运动强度低于 55% 最大摄氧量时参与供能，脂类氧化供能会增加耗氧量，而中间产物酮体会增加机体酸性。一般在运动 40 分钟后身体才可直接动用脂肪供能，因此对于希望减脂的人来说，可以采用中低强度负荷的运动，尽量延长运动时间。

锻炼者进行耐力运动或在寒冷条件下运动应适当增加脂类摄入，如进行长跑、冰雪项目、游泳等。

知识拓展

脂类的主要作用是供能，1克脂肪完全燃烧可产生约38千焦的热量。普通成年人每天摄入50克油脂即可满足生理需要。过多的油脂摄入可能导致血脂升高、动脉硬化、肥胖，以及由肥胖引发的一系列问题。从保持健康的角度而言，日常生活中应尽量选择食用植物油。

三、运动与碳水化合物的补充

碳水化合物又称糖类。碳水化合物是人体生命活动最直接、最重要的能源物质，它不仅可以有氧氧化，还可以在缺氧的状况下进行无氧酵解供能。

运动前和运动中补糖可维持血糖水平，提高运动能力，延缓疲劳的发生；运动后补糖可加速机体糖原恢复。然而，不是所有的运动都需要补糖，并且运动补糖的时间、浓度也很关键。错误的补糖方法可能造成机体出现严重的不良反应，甚至影响运动能力。

一般而言，人体的能量储备足够用于进行小于40分钟的运动，无须补糖。当运动时间大于80分钟，强度在65%～75%最大摄氧量时，补糖可以提高耐力。进行超过3小时的运动必须补糖。因此，参加短距离跑、短时间运动是没有必要补糖的，而参加马拉松、铁人三项、网球等长时间，甚至超长时间的运动，补糖才会有效。

运动员可通过在赛前2～3小时依靠膳食补充大量的淀粉进行补糖；在赛前和赛中可饮用含低浓度糖的补剂；在赛后应尽早补糖，可加速体内糖储备的恢复。

补糖的浓度以3%～5%较为合适，一般应小于8%。糖浓度大于10%会影响胃排空，引起胃肠不适；糖浓度大于20%可能引起呕吐、腹泻等副作用。目前，国际上比较流行3%浓度的含糖饮料，运动员或锻炼者进行运动时间长、运动强度不是很大的项目时，可选择饮用。运动补糖的总量以每小时50～60克为宜，含糖液体总量一般不超过每小时600～800毫升。若长时间运动，可选择每15～30分钟补充150～300毫升的含糖液体。

知识拓展

机体中碳水化合物的存在形式主要为葡萄糖、糖原和含糖复合物。中枢神经系统90%以上的能量由血液中的葡萄糖提供，身体肌肉活动、内脏器官活动及身体代谢几乎都依靠糖原提供能量。主食（米、面）中含有大量的淀粉，淀粉是一种多糖，最终转化为葡萄糖后被血液吸收。谷类、豆类和薯类都富含淀粉。

四、运动与维生素、无机盐的补充

维生素是一类调节人体诸多生理功能、维持健康所必需的低分子有机化合物。人体自身能合成的维生素的种类有限，大部分维生素需从食物中获取。维生素在食物中广泛存在，如动物肝脏中存在大量的维生素 A、维生素 D 和维生素 B_2；蔬菜、水果中富含维生素 C 和胡萝卜素（可转化为维生素 A）；谷类、豆类食物富含维生素 B_1。值得注意的是，水溶性维生素（如维生素 C 和 B 族维生素）在存储、烹调时容易被破坏；脂溶性维生素（维生素 A、维生素 D、维生素 E、维生素 K）若长期被过多摄入，则人体容易中毒。

无机盐是构成人体组织和维持正常生理活动的重要物质。人体内含量较多的常量元素有钙、磷、钾、钠、镁、氯、硫等，含量较少的微量元素有铁、锌、铜、碘、硒、氟、铬、钴、锰、锡等。虽然这些无机盐在人体中的含量很低，但是它们的作用非常大。无机盐和维生素一样，其大部分是人体不能合成的，只能从食物中摄取。例如，钙主要来源于奶制品和绿叶类蔬菜；镁主要来源于坚果、大豆、食用盐、牛奶、菠菜等；钾主要来源于豆类、五谷、香蕉等；铁主要来源于红肉、绿叶类蔬菜等；动物肝脏中含有丰富的铁、锌、硒等微量元素。

为了增进健康，提高运动能力，人们应多吃蔬菜和水果，适当食用动物内脏，特别是猪肝，合理补充维生素和无机盐。此外，也可考虑食用维生素制剂和无机盐制剂来满足身体的需要。

维生素、无机盐与运动的关系

五、运动与水的补充

水是体内各种生理、生化反应所必不可缺的介质，参与体内的物质代谢，还可起到维持正常体温和润滑的作用。脱水对短时间力量项目的影响较小，但对亚极限和耐力运动项目有严重的影响。大量失水可导致运动能力下降、肌力下降。当人体失水达到体重的3%时，人会产生明显的口渴

感，也会明显影响运动能力；当失水达到体重的 4%～5% 时，肌力下降 20%～30%。

锻炼者若参加长时间的运动项目：在运动前 10～30 分钟，可摄入 300～500 毫升水；在运动过程中，可以每 10～15 分钟补充 100～150 毫升水，或每 20～30 分钟补充 200～300 毫升水；在运动后，应少量多次饮水，避免一次性暴饮导致胃肠功能失调，增加内脏负担和加重心脏疲劳。

第五节　特殊人群的体育保健

一、肥胖者的体育保健

（一）肥胖的判断

脂肪是人体不可缺少的成分，在人的生命活动和体育运动中起着重要的生理作用。但人体的脂肪含量要适当，一旦体内的脂肪重量在人体总体重中所占比例，即体脂率超出正常范围，就意味着肥胖。肥胖会造成器官功能和代谢障碍，还可诱发多种慢性疾病。

人们通常依据体脂率和体重来综合判断身体是否肥胖。一般情况下，不同年龄阶段人群的脂肪重量占体重的比例（即体脂率）见表 4-5-1。

表 4-5-1　不同年龄阶段人群的脂肪重量占体重的比例

年　龄	男　性	女　性	年　龄	男　性	女　性
20～29岁	21.6%	25.0%	50～59岁	24.1%	29.3%
30～39岁	22.4%	24.8%	60岁及其以上	23.1%	28.3%
40～49岁	23.4%	26.1%			

若成年男性的体脂率超过 25%，成年女性的体脂率超过 30%，体重超过正常值的 20% 以上就可视为肥胖。

这里需要说明的是，肥胖是脂肪超标，而不是体重超标。超重和肥胖不是一回事，它们有着本质的区别。超重是指体重超过某种体形的合理重量。肥胖者不一定超重，超重者也不一定肥胖。肌肉发达的人可能超重，但其体内只有少量的脂肪，就不能称为肥胖。体重仅仅是判断是否肥胖的一个参数。减肥的目标是消除过多的脂肪，而不是减少肌肉。

知识拓展

根据不同的评判标准，可对肥胖者进行不同的分组。

（1）根据体重可分成3组：第1组，轻度肥胖者，指个体体重超过标准体重的24%～34%者；第2组，中度肥胖者，指个体体重超过标准体重的35%～49%者；第3组，重度肥胖者，指个体体重超过标准体重的50%及其以上者。

（2）根据原因可分为3组：第1组为先天性肥胖者，他们的体内物质代谢较慢，物质合成的速度大于分解的速度，主要受到遗传、神经等因素的影响；第2组为心理性肥胖者，他们在情绪波动或精神压力大的时候，食欲会增加，脂肪积累也会相应地增加，久之便形成了肥胖；第3组为病理性肥胖者，他们的肥胖主要是继发于其他疾病，如内分泌系统病变引起的内分泌混乱或代谢障碍。

（3）依照肥胖者的年龄可分为2组：第1组为肥胖的青少年；第2组为肥胖的成人。

（二）肥胖的成因

人在各个年龄阶段均可能发生肥胖，但大多数肥胖出现在中年以后。引起肥胖的因素大体上可分为遗传因素和环境因素两类。

有研究显示，若父母的体重都正常，则其下一代肥胖的可能性只有7%～8%。若父母是肥胖者，则其下一代肥胖的可能性约为40%。可见遗传因素的重要性。除了遗传因素外，肥胖还与饮食、运动、社会、文化等环境因素有关。在这些环境因素中，缺乏锻炼或活动量少是造成身体肥胖的主要原因。身体肥胖的人也许吃得并不多，但是他们的活动量较少。

（三）体育锻炼对肥胖者的意义

体育锻炼通过一系列复杂的新陈代谢变化来影响人体的身体成分、体重和基础代谢，而对减肥的效应主要体现在长期的、有规律的锻炼中。俗话说，"一口吃不成胖子"，同样也不会"一动就变成瘦子"。

许多人认为节食是一种更为简便的减肥法，既不影响正常的生活起居，又不需要付出太大的努力，常常被人们视为减肥的捷径。其实，减肥的最佳方法是体育锻炼与合理饮食相结合，使热量摄入小于热量消耗。以长远的眼光看，要想成功地、持久地控制体重，避免减肥后出现反弹，必须养成体育锻炼与合理饮食相结合的习惯，形成健康的生活方式。

（四）肥胖者锻炼的注意事项

（1）要有正确的目标。减肥的基本目标应该是保持和增进健康。

（2）正确地看待减肥速度。减肥并非越快越好，要有一个循序渐进的过程。减肥过快容易导致电解质紊乱、代谢紊乱，不利于身体健康。

（3）要注意锻炼的时间。不论是散步、做操，还是打球、练拳，都要持续一段时间，应保持每次运动 30 分钟以上。当然，最初的持续时间可短些，每次 5 ～ 10 分钟，以减少运动损伤的发生和缓解锻炼初期机体的酸痛反应。

（4）要循序渐进地进行锻炼。要在机体可以承受的情况下逐渐增加运动量和运动时间。

（5）要注意对环境的选择。肥胖者耐热能力差，故应尽量避免在炎热和潮湿的环境中锻炼。

（6）要以改善心血管系统功能为核心进行锻炼，不要一味地追求体形的改善和力量的增强。

（7）要养成经常锻炼的习惯。

二、消瘦者的体育保健

（一）消瘦的危害

人体内的肌肉、脂肪含量过低，体重低于标准体重的 20% 以上即为消瘦。消瘦既是一种症状，又是一种疾病，它对人体健康有多方面的危害。严重的消瘦者不但容易疲倦、体力差、工作和学习效率不高、自我效能低，常有力不从心之感，而且免疫力差、耐寒能力弱，易患肺结核、肝炎、肺炎等疾病。可见，消瘦也是身心健康的大敌。

（二）消瘦的成因

消瘦的成因有以下几项。

（1）由慢性病及器质性病变引发，如胃肠道疾病、肺结核、贫血等。

（2）由遗传、内分泌因素形成家族特有的标志。虽然此类人群没有发生器质性病变，但消瘦的遗传基因表现在他们身上，典型的表现包括身材瘦长、颈细脖长、肩垂胸平、易患各种慢性病等。

（3）情绪变化无常，精神紧张，生活起居不定，学习过度劳累，睡眠不足，对体形美持有错误观念，以及由此而造成消耗大于营养摄入等。

（三）消瘦者锻炼的注意事项

（1）树立正确的体形观，改变"以瘦为美"的观念。真正的体形美是以健康为基础的，消瘦不是真正的美，健康的美才是真正的美。要摒弃"以瘦为美"的错误观念，树立正确的体形观。

（2）克服不良的饮食习惯（如偏食、挑食），保证摄入充足的营养物质。

（3）要有进行康复锻炼"持久战"的思想准备。要想通过体育锻炼实现增强体能、强壮体魄、健美体形等目标，必须做好长久坚持的思想准备，唯有持之以恒，才能获得体育锻炼的效果。

（4）消瘦者的锻炼应以全身性的运动为主，以提高体能为宗旨，配合身体局部区域的体育锻炼。

三、哮喘患者的体育保健

哮喘是因为肺泡摄氧量骤然下降而产生的支气管痉挛或呼吸困难。平时，患者一般呼吸正常，但发作时来势凶猛，先是感到胸闷，随后即咳嗽和喘息。哮喘病发的时间，短则几分钟，长则数日。症状程度亦轻重不一，重者会出现严重的呼吸困难，需急诊治疗。采取适当的医疗手段和科学的锻炼方法能有效抑制哮喘的发作。

（一）哮喘的分类和成因

根据成因，哮喘可分为两种类型：一种是外源性的（过敏性哮喘），一般可以找到某些触发患者过敏的物质（过敏源），如空气污染、花粉、灰尘、动物气味、霉菌、食物的化学成分等；另一种是内因性的（感染性哮喘），可由呼吸系统感染（如感冒、气管炎等）引起，也可由情绪因素所致。虽然引发哮喘的因素复杂多样，但是运动和环境过敏源是哮喘的主要成因。

（二）体育锻炼与哮喘

运动是"激活"哮喘的一个重要因素。研究发现，60% ～ 90%的哮喘是由运动诱发的支气管痉挛。哮喘患者在较剧烈运动的早期会出现呼吸系统气流阻力减小，若继续运动，则气流阻力会继发性增加。剧烈运动或持久地用力所造成的急性呼吸窘迫很可能在患者停止运动后数分钟才会出现。在一般情况下，支气管痉挛在剧烈运动或持久地用力后6 ～ 8分钟达到峰值，20 ～ 40分钟后会自行缓解，有时也可能会持续1小时之久。在体育活动中，耐久性项目（耐力跑、骑自行车）要比间歇性项目（球类、游戏）对哮喘的刺激性作用大得多。因此，体育活动还是检测潜在支气管痉挛的一种手段。研究也表明，运动诱发的哮喘是由运动时过度通气所引起的呼吸道内水分和热量丢失，直接或间接地刺激平滑肌而触发的。

然而，对于哮喘患者而言，只要采取适当的预防措施，体育锻炼就不失为一种既安全又可行的健身方法。虽然在运动开始时哮喘患者会有咳嗽、哮喘等不良症状，但经常锻炼不但能缓解哮喘患者的病症，缩短身体不适的时间，减少运动性哮喘的发作次数，而且能提高其机体的免疫能力和适应能力。

（三）哮喘患者锻炼的注意事项

（1）在锻炼前，要充分做好准备活动，尤其需做数分钟的呼吸准备性练习。

（2）不要用口呼吸，要养成用鼻呼吸的习惯，并逐渐形成吸短呼长（吸与呼的时间之比约为1:2）、呼吸轻缓（平稳）的呼吸模式。

（3）宽衣松带，确保呼吸时胸腹可轻松自由地起伏。

（4）最好不要单身一人进行运动，注意随身携带哮喘喷雾器。

（5）避免在寒冷天气和污染严重的环境中进行锻炼。

（6）要特别注意对呼吸肌的锻炼，如主动地开怀大笑，经常进行吹起飘落的气球、吹灭点燃的蜡烛、吹动桌上的乒乓球等锻炼。

四、神经衰弱患者的体育保健

（一）神经衰弱的症状

神经衰弱是一种常见的神经官能症，一般表现为精神容易兴奋、大脑容易疲劳，并伴有睡眠障碍、各种躯体不适感等症状。

（二）神经衰弱的成因

1.心理因素
心理因素是诱发神经衰弱的重要原因。过度疲劳和紧张积累、生活作息紊乱、消极情绪积累等，均有可能引发神经衰弱。神经衰弱患者易敏感、多疑、自卑、任性、急躁或依赖性强。

2.生理因素
个体先天遗传和后天形成的生理因素，与神经衰弱的发病也有一定的联系。从先天遗传的角度看，患者家族中如果有患有重性精神病或神经症的成员，则其患神经衰弱的概率要大大高于其他人。从神经活动的特征看，对于那些神经活动呈弱型、具有低灵活性的个体来说，长期的紧张工作、学习最易导致其大脑皮质内抑制的防御能力遭到破坏，从而出现神经系统紊乱。

3. 疾病因素

有脑外伤、感染、营养不良的人，其神经系统的功能在一定程度上受到损伤，也易患神经衰弱。

（三）体育锻炼对神经衰弱患者康复的意义

研究资料表明，体育锻炼对于神经衰弱患者的康复具有重要的作用。人体所有的组织器官都是在神经系统的调节下进行随意或自主活动的。体育锻炼时，大脑皮质与运动有关的区域——运动区会出现一个新的兴奋区域，即兴奋灶。兴奋灶会有规律地兴奋，使大脑皮质的"兴奋—抑制"过程出现新的分配、转移，即原先负责工作、学习的大脑皮质相关区域在体育锻炼时，由于运动区的工作而得以积极休息。因此，有人把体育锻炼比喻成"神经活动的体操"。由此可见，坚持不懈地锻炼，可以改善大脑皮质"兴奋—抑制"过程的灵活性，增强神经系统的功能，加快神经衰弱患者的康复速度。

此外，体育锻炼还能分散、转移神经衰弱患者对疾病的忧虑和对工作、学习的焦虑，缓解或消除患者的烦躁、抑郁及易怒等不良情绪，起到振奋精神、改善情绪状态的作用。

（四）神经衰弱患者锻炼的注意事项

（1）锻炼要有耐心，不要急于求成。只有长期坚持锻炼，才能取得明显的效果。

（2）选择环境优美的场所进行锻炼，同时要注意主动地创造良好的生活和学习环境。

（3）形成科学的生活方式，合理安排学习和休息时间，注意充分休息。

（4）时刻关注自己的感受。在运动中，一旦出现大量出汗、心跳加速、情绪激动等症状，应立即调整锻炼的运动强度和运动时间。

（5）养成在运动后的恢复时间进行自检的习惯。若心率恢复时间超过 10 分钟，则说明锻炼的运动强度过大，应该重做整理活动，并在下次锻炼时降低运动强度；若心率在 5 分钟内即已恢复到正常状态，则表明仍有逐步提高运动强度的潜力。最佳的运动强度是心率在运动后 5 ～ 10 分钟内可恢复正常。

五、心血管疾病患者的体育保健

（一）常见的心血管疾病

心血管疾病是指影响心脏和血管的疾病的统称。资料显示，有数百种疾病可能会损害心血管的正常功能，这里仅讨论四种常见的心血管疾病。

1. 动脉硬化

动脉硬化是指人体血管腔内逐渐沉积代谢性脂类物质，造成管腔狭窄，最后导致出现血液供应障碍，从而引起的相应的症状。发病部位不同，疾病不同，症状也不同。若主动脉出现粥样硬化，则可能导致心绞痛、心肌梗死等；若脑动脉出现硬化，则可能导致脑动脉狭窄或闭塞，也可能出现眩晕、脑梗死等；若下肢动脉出现硬化，则可能出现下肢疼痛、间歇性跛行等一系列症状。

2. 冠心病

冠心病是冠状动脉粥样硬化性心脏病的简称，是一种由冠状动脉粥样硬化所引起的心脏疾病，临床上表现为心肌梗死、心绞痛和心源性猝死。

3. 突发脑供血不足

与心脏病突然发作导致心肌细胞死亡相类似，脑供血不足的突然发生也会导致脑组织细胞死亡。脑供血不足有轻重之分，这与被损害的脑细胞所在的区域和数量有关。轻微的供血不足不仅会影响大脑的记忆力和语言功能，还会造成视力减弱或轻微麻痹。严重的脑供血不足可导致瘫痪或死亡。

4. 高血压

高血压是指血压异常升高，临床上是指安静时收缩压超过 140 毫米汞柱和舒张压超过 90 毫米汞柱。在高血压患者中，约 10% 的病人是由某种特殊疾病（如肾病）引起的，这种高血压被称为继发性高血压。在 90% 的病例中，引发高血压的确切原因还不清楚，这种高血压被称为原发性高血压。

高血压发生的因素包括缺乏体育锻炼、高盐膳食、肥胖、长期应激、高血压家族病史、性别（男性比女性有更大的危险性）等。

高血压是影响人体健康的一种常见的心血管疾病，原因如下：① 高血压可增加心脏的工作负荷，会降低心肌向全身有效泵血的能力；② 高血压会损伤动脉血管内壁，导致动脉粥样硬化的发展，可增加冠心病和脑供血不足发生的概率和发病的严重程度。

尽管运动会引起血压快速升高，但这种升高是暂时的，并不是高血压的症状（血压持续升高），并且运动引起的血压升高并不会使心脏或血管损伤。

（二）体育锻炼对缓解冠心病的作用

研究表明，体育锻炼是冠心病康复治疗方案的重要组成部分。体育锻炼（运动疗法）可抑制冠心病的危险因素，如降低血压、甘油三酯和体脂，增加高密度脂蛋白胆固醇的浓度，降低糖耐量，以及调节心理状态（减轻抑郁和焦虑）。动物实验研究表明，体育锻炼可降低血液黏度和血小板的凝聚力，增强纤溶蛋白活性，从而降低冠心病发作的风险。此外，研究还发现，体育锻炼可以明显降低猝死的发生率。总之，冠心病患者如果能及早进行体育锻炼，则可以缩短住院时间，并增加恢复原先工作能力的可能性。

适合冠心病患者的运动包括有氧运动、力量性练习、娱乐性运动、放松性运动、职业性运动、医疗体操，以及中国传统锻炼方法。这里重点介绍前四种。

（1）有氧运动是冠心病患者的主要锻炼方法，包括健步走、慢跑、游泳、骑自行车、登山、滑雪等。运动强度应控制在50%～80%最大摄氧量或60%～80%最大心率范围。每次锻炼的时间至少为15分钟，每周锻炼3次以上。一般而言，中、低强度的运动最适合冠心病患者。

（2）力量性练习曾一度被排斥在心脏病患者的康复治疗方法之外。自1986年起，一种叫作循环力量练习的方法开始应用于冠心病患者的康复训练中。练习强度一般控制在每次40%～50%最大抗阻负荷，在10秒内重复8～10次肌肉收缩为1组，5组左右为1个循环，组间间歇30秒，一次练习重复2个循环，每周练习3次。逐步适应后可按5%的增量逐渐加大运动量。应以大肌群（如腿、躯干和上臂）练习为主。进行力量练习时，应缓慢进行肌肉的收缩。

（3）娱乐性运动包括各种棋牌类活动、体育舞蹈等，但应避免参加任何有竞争性的活动，以免心血管系统产生过强的应激反应。

（4）放松性运动包括腹式呼吸锻炼、放松术等，这些均是国际上普遍推荐的冠心病康复应激处理方法。

（三）体育锻炼对缓解高血压的作用

体育锻炼可以增强自主神经系统的功能，降低交感神经的兴奋性，提高副交感神经系统的兴奋性，缓解小动脉痉挛，扩张运动肌血管，增加毛细血管的密度，改善血液循环和代谢状况，以及减轻机体对外界刺激的心血管应激反应等，从而可以稳定血压水平。高血压患者适宜的体育锻炼形式有以下几种。

（1）低强度有氧运动。常用的方法是健步走，强度一般应控制在50%～60%最大心率范围。停止活动后，心率应在3～5分钟恢复正常。健步走的速度不应超过110米/分，一般为50～80米/分，每次锻炼30分钟左右。50岁以上患者活动时的心率一般不超过130次/分。活动强度越大，患者越要注重做准备活动和整理活动。

（2）降压舒心操、太极拳及其他民族传统拳操。要求患者锻炼时动作柔和、舒展、有节律、注意力集中、肌肉放松、思绪宁静。动作应与呼吸相结合。如有弯腰动作，则应注意头不宜低于心脏位置。一般做完一套降压舒心操或太极拳后，可使血压下降10～20毫米汞柱。

（3）抗阻运动。近年来的研究显示，中、小强度的抗阻运动可产生良好的降压作用，不会引起血压升高。患者一般应采用循环抗阻练习，即采用相当于最大一次收缩力的 40% 作为运动强度；还应做大肌群（如肱二头肌、腰背肌、胸大肌、股四头肌等）的抗阻收缩，每节重复 10 ～ 15 次收缩，每 10 ～ 15 节为 1 个循环，各节之间休息 10 ～ 30 秒，每次练习 1 ～ 2 个循环，每周练习 3 次，8 ～ 12 周为 1 个疗程。注意用力时的呼吸，以减轻对心血管的刺激。

（4）其他运动如放松性按摩、游泳、音乐疗法等对高血压也有一定的缓解作用。

本章课后思考题

第五章

"运动之母"——田径运动

本章思维导图

本章思维导图

>> **本章导读**

　　田径运动是人类以走、跑、跳跃、投掷等自然动作发展起来的体育运动和竞技项目。田径运动在体育世界中占有举足轻重的地位，被人们誉为"运动之母"。田径运动具有全面锻炼身体的功能，同时每一个单项又具有明显指向性，可以有效地发展速度、力量、耐力等身体素质。田径运动的很多项目及其采用的主要练习手段也经常被其他体育项目作为体能训练的重要手段。

>> **学习目标**

▶ 掌握跑、跳、投多个项目的技术动作。

▶ 了解田径运动项目和竞赛规则。

▶ 培养学生运用田径运动锻炼身体的习惯。

【名人故事】

"亚洲飞人"——苏炳添

中国男子短跑运动员苏炳添，1989年8月29日出生于广东省中山市。苏炳添是我国优秀的短跑选手，被大家称为"亚洲飞人"。

初中时期，苏炳添与短跑结缘，初二时加入了学校的田径队。15岁的苏炳添第一次参加了正规的比赛——中山市中学生田径比赛，并取得了100米跑项目的第一名，展现了其在短跑项目上的天赋。之后，中山市体育运动学校田径教师宁德宝将苏炳添招入麾下，苏炳添便开始了他的田径运动生涯。之后，苏炳添又先后被选拔进入了广东省田径队、国家田径队，成绩突飞猛进。

在2011年全国田径锦标赛暨伦敦奥运会达标赛男子100米决赛中，苏炳添以10秒16的成绩夺冠，并打破了周伟保持13年之久的全国纪录。之后的两年，苏炳添一直雄踞中国男子100米跑项目第一的宝座。对于这些成绩，苏炳添并没有感到满足，他要向国际水平挺进。他告诉自己：机会总是眷顾那些有准备的人，只有充分挖掘潜力，才能迎头赶上，哪怕每次进步0.01秒，也是胜利。他投入到更加刻苦的训练之中。2015年5月31日，在国际田径联合会钻石联赛美国尤金站男子100米决赛中，苏炳添以9秒99的成绩夺得季军。2017年5月，苏炳添在国际田径联合会钻石联赛上海站男子100米决赛中以10秒09的成绩夺冠，成为第一个在国际田径联合会钻石联赛百米大战中夺冠的中国人。2018年8月26日，在第18届亚洲运动会男子100米决赛中，苏炳添以9秒92的成绩夺冠并打破亚洲运动会纪录，成为继2010年的劳义之后，第二位获得亚洲运动会男子100米金牌的中国男"飞人"。

第一节 田径运动概述

一、田径运动的起源与发展

在古代，人们为了获得生存资料，在与自然环境及野兽的斗争中，不得不走或跑一定的距离，跳过各种障碍，投掷石块和使用各种捕猎工具。人们在劳动中不断重复这些动作，便形成了走、跑、跳跃、投掷等技能。

田径百科

随着社会的发展，人们开始有意识地把走、跑、跳跃、投掷作为练习和比赛的形式。

公元前 776 年，在古希腊奥林匹亚村举行了第一届古代奥林匹克运动会。自那时起，田径运动便成为正式的比赛项目之一。1894 年，国际奥林匹克委员会（以下简称国际奥委会）在法国巴黎成立。1896 年，第一届现代奥林匹克运动会（以下简称奥运会）在希腊举行，在这一届奥运会上，走、跑、跳跃、投掷等项目被列为主要比赛项目，现代田径运动从此诞生。

二、田径运动的锻炼价值

田径运动是世界上古老的、基础的运动之一。长期进行田径运动对身体有诸多好处。

（1）田径运动是很多体育运动项目的基础。参与田径运动能有效地、全面地提高身体素质。

（2）参与田径运动有利于培养练习者良好的思维方式和心理素质。

（3）参与田径运动有利于增强练习者的心血管系统机能，提高其免疫力，增强其身体各部位肌肉的力量。

三、著名田径赛事介绍

（一）奥运会田径比赛

奥运会田径比赛每四年举行一次，目前共有 47 个项目，即 47 枚金牌。奥运会田径比赛竞赛项目，按运动员性别，分为男子比赛 24 项和女子比赛 23 项；按竞赛类别分为田赛 16 项、径赛 29 项、全能 2 项。

奥运会田径比赛

（二）世界田径锦标赛

世界田径锦标赛（以下简称田径世锦赛）起始于 1983 年的一项国际性田径赛事，主办机构是国际田径联合会（以下简称国际田联）。最初是每四年举行一届，自 1991 年起改为每两年举行一届。

田径世锦赛

（三）世界室内田径锦标赛

世界室内田径锦标赛是一项由国际田联举办的国际室内田径赛事，第一届比赛于 1985 年在法国巴黎举行，当时的赛事名称为世界室内运动会。两年后的第二届赛事重新命名为世界室内田径锦标赛。世界室内田径锦标赛每两年举行一届，但是 2003 年和 2004 年连续举行了两届。

（四）世界杯田径赛

世界杯田径赛是由国际田联主办的一项高水平田径赛事。1985年，世界杯田径赛由两年一届改为四年一届，赛期固定在奥运会后一年。

（五）国际田联钻石联赛

国际田联钻石联赛是国际田联于2010年推出的一项覆盖全球的田径系列赛事。该赛事取代了原来局限在欧洲的国际田联黄金联赛，季末大奖也由金条改为钻石。比赛设14站，其中包括上海站。国际田联钻石联赛设立32个单项，奖金总额为41.6万美元。

四、著名田径运动员介绍

（一）尤塞恩·博尔特

牙买加著名运动员尤塞恩·博尔特（Usain Bolt）是目前世界上跑得最快的人。1986年，博尔特出生于牙买加特里洛尼区，是2008年、2012年、2016年连续三届奥运会男子100米、200米冠军，男子100米、200米世界纪录保持者。在2009年柏林田径世锦赛上，博尔特在男子100米决赛中以9秒58的成绩夺冠，并刷新了自己保持的世界纪录；在男子200米比赛中，以19秒19的成绩打破了自己保持的世界纪录。博尔特由此成为田径世锦赛的"双冠王"。

博尔特曾当选过5次国际田联年度最佳男运动员，4次获劳伦斯世界体育奖年度最佳男运动员奖。2017年，博尔特被世界田联授予2017年度世界田坛主席特别奖。

（二）刘　翔

刘翔是中国田径史上里程碑式的人物，多次在国际田径赛事中夺冠，是男子110米栏优秀的运动员之一。他在2004年雅典奥运会男子110米栏决赛中以12秒91的成绩追平了保持11年的世界纪录并夺得金牌；在2006年国际田联超级大奖赛洛桑站男子110米栏决赛中，以12秒88的成绩打破保持了13年的世界纪录。刘翔积极参与慈善事业，为中国体育事业、公益事业的发展作出了许多贡献。

第二节 跑、跳、投基础健身

一、跑的技术

(一)短 跑

短跑是一项典型的发展速度素质的运动项目,是一项单脚支撑与单脚腾空交替,摆臂、摆腿、扒地缓冲与后蹬密切配合的周期性运动。为了便于分析,可把短跑技术分为起跑及起跑后的加速跑、途中跑和终点跑三个部分,其中途中跑技术最为关键。

1. 起跑及起跑后的加速跑

起跑时,运动员以保持身体的平衡和获得最大速度为目的。

起跑
（1）准备时,身体放松。
（2）蹬离起跑器时,发挥腿部肌肉的最大力量。
（3）起跑后身体应继续保持较大角度的前倾。
（4）弯道起跑时,为了起跑后能跑一段直线,以便更好地发挥速度,应将起跑器安装在跑道的右侧方,正对内侧弯道切点方向。
（5）起跑信号为"各就位"口令、"预备"口令和鸣枪。

100 米跑

200 米跑和 400 米跑

知识拓展

短跑的起跑方式为蹲踞式起跑，并使用起跑器。常见的起跑器安装方式包括拉长式、接近式和普通式。

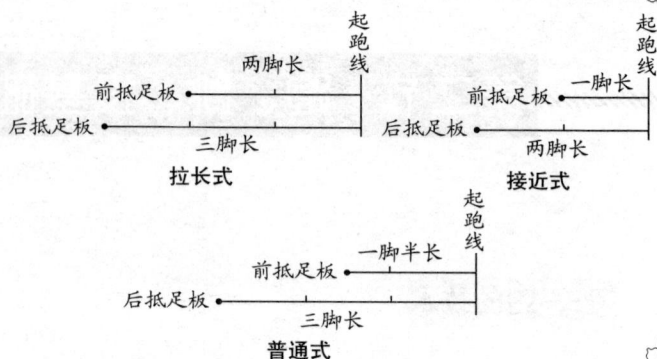

两脚长　起跑线
前抵足板
后抵足板
三脚长
拉长式

起跑线
前抵足板　一脚长
后抵足板
两脚长
接近式

起跑线
前抵足板　一脚半长
后抵足板
三脚长
普通式

起跑后的加速跑
（1）逐渐加速，逐渐抬起上体，逐渐加大步长。
（2）两臂屈肘积极而有力地前后摆动，两腿依次用力蹬地。
（3）加速跑的距离一般约为30米。

2. 途中跑

途中跑在整个短跑过程中是距离最长的一个阶段，这一阶段的任务是保持最高速度跑向终点。途中跑包括后蹬与前摆、腾空、着地、垂直缓冲等阶段。

（1）后蹬与前摆阶段：摆动腿向前上方摆出，支撑腿迅速伸展，两臂有力地前后摆动。
（2）腾空阶段：支撑腿小腿迅速向大腿靠拢、折叠；摆动腿大腿积极下压，准备着地。
（3）垂直缓冲阶段：支撑腿屈膝缓冲。

3.终点跑

终点跑的任务是尽量保持高速度跑过终点。

（1）在离终点线15～20米处时，应尽可能地保持途中跑的高速度并加快两臂摆动的速度和力量。

（2）在跑到距终点线1米时，上体迅速前倾，用胸部或肩部撞终点线，并跑过终点，顺惯性逐渐降低跑速，缓慢停下。

（二）中长跑

中长跑是发展耐力素质的主要项目，是中距离跑和长距离跑的简称，要求肌肉长时间连续协调工作。跑时动作要轻松协调，步幅较大，直线性好，节奏性强。经常参加中长跑，能改善呼吸系统和循环系统的功能；能培养学生勇敢、顽强、吃苦耐劳、勇于克服困难等优良品质。因此，人们经常将中长跑作为健身的有效手段。

1.起跑及起跑后的加速跑

（1）起跑：中长跑一般采用站立式起跑，800米跑采用半蹲式起跑。

当听到"各就位"口令后，运动员从集合线走到起跑线后，两腿前后站立，有力的脚在前，上体前倾，两膝弯曲，两臂自然放松，置于体前，颈部放松，目视前方地面4～5米处，整个身体保持稳定姿势。集中注意力听枪声，鸣枪后，两腿用力蹬地，迅速改变静止状态，向前跑进。

（2）起跑后的加速跑：这是根据战术需要迅速占据有利的跑进位置的阶段。要求朝切线方向和有利于自己战术发挥的位置跑进。加速跑时，上体前倾角度加大，两腿交换频率加快，要在较短时间内达到预定速度。起跑后的加速度是取得好的比赛成绩和名次的关键因素。

2.途中跑

中长跑中腿的后蹬力量比短跑中要小，后蹬角度比短跑中要大，为

50°～55°。后蹬效果的好坏取决于蹬地的力量、速度及摆动腿的配合。中长跑中脚着地时，要求柔和有弹性，两脚要落在一条直线上。可用前脚掌，也可用全脚掌着地。摆臂的动作幅度要小于短跑，上臂与前臂的夹角较小，肩关节要放松，两臂要协调地配合下肢动作前后摆动。

知识拓展

中长跑的距离比较长，体力消耗大，人体对氧气的需要量较大，因此，掌握正确的呼吸方法，对改善中长跑中的气体交换和血液循环具有重要意义。中长跑时，一般可配合跑步频率有节奏地用鼻和半张的嘴同时进行呼吸。呼吸要有节奏，一般是两步一呼、两步一吸或三步一呼、三步一吸。随着疲劳感的产生，呼吸频率应加快。由于吸气的深度取决于呼气的深度，因此要特别注意增加呼气深度。

3. 终点跑

终点跑是中长跑临近终点的一段加速跑，动作要求基本与短跑终点跑相同。何时开始加速冲刺，要根据训练水平、战术要求、个人体力来确定，同时还要参考比赛距离。总之，在最后加速度跑时，应根据对手和自己的实际情况选择冲刺的时机。

知识拓展

中长跑的比赛战术具体如下。

（1）匀速跑：比赛队员根据自己的体力情况，制订速度计划，比赛时按照计划速度匀速跑完全程。

（2）变速跑：这是一种匀速与突然加速交替进行的战术，具有相对稳定性和规律性。

（3）跟随跑：这是一种在比赛中跟随特定的对手跑，在最后的冲刺阶段战胜对手的战术。适合速度和冲刺能力较好的比赛选手。

（4）领先跑与跟随跑交替进行的战术：根据比赛场上的情况，交替采用领先跑和跟随跑跑进。应在直线阶段超越对手以节省体力，当对手发力时，应采用跟随跑的方式，如此反复，直到取得比赛胜利。

二、跳的技术

（一）跳 高

跳高的过杆方式从跨越式、剪式、滚式、俯卧式到背越式，大致经历了五个时期。下面以背越式为例介绍跳高技术。背越式跳高技术分为助跑、起跳、过杆和落地四个部分。

背越式跳高

（1）助跑：助跑步数一般为8～12步，直线段的助跑技术与普通加速跑技术基本相同，身体重心高且平稳，后蹬动作充分且有弹性，速度逐渐加快。弧线段的助跑技术与短跑的弯道跑技术相似；弧线段的助跑步数多采用3～5步，随着助跑节奏的加快和弧线的曲率由小变大，身体的内倾程度逐渐加大。在助跑的倒数第二步时，摆动腿积极下压扒地，使身体重心迅速前移，此时身体内倾达到最大限度。

（2）起跳：起跳脚沿弧线的切线方向踏上起跳点，要求保持身体的内倾姿势并向前送髋。由脚跟先触地，迅速前滚到全脚掌着地，摆动腿迅速以髋关节带动大腿向前上方摆出。上体积极前移，当身体重心移至支撑点上方时，身体由内倾转为垂直，摆动腿和两臂快速有力地向上摆起，同时迅速有力地蹬直起跳腿的髋、膝、踝三个关节。由臂引肩，迅速有力地向前上方摆起，完成起跳动作。

（3）过杆：当起跳腿蹬离地面结束起跳时，身体应保持伸展的姿势向上腾起。由于起跳时摆动腿带动同侧髋关节向前运动，身体在向上腾跃时转为背对横杆。当肩部超越横杆后，应及时仰头、倒肩、展体；当身体处于横杆上方时，要背对横杆展髋，两小腿稍后屈，使身体形成较大的背弓姿势；当身体重心越过横杆的垂直面后，髋部应继续保持伸展的动作，极力避免臀部下落碰杆；当膝关节位于横杆的上方时，运动员应及时低头、含胸、屈髋，并伸直膝关节，使整个身体顺利地越过横杆。

背越式跳高的练习方法

（4）落地：身体各部位，即头、肩、躯干、髋、大腿、小腿等自上而下依次过杆后，两臂自然置于体侧，以适宜的屈髋姿势下落，背部首先落在海绵垫上。

跳远

三级跳远的练习方法

（二）跳　远

跳远的技术包括助跑、起跳、空中动作、落地四个连续进行的动作技术。决定跳远成绩的主要因素是助跑速度（水平速度）和起跳高度（垂直速度）。

1.助　跑

助跑时采用一定的步数、距离和节奏。助跑的起跑方法一般采用站立式、半蹲式或行进间起跑。助跑基本技术与短跑相同，要做到快速可控、助跑稳定、准确地踏上跳板。

2.起　跳

起跳分为三个阶段：起跳脚着板阶段、缓冲阶段和积极蹬伸阶段。起跳脚着板时，上体正直或保持 $3° \sim 5°$ 的后仰，起跳脚要积极主动地向起跳板下落。两臂配合两腿向前上方摆动。

3.空中动作

空中动作的姿势一般有蹲踞式、挺身式、走步式三种。

蹲踞式

蹲踞式跳远是跳远技术中比较容易掌握的一种，其技术要领：人体单脚起跳腾空后，上体保持正直，摆动腿的大腿继续向上摆动，留在体后的起跳腿开始屈膝前摆，逐步靠拢摆动腿，在空中形成蹲踞姿势。落地前，小腿自然前伸落地。

挺身式

挺身式跳远技术要领：单腿起跳进入腾空步后，摆动腿的膝关节伸展，小腿由向前、向下到向后方呈弧形自然摆动，此时留在体后的起跳腿向摆动腿靠拢，挺胸展髋，形成展体姿势。快落地时，两脚、两臂向身体前方合拢落地。

走步式

走步式跳远是急行跳远的一种腾空技术。起跳后，两腿在两臂的配合下，在腾空时采用两步半和三步半动作技术。要求两腿在空中做大幅度的迈步换腿动作来保持身体的平衡，并与两臂协调配合。落地前，收腹，小腿上举前伸，上体前倾，两臂同时向下后方摆动。

4.落 地

当脚跟接触沙面后，两腿屈膝缓冲，髋前移，两臂继续积极前摆，使身体重心迅速移过支撑点，身体保持向前移动，上体前倾，完成落地动作。

三、投的技术

投掷包括推铅球、掷标枪、掷铁饼、掷链球等，以下重点介绍推铅球技术。完整的推铅球技术可分为五个步骤：握持球、预备姿势、滑步、最后用力、跟进与维持平衡。本书以右手推球为例来介绍背向滑步推铅球的技术。

背向滑步推铅球

（1）握持球：五指自然分开，四指托住铅球，拇指扶持铅球一侧，使铅球更加稳定；小指与无名指分开的距离较大。手自然放松，掌心空出。将铅球放置在右颈部锁骨窝处，也可以放在颈部一侧。右臂屈肘，掌心向外，上臂与身体的夹角约为45°。持球手臂要尽量放松。

（2）预备姿势：上体前俯，与地面平行，支撑腿深屈，右肘向右下方下垂，左肩扭至右膝前上方。铅球投影点在右脚右方，目视右脚右前方。从整体看，上体与下肢形成扭紧姿势。

（3）滑步：左腿向后伸出，然后直接向抵趾板插去。动作幅度小，但脚落地速度要快，可以缩短滑步与推球间的过渡时间。右腿承担着大部分的体重，与继续保持背向投掷方向的上体形成扭紧的姿势。滑步前，上体形成团身姿势，除了两腿的摆、蹬动作外，尽可能保持不变。

（4）最后用力：滑步结束，左脚即将落地的瞬间，右腿立刻蹬伸，向前上方转动右髋，左脚着地后积极支撑，防止重心水平前移，使重心位于两腿之间。原本向后扭紧的上体，由于挺髋的带动，与左臂一起向左上方转动，前俯的上体抬起，形成半打开的向前投掷姿势，肩轴仍落后于髋轴，头转向侧方。在身体半侧与投掷方向形成背弓时，由体侧以髋为主导继续向前转动，将要达到面对投掷方向瞬间，力由胸部传至右肩，继而传到右臂，将球推出。

（5）跟进与维持平衡：铅球出手的一刹那，右腿随势前摆，右脚踏于左脚附近，降低重心，以保持平衡。

第三节　田径竞赛规则简介

一、通则

田径竞赛规则中的部分通则见表 5-3-1。

表 5-3-1　田径竞赛规则中的部分通则

通则	内容
号码步	参加比赛的运动员必须佩戴号码布，否则不得参加比赛
分道跑	在径赛分道跑和部分分道跑项目的比赛中，所有短跑、跨栏、4×100米接力运动员应自始至终在自己的分道内跑；800米跑和4×400米接力运动员在自己跑道里起跑，当越过抢道线后沿以后，才能离开自己的跑道，切入里道。运动员的跑道由技术代表抽签决定
兼项	如果一名运动员参加一个径赛项目，又参加一个田赛项目，或者参加一个以上的田赛项目，而这些项目又同时举行比赛，则有关主裁判可以允许运动员只在某一轮次（高度项目以一个高度为一个轮次，一个高度有 3 次试跳机会；远度项目以所有运动员按顺序试跳或试掷完一次为一个轮次）的比赛中以不同于赛前抽签确定的顺序先进行试跳（试掷）一次。已错过的试跳（试掷）顺序一律不补

通 则	内 容
成绩相等	（1）径赛项目中，以决赛的成绩作为个人的最高成绩，而不以预赛、次赛、复赛的成绩判定最后名次。 （2）田赛高度项目中，如出现成绩相等的高度，则试跳次数较少者名次列前。如成绩仍相等，则在包括最后跳过的高度在内的整个比赛中，试跳失败次数较少者名次列前。如成绩仍相等，且涉及第一名时，则令成绩相等的运动员在其造成成绩相等的失败高度中的最低的高度上，每人再试跳一次。如仍不能判定，则应提升或降低（跳高为 2 厘米）横杆，运动员应在每个高度上试跳一次，直到决出名次为止。决定名次的试跳，有关运动员必须参加。如涉及除了第一名的其他名次时，则成绩相等的运动员名次并列。 （3）田赛远度项目的比赛如有成绩相等时，则应以其次优成绩判定名次。如次优成绩相等，则以第三优成绩判定，依此类推。如仍相等，并涉及第一名时，则令成绩相等的运动员按原比赛顺序，进行新一轮试跳（试掷），直到决出名次为止

二、径赛规则

径赛规则见表 5-3-2。

表 5-3-2 径赛规则

径 赛	内 容
起 跑	400 米及 400 米以下的各径赛项目（包括 4×200 米、异程接力和 4×400 米接力的第一棒），运动员应采用蹲踞式起跑。除了全能项目外，每项比赛都不允许起跑犯规，起跑犯规的运动员将被取消该项目的比赛资格
分道跑	运动员跑出自己的分道，如未获得实际利益，也未推挤或阻挡他人，则不应被取消比赛资格，否则应被取消比赛资格
跨栏跑	运动员的手和脚低于栏顶水平面、跨越他人栏架、有意用手或脚碰倒栏架，均属犯规
接力跑	在接力区外完成接棒、捡棒时阻挡他人或空手跑过终点等均属犯规

三、田赛规则

田赛规则见表 5-3-3。

表 5-3-3　田赛规则

田　赛	内　容
跳　高	运动员必须用单脚起跳，碰掉横杆为试跳失败。在越过横杆之前，运动员身体的任何部位触及横杆后沿（靠近助跑道）垂面以前的（在两个立柱之间或之外的）地面或落地区，并获得实际利益，也判试跳失败。在任何高度上，只要运动员连续 3 次试跳失败，即失去继续比赛的资格。比赛时，运动员可以在规定的起跳高度上的任一高度开始起跳，也可以在以后任何一个高度上决定是否免跳。丈量高度时，需用木尺与地面垂直，从地面至横杆上沿的最低处计算高度，以 1 厘米为最小计量单位
试跳或试掷	在所有田赛远度项目中，参加比赛的运动员如超过 8 人，则每人先试跳或试掷 3 次，有效成绩最好的前 8 名运动员再试跳或试掷 3 次。若第 8 名成绩相等，则成绩相等的运动员可再试跳或试掷 3 次。如果只有 8 人或不足 8 人参加比赛，则每人均可试跳或试掷 6 次
跳　远	试跳失败：助跑中或起跑时，身体任何部分触及起跳线前面的地面或在橡皮泥显示板上留有痕迹；在起跳线或起跳线两端延长线上踏过或跑过，或在延长线后面起跳；在落地过程中触及沙坑以外地面，而沙坑外触点较沙坑内最近触点离起跳线近；完成试跳后，向后走出沙坑等
推铅球	运动员应在投掷圈内从静止姿势开始试掷。应将铅球抵住或靠近颈部或下颌，用单手从肩上推出，不得将铅球置于肩轴线后方。运动员开始投掷后，身体任何部位触及投掷圈外地面或触及抵趾板和投掷圈上沿，或以不符合规定的方式将铅球推出，均判为试掷失败。运动员在器械落地之后，才能离开投掷圈。离圈时，必须从后半圈走出，铅球必须完全落在落地区角度线以内；否则，均判为试掷失败
其他投掷项目	除了场地、器械和投掷方法与推铅球有差异外，比赛规则与推铅球基本相同

第四节　田径进阶训练指导

部分田径项目的进阶训练指导见表 5-4-1。

表 5-4-1　部分田径项目的进阶训练指导

训练内容	初　级	中　级	高　级	注意事项
短　跑	（1）观看优秀短跑运动员技术图片、录像。 （2）各种跑的专门练习（小步跑、摆臂、高抬腿、后蹬跑、车轮跑等）。 （3）起跑的各种模仿练习。 （4）30～80米加速跑，4～6次。 （5）30米冲刺撞线跑，4～6次，2或3组	（1）蹲踞式起跑30米，4～8次。 （2）60～100米变节奏跑（30米快跑、40米惯性跑、30米快跑，4～6次，1～3组）。 （3）100米弯道跑和加速跑，5～8次	（1）50～100米跑格练习。 （2）弯道跑接直道跑和直道跑接弯道跑，4～6次，1～3组。 （3）各种距离的反复跑。 （4）不同距离的下坡跑	（1）保持良好的心态。 （2）做好充分的准备活动。 （3）掌握好起跑技巧。 （4）保持良好的爆发力。 （5）跑步时注意节奏。 （6）加速跑时调整好步伐。 （7）掌握好呼吸节奏
中长跑	（1）400米变速跑（200米快速跑、200米慢速跑）；800米变速跑（300米快速跑、100米慢速跑）。 （2）快速跑练习：60米跑、80米跑、100米跑、150米跑、200米跑、300米跑等	（1）1000米变速跑（300米快速跑、200米慢速跑）。 （2）各种跳跃练习：跨步跳、单足跳、蛙跳、多级跳、跳台阶、深蹲跳起等	（1）各种距离的全程跑练习：800米跑、1000米跑、1500米跑、3000米跑。 （2）参加专项距离的测验、比赛等	注意跑的节奏和呼吸节奏
跳　远	（1）30米、60米、100米的计时跑。 （2）在平跑道上连续进行3～7步起跳练习。 （3）4～8步助跑起跳，摆动腿落在跳箱盖上或其他低高器械上	（1）100米、150米、200米重复跑。 4～8步下坡跑起跳练习。 （2）反复进行8～12步助跑后腾空练习	（1）40米标记跑，50米快跑、50米慢跑的变速跑。 （2）短、中、全程助跑跳远	（1）无论何种助跑节奏，起跳前都应达到本人最高助跑速度。 （2）保持空中的平衡
跳　高	（1）S形加速跑。 （2）弧线加速跑。 （3）正面助跑直体过杆。 （4）助跑摸高练习	（1）单足跳深过杆练习。 （2）摆腿触高物。 （3）助跑起跳直体过杆。 （4）弹板跳高	（1）负重做弧线助跑迈步支撑练习。 （2）完整技术重复训练。 （3）完整过杆技术成功率训练	注重速度与技巧性训练

训练内容	初 级	中 级	高 级	注意事项
推铅球	（1）握持球的练习方法：握球向上举，手腕、手指向外拨。 （2）原地正面推球练习。 （3）原地侧向推铅球。 （4）屈膝团身动作、徒手侧向滑步、徒手背向滑步练习	（1）原地背向推铅球练习。 （2）侧向滑步推铅球	（1）圈内徒手背向滑步推铅球完整技术练习。 （2）圈内背向滑步推各种重量的球。 （3）圈内背向滑步推标准重量的球	优先发展和建立快速动作节奏
掷标枪	（1）手持小竹条，进行原地、短助跑和全程助跑鞭打练习。 （2）仰卧投实心球。 （3）快速连续交叉步练习	（1）沿跑道连续交叉步。 （2）短助跑单手投小球	（1）快速行进间转髋练习。 （2）掷标枪完整技术练习	提高控制动作时间和空间结构的准确性

本章课后思考题

第六章

力争上游的游泳运动

本章思维导图

本章思维导图

>> **本章导读**

　　游泳是在水环境中进行的对人体十分有益的运动项目，也是生产、生活、军事活动中十分有价值的一种技能。学会游泳并经常进行游泳锻炼可以强身健体、娱乐身心。

>> **学习目标**

▶ 了解游泳运动的相关知识。
▶ 学会游泳技能。
▶ 了解游泳运动的竞赛规则。

【名人故事】

罗雪娟曾是中国女子游泳队的领军人物，在2004年的雅典奥运会上，她夺得了女子100米蛙泳冠军，并刷新了女子100米蛙泳奥运会纪录。

罗雪娟之所以有这样的实力，是因为她小时候对游泳的热爱。罗雪娟11岁的时候进入了浙江省游泳队。在训练中，罗雪娟的蛙泳成绩非常出色。2000年，罗雪娟成功入选国家队，并且参加了2000年悉尼奥运会，虽然她只在女子200米蛙泳比赛中排名第八，但悉尼奥运会后，罗雪娟的实力和信心有了大幅度的提升。2003年，罗雪娟在世界游泳锦标赛（以下简称游泳世锦赛）女子100米蛙泳比赛中，以1分06秒80的成绩为中国游泳队夺得了此次游泳世锦赛的第一枚金牌，也成为游泳世锦赛历史上第一位在该项目上成功卫冕的选手。

对于罗雪娟来说，2004年是重要的一年，如果说2000年悉尼奥运会的罗雪娟是青涩的，那么2004年雅典奥运会的罗雪娟则走向了成熟。在2004年雅典奥运会上，罗雪娟以1分06秒64的成绩夺得了女子100米蛙泳冠军，并刷新了该项目的奥运会纪录。

2007年，罗雪娟选择了退役。她的成长经历为日后中国泳坛的崛起提供了宝贵的经验。

第一节　游泳运动概述

一、游泳的起源与发展

游泳起源于古代人类与自然的抗争。人们为了生存，常常去水中捕食，为了躲避洪水和猛兽的侵袭，逐渐学会了游泳。随着时间的推移和经验的积累，人类的游泳技能得到了不断发展。人们在模仿动物姿势和动作的过程中创造出各种泳姿，形成了泅、涉、浮、没、潜等游泳技法，如"狗刨式"、扎猛子、踩水等至今仍在我国的民间广为流传。随着生产力的发展，游泳技术逐渐扩展到军事、娱乐等领域。游泳不仅是人类与自然抗争的结果，还是人类社会发展的产物。

现代游泳起源于英国。1828年，英国在利物浦乔治码头修建了第一个室内游泳池。1837年，英国在伦敦成立了第一个游泳组织，同时举办了英国最早的游泳比赛。1869年，在伦敦，游泳作为专门的运动项目被正式固定下来，继而传遍世界。竞技游泳于19世纪中叶传入我国，主要在我国沿海地区开展，而后传入内陆城市。1887年，在广州沙面修建了室内游泳池，之后逐渐有了游泳比赛。1896年，在第1届雅典奥运会上，游泳被列为竞赛项目，当时只有男子100米、500米、1200米自由泳三个项目。1908年，国际业余游泳联合会（以下简称国际泳联）成立，审定了各项游泳世界纪录，并制定了国际游泳比赛规则。奥运会游泳项目从第1届的3项逐年增加，到第26届奥运会时增加到32项，并延续到第27届、第28届奥运会。第29届奥运会上新增加男子、女子10公里马拉松游泳两个项目，从此奥运会游泳项目达到34项。游泳运动发展至今，被誉为21世纪受欢迎的运动项目之一，无论是竞技游泳赛事的魅力，还是其独特的健身功能，都已被人们广泛接受。

知识拓展

实用游泳包括实用游泳技术、水上救护、着装泅渡等非竞技游泳。实用游泳技术即人们常见的踩水、侧泳、反蛙泳、潜泳等技术，其特点是实用。例如，踩水可在水中用于积极性休息和水中观察；侧泳、反蛙泳便于水中拖带；潜泳用于水中打捞、隐藏等。

二、游泳的锻炼价值

游泳的锻炼价值包括以下几个方面：
（1）求生技能，保障生命安全；
（2）强身健体，预防疾病；
（3）锻炼意志，培养勇敢顽强的精神；
（4）休闲娱乐，促进身心健康。

三、著名游泳赛事介绍

（一）奥运会游泳比赛

1896年，在雅典举行的第1届现代奥运会上，因没有游泳池，游泳比赛是在冰冷的海水里进行的，比赛时天气阴冷加上海水波涛很急，不少选手

奥运会游泳比赛

都望而却步，并且起点、终点的标志线是由组织方用浮艇拉着缆绳设置的。在 1900 年第 2 届巴黎奥运会上，分出仰泳项目；在 1904 年第 3 届圣路易斯奥运会上，又分出蛙泳项目。在 1912 年第 5 届斯德哥尔摩奥运会上，女子游泳被列为正式比赛项目。在 1952 年第 15 届赫尔辛基奥运会上，蝶泳成为正式比赛项目，从此游泳比赛的泳姿定型为四种。此后的奥运会游泳比赛发展为自由泳、蛙泳、蝶泳、仰泳、混合泳和接力（自由泳与混合泳）和公开水域 7 大项 34 个小项。

（二）世界游泳锦标赛

第 1 届世界游泳锦标赛于 1973 年在南斯拉夫贝尔格莱德举行，比赛设游泳、跳水、水球三大项目（男子 15 项、女子 14 项），共有 47 个国家和地区的 686 名运动员参赛。1978 至 1998 年举办间隔年数屡有变化，自 2001 年起恢复每 2 年举行一届。现在的比赛项目包括跳水、游泳、公开水域游泳、花样游泳、水球和高台跳水。

游泳世锦赛

四、著名游泳运动员介绍

（一）伊恩·詹姆斯·索普

伊恩·詹姆斯·索普，澳大利亚游泳运动员，1982 年出生于悉尼，绰号"鱼雷"。索普的父母都是高水平的运动员。索普曾经在 48 小时内 3 次刷新世界纪录，总共获得了 5 枚奥运金牌、3 枚银牌、1 枚铜牌，是迄今为止获得金牌数最多的澳大利亚人。

索普总共打破 13 项游泳长池的世界纪录，并且是奥运史上唯一一位在一届奥运中获得 100 米自由泳、200 米自由泳与 400 米自由泳奖牌的运动员。

（二）叶诗文

叶诗文，1996 年出生，浙江杭州人，中国国家女子游泳队运动员。她首次参加亚运会就获得了女子 200 米和 400 米个人混合泳冠军。在上海第 14 届世界游泳锦标赛上她获得女子 200 米个人混合泳冠军，这是"95 后"泳坛运动员首度登上世界游泳大赛冠军领奖台，也是 1978 年以来最年轻的游泳世界冠军。

2012 年伦敦奥运会上，叶诗文获得女子 400 米个人混合泳冠军，并打破世界纪录；她还获得女子 200 米个人混合泳冠军，并打破奥运会纪录。叶诗文囊括了全国运动会（简称全运会）、亚运会、游泳世界杯、世界长池游泳锦标赛、世界短池游泳锦标赛、奥运会的所有国内外重大比赛的金牌，成为中国泳坛首个大满贯选手。

第二节　游泳运动基本技术

一、蛙　泳

蛙泳是因模仿青蛙游泳的动作而得名的一种泳姿，技术结构比较复杂，掌握过程呈先慢后快的特点，正面抬头呼吸且漂浮时间较长，对力量要求不高，是比较普及的泳姿之一。

蛙泳

（一）身体姿势

在游进中，身体在水中呈俯卧姿势，身体位置不断变化。

（二）腿部动作

腿部动作是采用蛙泳游进时主要的推进力，由收腿、翻脚、蹬夹水和漂浮滑行四个部分组成。

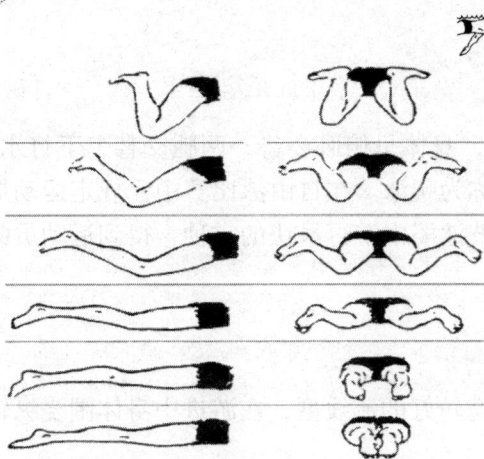

收腿：收腿时，屈膝且两膝自然分开，脚跟向臀部靠拢，大小腿折叠。

翻脚：翻脚时，两脚脚尖朝外侧翻开，脚掌朝上，膝关节内扣，两脚间的距离大于两膝间的距离。

蹬夹水：蹬腿时，两脚向外、向后快速有力地蹬夹水，形成鞭打动作，蹬腿至两腿伸直、两脚脚尖靠拢。

漂浮滑行：蹬腿结束后，两腿保持伸直并拢，两脚脚踝自然放松，身体借助惯性向前漂浮滑行。

（三）臂部动作

臂部动作由开始姿势、抓水、划水、收手和伸臂五个部分组成。

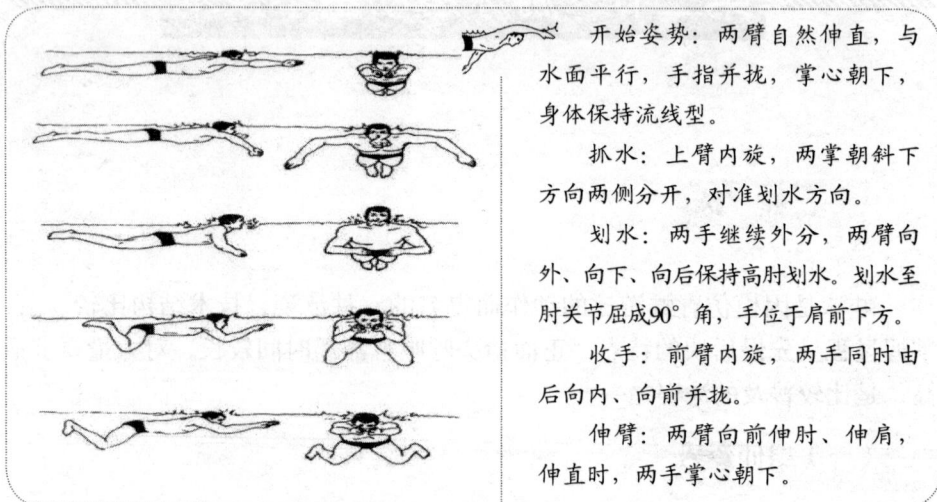

开始姿势：两臂自然伸直，与水面平行，手指并拢，掌心朝下，身体保持流线型。

抓水：上臂内旋，两掌朝斜下方向两侧分开，对准划水方向。

划水：两手继续外分，两臂向外、向下、向后保持高肘划水。划水至肘关节屈成90°角，手位于肩前下方。

收手：前臂内旋，两手同时由后向内、向前并拢。

伸臂：两臂向前伸肘、伸肩，伸直时，两手掌心朝下。

（四）完整技术配合

蛙泳的完整技术由1次划臂、1次呼吸和1次蹬腿按1∶1∶1配合，呼气从身体没入水中开始，至划臂阶段头、口露出水面，将气吐完结束，并迅速吸气，呼吸动作完成。

二、自由泳

自由泳也称爬泳。游进过程中，身体呈俯卧姿势，两腿交替上下打水，两臂交替划水，动作像爬行，故被称为爬泳。在自由泳比赛中，规定运动员可采取任何泳姿。自由泳是四种竞技泳姿中游得最快的一种，得到运动员的普遍采用。

（一）身体姿势

身体呈水平俯卧于水中，并保持较好的流线型，在游进中身体围绕纵轴左右摆动。

蛙泳常见错误动作及其纠正方法

自由泳

（二）腿部动作

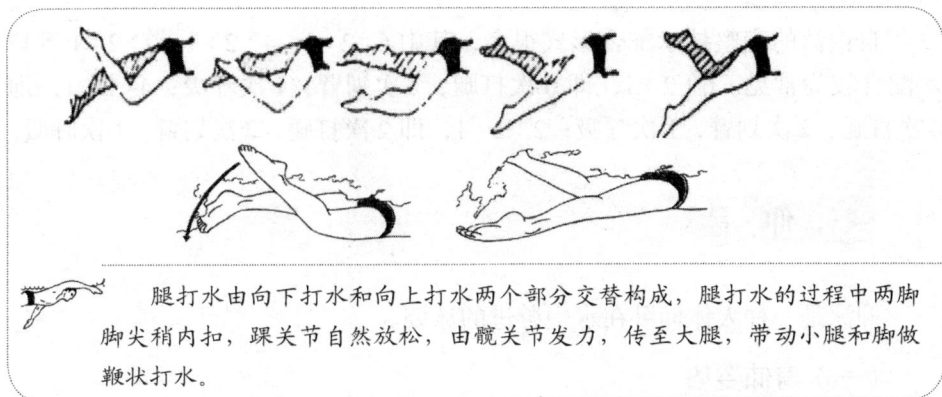

腿打水由向下打水和向上打水两个部分交替构成，腿打水的过程中两脚脚尖稍内扣，踝关节自然放松，由髋关节发力，传至大腿，带动小腿和脚做鞭状打水。

（三）臂部动作

臂部动作是采用自由泳游进时推动身体前行的主要动力，由入水、抱水、划水、推水和移臂五个部分组成。

1.入　水

手臂入水时，屈肘并使肘高于手，手指并拢，自然伸直，向肩前下方斜插入水。

2.抱　水

手臂入水后插至前下方合适的抱水位置时，前臂外旋，同时屈腕、屈肘对准水，并保持肘高于手。

3.划　水

手臂由内向外和向后螺旋曲线划水，划至肩下方。

4.推　水

当手臂划至肩下方时，快速向上、向后划至紧贴的大腿外侧，完成推水动作。

5.移　臂

推水结束后，手、肩提拉出水，肘高于手并借助肩关节自然转动，手臂迅速前伸，手先于肘入水，完成移臂动作。

（四）呼　吸

自由泳呼吸分单侧呼吸和双侧呼吸，以单侧右转头呼吸为例：身体没入水中时，鼻、口开始缓慢呼气，右手开始内划，头随身体向右侧转动并保持呼气。右臂出水时，嘴露出水面，再用力呼气后张口吸气。吸气结束后，头随右臂前移入水复原。

（五）完整技术配合

自由泳的完整技术配合形式很多，其中6∶2∶1、4∶2∶1、2∶2∶1等技术配合较为常见。6∶2∶1，即6次打腿，2次划臂，1次呼吸；4∶2∶1，即4次打腿，2次划臂，1次呼吸；2∶2∶1，即2次打腿，2次划臂，1次呼吸。

三、仰　泳

仰泳是一种人体仰卧在水中游进的泳姿。

（一）身体姿势

游仰泳时，身体仰卧在水面，自然伸展呈流线型，头部和肩部稍高，腰部和腿部保持水平，身体纵轴与水平面构成的仰角较小，腰部和两腿均处在水面下。游进过程中，两腿上下交替踢水，身体围绕纵轴随两臂划水转动，一般转动45°角左右。

（二）腿部动作

仰泳的腿部动作由下压动作和上踢动作组成，即直腿下压、屈腿上踢。

1. 下压动作

下压时，膝关节和踝关节自然放松，由大腿带动小腿伸直下压到一定深度，停止向下。由于惯性的作用，小腿仍然继续向下，造成膝关节弯曲，脚也继续向下。直到惯性消失，大腿、小腿和脚依次结束下压的动作。

2. 上踢动作

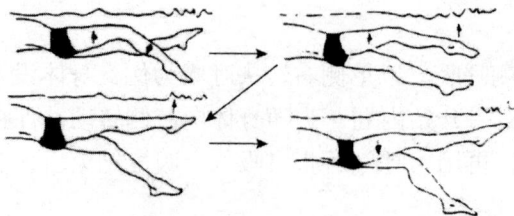

当腿部下压动作结束时，大腿与小腿成135°～140°角，大腿带动小腿向上踢水，大腿稍过水平位就结束向上的动作，小腿和脚依次向上完成踢水动作。上踢过程中，膝关节和脚不要露出水面，脚尖应内旋，以加大对水面积。

（三）手臂动作

手臂动作是采用仰泳游进时推动身体前进的主要动力。一个完整的手臂动作分为入水、抱水、划推水、出水和空中移臂五个部分。

1. 入　水

手臂入水时，臂部自然放松，屈腕，掌心朝外，小指向下先入水，入水点应在肩的延长线上。

2. 抱　水

手臂入水后，要利用移臂时所产生的速度积极向下划到一定的深度，通过展肩、屈肘形成充分的抱水动作。

3. 划推水

划水时，屈肘，前臂内旋，使手臂内侧对准划水方向，沿体侧向后下方用力划推，推至贴近大腿外侧时，手掌朝下快速做鞭状推水动作。

4. 出　水

推水结束后，借助推水动作的惯性迅速提臂，由肩带动上臂、前臂和手出水。

5. 空中移臂

提臂出水后，手臂应迅速从大腿外侧垂直于水面前移，当手臂移至肩上方时，手掌要内旋，使掌心向外，为入水做好准备。

（四）呼　吸

仰泳的呼吸一般是两次划水，一次呼吸，即一臂移臂时呼气，另一臂移臂时吸气。

（五）完整技术配合

仰泳的完整技术配合通常采用6次打水、2次划臂、1次呼吸技术配合，即6∶2∶1。臂腿配合方式：右臂移臂入水，左腿上踢，右臂划推水，右腿上踢，右手做鞭状推水时，左腿第二次上踢；左臂划水时，重复以上相应动作。

仰泳常见错误动作
及其纠正方法

四、蝶　泳

蝶泳是从蛙泳技术演变而来的。因人们采用此泳姿游进时，两臂动作像蝴蝶扇动翅膀，故被称为蝶泳；又因为采用此泳姿时，泳者的躯干和腿的动作类似海豚游泳的击水动作，故蝶泳也被称为海豚泳。

（一）身体姿势

游蝶泳时，身体俯卧于水中，依靠两臂划水、躯干和腿的波浪形打水动作推动身体前进，身体呈波浪起伏状，没有固定的身体位置。

（二）躯干和腿部动作

在蝶泳泳姿中，腿的打水动作由躯干发力，带动大腿、小腿和脚做鞭状打水动作。打水动作由向下打水和向上打水两个部分组成。

1. 向下打水

向下打水时，两脚脚尖内扣，自然并拢，屈膝成 110°～130° 角，提臀收腹，两腿向下做鞭状打水。打水结束时，膝关节伸直。

2. 向上打水

向下打水结束时，展髋，大腿上移动作类似鞭打动作，形成向上打水。

（三）手臂动作

手臂动作是采用蝶泳游进时推动身体前进的主要动力。蝶泳中，两臂的划水是两臂在头前入水，同时沿身体两侧做曲线划水。其动作由入水、抱水、划水、推水、出水和空中移臂六个部分组成。

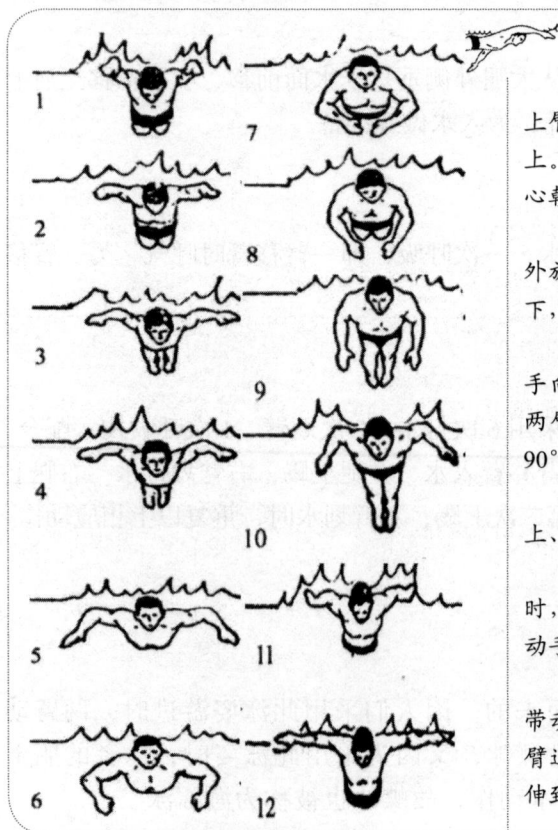

入水：拇指先斜插入水，前臂和上臂依次入水，入水点在肩的延长线上。入水时，屈肘，肘高于前臂，掌心朝外下方，与水面约成45°角。

抱水：手臂入水后，手和前臂外旋，手臂向后由向外转为向后、向下，保持高肘姿势。

划水：划水时，手臂继续外旋，手向内、向上、向后曲线划水。当两臂划至肩下方时，前臂与上臂成 90°～100° 角。

推水：推水时，手臂向外、向上、向后加速推水至大腿两侧。

出水：当两臂推水至大腿两侧时，利用推水的惯性，提肩、提肘带动手臂出水。

空中移臂：手臂出水后，在肩的带动下，迅速从两侧前移至头前。移臂过程中手臂放松，拇指朝下，手前伸到接近水面时，肘微屈。

（四）呼　吸

从身体没入水中时开始呼气，至划臂阶段头、口露出水面，迅速将气呼完，并迅速吸气，呼吸动作完成。

（五）完整技术配合

蝶泳的完整技术配合普遍采用2次打水、1次划臂、1次呼吸，即2∶1∶1技术配合。两臂入水时，打水1次，低头呼气，两臂出水时，打腿1次，抬头吸气。在短距离蝶泳比赛项目中，有的运动员采用不规则的呼吸方式，即多次打腿，多次划臂，只呼吸1次。

蝶泳常见错误动作
及其纠正方法

第三节　游泳竞赛规则简介

一、发令员职责

游泳竞赛中发令员职责见表6-3-1。

表6-3-1　游泳竞赛中发令员职责

发令员	职　责
位　置	发令员应站在游泳池侧面，离出发池端5米以内处发令，发令时能够让运动员和计时员听到或看到出发信号
管理对象	负责管理由总裁判发出手势信号后至比赛开始的运动员
权　限	发令员有权判定运动员出发时是否符合规则，发现运动员延误比赛或蓄意不服从命令或在出发时有任何犯规行为应向总裁判报告，最终判决权须由总裁判决定

二、通　则

游泳竞赛通则见表6-3-2。

表 6-3-2 游泳竞赛通则

通　则	内　容
出　发	（1）自由泳、蛙泳、蝶泳、个人混合泳及自由泳接力的比赛必须从出发台出发。 （2）仰泳、混合泳接力比赛的第 1 棒必须从水中出发
计　时	（1）自动计时成绩记录到百分之一秒，以成绩判定名次。 （2）如果采用人工计时，每条泳道须采用 3 块秒表，成绩记录到百分之一秒，3 块秒表中，2 块秒表成绩相同为正式成绩，3 块秒表成绩都不同，应以中间成绩为正式成绩
犯　规	（1）游出本泳道阻碍或干扰其他运动员者判犯规。 （2）比赛进行中所有运动员还未游完全程，未参加比赛者如果下水，应取消其原定的下一次比赛资格。 （3）接力比赛中，如果本队的前一名运动员尚未触及池壁，后一名运动员的脚已蹬离出发台，应判犯规。 （4）接力比赛中，在各队所有运动员未游完之前，除了应游该棒的运动员之外，任何其他接力队员下水应判犯规。 （5）运动员抵达终点后或接力比赛中游完自己的距离后，应尽快离池，若妨碍其他游进中的运动员，则应判该运动员（接力队）犯规

第四节　游泳进阶训练指导

游泳进阶训练指导见表 6-4-1。

表 6-4-1 游泳进阶训练指导

训练项目	初　级	中　级	高　级	注意事项
蛙　泳	（1）蛙泳腿部练习，手持浮板连续蹬腿 25 米。 （2）腿与呼吸练习，1 次蛙泳腿、1 次呼吸，连续游 25 米。 （3）完整技术练习，1 次腿、1 次手臂、1 次呼吸，连续游 25 米	完整技术练习，1 次腿、1 次手臂、1 次呼吸，连续游 100 米	完整技术练习，1 次腿、1 次手臂、1 次呼吸，连续游 100 米以上，重复练习	要求节奏明显，动作连贯，身体起伏较小

训练项目	初　级	中　级	高　级	注意事项
爬　泳	（1）自由泳腿部练习，手持浮板连续打腿25米。 （2）腿与呼吸练习，多次自由泳腿、1次呼吸，连续游25米。 （3）腿与手臂练习，多次打腿、2次手臂，连续游25米。 （4）完整技术练习，多次腿、2次手臂、1次呼吸，连续游25米	完整技术练习，多次腿、2次手臂、1次呼吸，连续游50～100米	完整技术练习，多次腿、2次手臂、1次呼吸，连续游100米以上，重复练习	要求大腿带动小腿，小腿形成鞭状打腿，手臂推进力明显，身体平衡性好
仰　泳	（1）仰泳腿部练习，手持浮板连续打腿25米。 （2）腿与呼吸练习，多次自由泳腿、1次呼吸连续游25米。 （3）腿与手臂练习，多次打腿、2次手臂，连续游25米。 （4）完整技术练习，多次腿、2次手臂、1次呼吸，连续游25米	完整技术练习，多次腿、2次手臂、1次呼吸，连续游50～100米	完整技术练习，多次腿、2次手臂、1次呼吸，连续游100米以上，重复练习	要求大腿带动小腿，小腿形成鞭状打腿，手臂推进力明显，身体平衡性好，身体沿纵轴翻转不能超过90°
蝶　泳	（1）蝶泳腿部练习，手持浮板连续打腿25米。 （2）腿与呼吸练习，2次蝶泳腿、1次呼吸，连续游25米。 （3）腿与手臂练习，2次打腿、1次手臂，连续游25米。 （4）完整技术练习，2次腿、1次手臂、1次呼吸，连续游25米	完整技术练习，2次腿、2次手臂、1次呼吸，连续游50米	完整技术练习，2次腿、1次手臂、1次呼吸，连续游100米以上	要求节奏明显，动作连贯，身体起伏较小，推进力明显

本章课后思考题

第七章

传承中华神韵的武术运动

本章思维导图

》 本章导读

武术是中华民族传统文化的重要组成部分。虽然武术的动作路线复杂,习练过程比较枯燥,但坚持习练能够强身健体,防身自卫,增添乐趣。大学生要树立"冬练三九,夏练三伏"的习武思想,以艰苦奋斗、顽强拼搏的精神习练武术,努力提高身体素质和道德修养,为传承中华武术文化作出应有的贡献。

》 学习目标

► 了解武术的起源。

► 熟悉武术的基本概念。

► 掌握武术的基本动作要领。

► 了解武术的攻防含义。

► 传承武术文化。

【名人故事】

著名影视演员吴京 6 岁开始在北京市什刹海体育运动学校练习武术。1986 年，他开始随武术队参加国际交流活动，同年，获得全国武术比赛拳、枪、刀冠军；1989 年，进入北京市武术队，并在吴彬的指导下接受专业训练；1991 年，获得全国武术比赛枪术、对练冠军；1994 年，获得全国武术比赛精英赛枪术、对练冠军。吴京的成长并不是一帆风顺，而是伴有很多坎坷——他 6 岁鼻骨骨折，8 岁头部受伤，9 岁手臂骨折，10 岁腿部韧带撕裂，17 岁腿部骨折，身上共缝过 100 多针……但这些挫折并没有让吴京退缩，他依然坚持练习武术。正是靠着勤奋刻苦的努力和百折不挠的毅力，吴京才练就了一身过硬的功夫。

第一节　武术运动概述

一、武术的起源与发展

武术百科

武术源于古代狩猎和战争，是人们对搏斗技术和经验的总结。人类早期在与大自然的斗争中掌握了一些防卫和攻击技能，为武术的形成奠定了基础。我国古代史料，如《兵迹》（清代分类辑述军事史实的兵书）等中有关于武术的记录，其中记载的与现代武术相似的内容有角力、相扑、手搏、击剑、刺枪、打拳、使棒等。"武术"一词最早记录于南朝梁武帝长子萧统组织编写的《昭明文选》，但当时的武术与现代武术的含义也不相同。近代的中国，面对西方文化的冲击，一度出现了提倡国粹的思想潮流，武术也因此被称为国术。中华人民共和国成立以后，正式将武术确立为体育运动项目，明确称其为"武术"，并沿用至今。

在源远流长、博大精深的祖国传统文化中，中华武术独具特色。从历史发展来看，武术是由人的技击自卫术发展而来的。技击的特点是武术在技术上最主要的特点，武术在流传过程中始终保持着这个特点，并围绕着这个特点发展壮大。武术产生、发展于中国，并受中国传统文化的影响，在各个方面都带有浓厚的中国传统文化色彩，主要表现在注重培养人自强不息、尚武崇德和刚健有为的精神，注重和谐，注重形神兼备，注重整体的思维方式，既重内练又重外练，多种拳种并存。

二、武术的锻炼价值

练习武术是通过人的身体运动完成的，练习者通过进行适度的身体运动增进健康。在现代社会发展过程中，武术的价值越来越明显，认识武术运动的价值，对于我们全面、科学地了解武术运动，充分发挥武术运动的作用具有重要意义。武术运动的价值主要包括健身价值、技击价值、观赏价值、教育价值、交流价值等。

三、著名武术赛事介绍

武术比赛包含套路、散打和健身功法三个领域的竞技。

世界级武术赛事主要有世界武术锦标赛，这项比赛是国际武术界最高级别的比赛，每两年举行一届，由国际武术联合会主办，各成员协会轮流举办。

国内武术赛事主要有全国武术锦标赛（包括武术套路团体赛、武术套路个人赛、武术散打团体赛、武术散打个人赛等）、全国武术套路冠军赛、全国武术散打冠军赛等。其中，全国武术锦标赛是国内最高级别的武术竞赛，由国家体育总局主办。

第二节　初级长拳

一、长拳概述

初级长拳

长拳是中国传统拳派之一，属于一种北派武术，包括查拳、华拳等多种流派。中国古代也有专称长拳的拳种。现在的长拳是近三十多年来发展起来的拳种，它是在综合查拳、华拳、炮拳、红拳等流派特点的基础上整理创编而成的。

长拳中的各种手法、步法、腿法和身法动作幅度大，牵动关节多，坚持锻炼，可以使肌肉、韧带拉长并富有弹性，使人体的柔韧性大大提高；套路中的踢打摔拿、蹿蹦跳跃、跌扑滚翻等动作，可以很好地发展人体的灵敏、速度、力量等素质，提高弹跳力和协调性。练习者练习时的每一个动作都要做到"手、眼、身法、步、精神、气、力、功"八法协调，这对人体神经系统有良好的影响。

二、初级长拳（第三路）的动作图示和要点

预备动作

预备式
头要端正，下颌微收，挺胸，塌腰，收腹。

虚步亮掌
动作必须连贯，不能间断。成虚步时，重心落在右腿上；左腿微屈，脚尖虚点地面。

并步对拳
并步后，挺胸、立腰。对拳、并步、转头要同时完成。

第一段

弓步冲拳
成弓步时，右腿充分蹬直，脚跟不能离地。冲拳时，尽量转腰送肩。

弹腿冲拳
支撑腿可微屈，弹出的腿要有爆发力，力达脚尖。

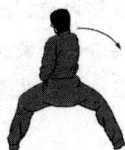

马步冲拳
成马步时，大腿与地面平行，两脚脚尖内扣，脚跟外蹬，挺胸、立腰。

弓步冲拳
成弓步时，左腿充分蹬直，脚跟不能离地。冲拳时，尽量转腰送肩。

弹腿冲拳
支撑腿可微屈，弹出的腿要有爆发力，力达脚尖。

大跃步前穿
跃步要远，落地要轻，落地后立即接做下一个动作。

弓步击掌
右腿猛力蹬直成左弓步，左手勾手、右手推掌动作要协调一致。

马步架掌
成马步时，右立掌、左抖腕亮掌、右甩头要协调一致，同时完成。

第二段

虚步栽拳
成虚步时，挺胸、立腰、右实左虚，虚实分明。

提膝穿掌
支撑腿和右臂充分伸直。

仆步穿掌
左手低、右手高，两臂伸直，上体向左侧前倾。

虚步挑掌
上步要快，虚步要稳。

马步击掌
右手做搂手时，先使臂稍内旋、腕伸直，手掌向下、向外转，接着臂外旋，掌心经下向上翻转，同时抓握成拳。收拳和击掌动作要同时进行。

叉步双摆掌

两臂要画立圆，幅度要大，摆掌与后叉步配合一致。

弓步击掌

左脚撤步成右弓步与右手勾手、左手推掌要同时完成。

转身踢腿马步盘肘

两臂抡动时要画立圆，动作连贯。盘肘时要快速有力，右肩前送。

第三段

歇步抡砸拳

抡臂动作要连贯，画立圆。歇步要两腿交叉全蹲，左腿大腿、小腿靠紧，臀部贴于左小腿外侧，膝关节在右小腿外侧，脚跟提起；右脚脚尖外撤，全脚掌着地。

仆步亮掌

仆步时，左腿充分伸直，脚尖里扣，右腿全蹲，两脚脚掌全部着地。上体挺胸、立腰，稍左转。

弓步劈拳

左、右脚上步稍带弧形。

换跳步弓步冲拳

换跳步动作要连贯、协调。震脚时腿要弯曲，全脚掌着地，左脚离地不要过高。

马步冲拳

重心在两腿之间，成马步。右拳收到腰侧，左拳向左冲出，拳眼向上。目视左拳。

弓步下冲拳

右腿蹬直成左弓步；左掌变拳向下经体前向上架于头左上方，掌心向上；右拳自腰间向左前斜下方冲出；目视右拳。

叉步亮掌侧踹腿

叉步时，上体微向右倾斜，腿、臂的动作要一致。侧踹高度不能低于腰，大腿内旋，着力点在脚跟。

虚步挑拳

成虚步时，重心落于左脚。左拳拳心向上，右拳拳眼斜向上，拳与肩同高。目视右拳。

第四段

弓步顶肘

交换步跳起时不要过高，但要快。两臂抡摆时要呈圆弧形。

转身左拍脚

右掌拍脚时，手掌稍横，拍脚要准且响亮。

右拍脚

左掌拍脚时，手掌稍横，拍脚要准且响亮。

腾空飞脚

蹬地要向上，不要太向前冲。击响要在腾空时完成，右臂伸直成水平，同时左腿屈膝于体前尽量上提。

歇步下冲拳

右掌抓握动作要快速，歇步与左冲拳的动作要协调。

仆步抡劈拳

抡臂时一定要画立圆。上体向右侧倾。

提膝挑掌

抡臂时要画立圆。

提膝劈掌弓步冲拳

左搂手动作要快，右弓步与左冲拳的动作要协调。

结束动作

虚步亮掌

三个动作必须连贯，不能间断。成虚步时，重心落于右腿上，大腿平行于地面；左腿微屈，脚尖虚点地。

并步对拳

并步后，挺胸、立腰。对拳、并步、甩头同时完成。

还　原

两臂自然下垂，目视正前方。

第三节　初级剑术

一、剑术概述

剑术是指以剑作为武器进行格斗的技术，其特点是动作轻快、敏捷、潇洒、飘逸，有"剑走美式""剑如飞风"之说。剑的击法有劈、刺、点、撩、崩、截、抹、穿、挑、提、绞、扫等。中华人民共和国成立后，剑术增加了花法、平衡、翻腾、造型等动作，有了很大发展。剑术逐渐成为剑的演练套路的代称，并被列为全国武术比赛项目。练习剑术时要注意近身走势，剑身不要离身体太远。剑术的特点为刺要迅猛，点要干脆，带要锋利，抹要圆活，抽要沉稳，挂要近身，击要磅礴，撩要提拉，截要坐腕。

二、初级剑术的动作图示和要点

起　势

持剑臂与剑身紧贴并垂直于地面。两肩松沉，微挺胸、收腹，两膝挺直。

初级剑术

预备式（一）

（1）上步剑指平伸、持剑转体臂向右侧画弧和并步剑指平伸三个分解动作必须连贯。

（2）做动作过程中，两肩必须放松。

（3）持剑转体臂向右侧画弧时，左臂直臂上举，腰向右拧转，两脚不可移动。

（4）左臂向右侧画弧至与肩同高时，略后屈，使右手剑指从左手背上方穿出成立指。左手持剑下落于身体左侧，剑身垂直于地面。

预备式（二）

右手剑指向前指出时，肘要伸直，剑指尖稍高于肩。

预备式（三）

做左虚步时，右实左虚要分明，右脚脚跟不要抬起。挺胸、塌腰、上体稍前倾。剑尖稍高于左肘。

第一段

弓步直刺

成弓步时，左腿屈膝半蹲，两脚的全脚掌着地。上体稍向前倾，腰向左拧转、下塌，臀部不要凸起。两肩松沉，右肩前送、左肩后引，剑尖稍高于肩。

回身后劈

上步、转身、平劈和剑指向上侧举必须协调一致。转身后，腰要向右拧转，左脚不要移动。剑身和持剑臂必须成直线。

弓步平抹

抹剑时，手腕用力须柔和。

弓步左撩

剑由前向后和由后向前弧形撩起，必须与提膝和向前落步的动作协调一致，握剑不可太紧。成弓步后，上体略向前倾，直背，收臀，剑尖稍低于剑指。

提膝平斩

剑从左向后平绕时，要仰头，使剑从面部上方平绕而过。提膝时，左腿伸直，上体稍向前倾。

回身下刺

向前落步，身体尽量向后拧转，剑与右臂成一条直线。

挂剑直刺

挂剑、下插、直刺三个分解动作必须连贯，并与跨步、提膝、转身、弓步等下肢动作协调一致。弓步直刺后，两脚全脚掌着地，上体稍向前倾，挺胸、塌腰。

虚步架剑

虚步必须虚实分明，右肘略屈，使剑身成立剑架于额前上方；左臂伸直，剑指稍高过肩。

第二段

虚步平劈

虚步必须虚实分明。劈剑时，手腕要挺直。

弓步下劈

劈剑时，右肩前送，左肩后引，剑尖与手、肩成一条直线。

带剑前点

向前点击时，右臂前伸、屈腕，力点在剑尖，手腕稍高于肩，剑尖略比手低。成丁字步后，右腿大腿尽量蹲平，左脚脚背绷直，脚尖点在右脚足弓处，两腿必须并拢。上体稍前倾，挺胸、直背、塌腰。

提膝下截

剑从右向左的圆形画弧下截是一个完整动作，必须连贯。左膝尽量向高提，脚背绷直；右腿膝部挺直，站立要稳。右臂和剑身成一条直线，剑身斜平。

提膝直刺

抱剑与落步、直刺与提膝必须协调一致。

回身平崩

收剑和平崩两个动作必须连贯。平崩时，用力点在剑的前端；平崩后，上体向右拧转，但左脚不得移动。

歇步下劈

成歇步时，左大腿盖压在右大腿上面，左脚全脚掌着地，右脚脚跟离地，臀部坐在右小腿上。劈剑时，右臂尽量向前下方伸直，剑身与地面平行。劈剑与跃步成歇步动作须同时完成。

提膝下点

仰身外绕剑与提膝下点两个动作必须连贯。右腿独立时，膝部要挺直，左膝尽量上提。点剑时，右手腕下屈，剑身、右臂、左臂和剑指要在同一个垂直面内。

第三段

并步直刺

半蹲时，大腿要与地面平行，两膝、两脚紧靠并拢。上身前倾，直背，落臂。两臂伸直，剑尖与肩相平。

弓步上挑

左臂伸直，向左前送，剑指略高过肩；右臂直上举，剑刃朝上。挺胸、直背、塌腰。

歇步下劈

与第二段歇步下劈动作要点相同。

右截腕

两腿虚实必须分明，上体稍向前倾，剑身平横于右额前上方，剑尖稍高于剑柄。

左截腕

与右截腕动作要点相同。

跃步上挑

跃步和上挑动作必须协调、迅速。挑剑时，腕部要猛然用力上屈。形成平衡动作后，右腿略屈膝站稳，左小腿尽量向上抬起。上体向右拧转，剑身斜举于右侧上方，持剑手略松，便于手腕上屈。

仆步下压

做仆步时，左腿要全蹲，臀部紧靠脚跟，不要凸起，两脚全脚掌着地。上身前探时要挺胸，两肘略屈环抱于身前。

提膝直刺

右腿独立，须挺膝站稳，左腿尽量上提，脚背绷直，脚尖下垂。上身稍右倾，右肩、右臂和剑身要成一条直线，左臂弯曲呈弧形。

第四段

弓步平劈

向前劈剑和剑指绕环这两个动作必须协调，同时完成。两肩要放松。右脚站立要稳，左脚脚背绷直；挺胸。

回身后撩

右脚站立要稳，左脚脚背绷直；挺胸，两肩放松。

歇步上崩

向前跃步、歇步和剑尖上崩三个动作要连贯协调。跃步要远，落地要轻（前脚掌先着地）。上崩时，腕部要猛然用力上屈，剑尖高与眉平。成歇步时，上身前俯，胸须内含。

弓步斜削

斜削时，右臂稍低于肩，剑尖斜向面前右上方，略高于头；左臂在身后侧平举，剑尖略高于肩部。

进步左撩

两个剑身的画弧动作必须连成一个完整的绕环动作。撩剑后，右腿微屈，左腿伸直，身体重心落于右腿，剑尖稍微朝下。

进步右撩

与进步左撩动作要点相同，唯左右相反。

坐盘反撩

坐盘必须与反撩剑动作协调进行。坐盘时，左腿盘坐于地面，左脚脚背外侧着地；右腿盘落于左腿上，全脚掌着地，脚尖朝身前。上身倾俯时，胸要内含，剑尖与右臂、左肘、左肩成一条直线。

转身云剑

转身和云剑动作必须连贯，云剑要平、要快，腕关节放松使之灵活。

收　势

重心落于右腿，上身前倾，挺胸、塌腰，两肩松沉，左肘略上提，剑身紧贴前臂后侧，并与地面垂直。右腿伸直，右脚向左脚靠拢，并步站立。

第四节　初级刀术

一、刀术概述

刀术是指刀的使用方法和技巧。刀以劈砍为主，"刀之利，利在砍"，另外还有撩、刺、截、拦、崩、斩、抹、带、缠裹等刀法。刀术的特点是勇猛快速、气势逼人、刚劲有力。练习刀法，"唯以身法为要，远跳超距，眼快手捷"；刀随身换，身械协调。

二、初级刀术的动作图示和要点

预备式

并步站立	虚步抱刀	并步交刀
头正颈直，挺胸收腹，紧臀并腿。	动作必须连贯，不能中断。成虚步时，必须虚实分清。挺胸、塌腰。	腿部动作必须与两臂从后向额前上方绕环的动作协调一致。

第一节

弓步缠头
　　缠头时，刀背必须贴着脊背绕行；扫刀时，刀身必须平行、迅速、有力。

虚步藏刀
　　动作要连贯。扫刀要平，绕刀要使刀背贴靠脊背。

弓步前刺

刀尖和右手、右肩要平行，上身微向前探。

并步上挑

挺胸、直背，两腿挺直，左臂伸平，右肘微屈。

左抡劈

抡劈的动作必须连贯、有力，与步法配合一致。

右抡劈

右抡劈与左抡劈动作要点相同，唯方向相反。

弓步藏刀

扫刀必须迅速。藏刀时，右大腿要与地面平行，右手持刀，使刀身贴近右腿，刀尖藏于膝旁；左腿挺直，两脚脚跟和脚外侧均不可离地掀起。

弓步撩刀

撩刀动作必须与步法协调。

第二节

提膝缠头

左腿直立，膝部必须挺直；右腿提膝，膝部尽量上提，脚掌贴近裆前。上身正直，右臂稍离胸前，不要紧贴在胸上。

弓步平斩

斩刀时刀身要平，刀尖与腕部、肩部要平行。

仆步带刀

翻刀、后带动作必须连贯。仆步时，脚外侧和脚跟均不可离地掀起，上身稍向左侧倾斜。

歇步下砍

动作必须连贯。下砍时，刀的着力点是刀身的后段。

左劈刀
　　转身、绕背、下劈的动作必须迅速、连贯。

右劈刀
　　劈刀必须快速、有力。

歇步按刀
　　叉步、歇步，绕刀、按刀的动作必须快速、连贯。

马步平劈
　　转身、劈刀要快。成马步时，两脚脚尖要向里扣，大腿要坐平。

第三节

弓步撩刀
　　上步与撩刀必须同时进行。

叉步反撩
　　动作必须连贯，上体微向前俯。

转身挂劈
　　挂刀时，必须反屈腕，防止刀尖扎地。挂刀和劈刀的动作要连贯，提膝独立要站稳。

仆步下砍
　　平砍时，刀的着力点是刀身后段。

架刀前刺
　　进步架刀、提膝转身、仆步前刺的动作必须迅速、连贯。

左斜劈
　　提膝独立要稳，斜劈要快速、有力。

右斜劈
　　提膝独立要稳，斜劈要快速、有力。

虚步藏刀
　　绕刀时，必须使刀背贴靠脊背绕行。藏刀时，右手手腕必须上翘，使刀尖尽量向上，不要使刀尖下垂。

旋转扫刀

旋转扫刀必须快速，刀身要平、低。

翻身劈刀

翻身跃步要远，不要太高，劈刀要走立圆。

第四节

缠头箭踢

缠头与箭踢的动作必须先后相应地协调进行，缠头要快速，箭踢要有力，膝部要伸直。

仆步按刀

向右后方劈刀要快速、有力，纵跳和向右后转身要借助劈刀的惯性。

缠头蹬腿

缠头时，必须使刀背从左膝后顺脊背绕行，蹬腿要快，动作要迅速、连贯。

虚步藏刀

跃步、转身、落步的动作必须与刀的平扫和绕背动作协调。

弓步缠头

缠头时，必须使刀背贴靠脊背绕行，扫刀要迅速。

并步抱刀

并步与接刀的动作要协调。

结束动作

退步、撤步和绕掌的动作要连贯、迅速。

第五节 24 式简化太极拳

24 式简化太极拳

一、太极拳概述

太极拳是中国武术的一种，可归类为内家拳。太极拳以中国传统儒、道哲学中的太极、阴阳辩证理念为核心思想，集颐养性情、强身健体、技击对抗等多种功能于一体。作为一种饱含东方包容理念的运动形式，太极拳对习练者意、气、形、神的锻炼能够满足人体生理和心理的要求，对人类个体身心健康以及人类群体的和谐共处有着极为重要的促进作用。常见的太极拳流派有陈式太极拳、杨式太极拳、吴式太极拳、武式太极拳、孙式太极拳等派别，各派既有传承关系，相互借鉴，又有自己的特点，呈百花齐放之态。中华人民共和国成立后，国家体育运动委员会（现为国家体育总局）于 1956 年组织太极拳专家汲取杨式太极拳的精华，创编了 24 式简化太极拳。相比传统的太极拳套路，24 式简化太极拳的内容更精练，动作更规范。

二、24 式简化太极拳动作图示和要点

预备式

头颈正立，下颌微收，两肩松沉，精神集中，深吸一口气。

第一段

起 势

两臂下落与身体下蹲动作要协调。两肩下沉，两肘松垂，手指自然微屈，屈膝、松腰，臀部不可凸出，身体重心落于两腿中间。

左右野马分鬃

上体不可前俯后仰，胸部必须宽松舒展。两臂分开时要保持弧形；身体转动时要以腰为轴，弓步动作与分手的速度要一致。做弓步时，迈出的脚先是脚跟着地，然后是脚掌慢慢踏实地面，脚尖向前，膝关节不要超过脚尖，后腿自然伸直。

白鹤亮翅

胸部不要挺出，两臂保持弧形，左膝微屈，身体重心后移与右手上提、左手下按要协调一致。

第二段

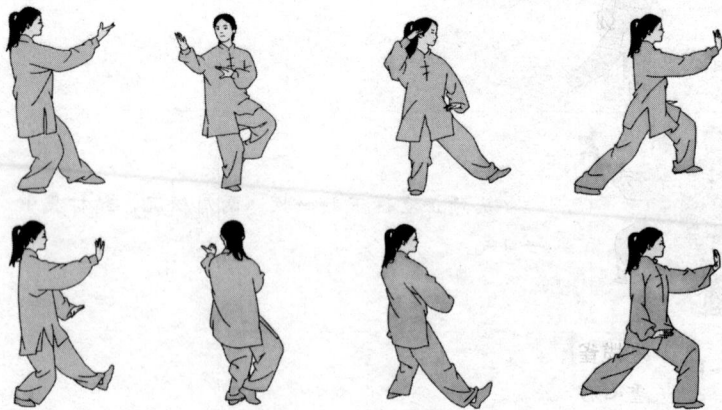

左右搂膝拗步

前手推出时，身体不可前俯后仰，要松腰、松胯；推掌时要沉肩坠肘，坐腕立掌，同时须与松腰、弓腿动作协调一致。

手挥琵琶

身体要平稳自然，沉肩坠肘，胸部放松，左手上起时不要直向上挑，要由左向上、向前，微带弧形。

左右倒卷肱

前推时，要转腰松胯，两手的速度要一致，避免动作过于僵硬；退步时，前脚掌先着地，再慢慢全脚踏实地面，同时前脚随转体以前脚掌为轴转正，动作要舒展大方。

第三段

左揽雀尾

重心移动时，身体保持中正，两臂须走弧形。整个动作过程要松腰、松胯，含胸拔背。

右揽雀尾

重心移动时，身体保持中正，两臂须走弧形。整个动作过程要松腰、松胯，含胸拔背。

第四段

单 鞭

动作完成时，两肩要松沉，右勾手向后平举，左臂要旋臂沉腕向前推掌。

云 手

以腰脊为轴左右转动，身体移动要平稳，不可忽高忽低。

单 鞭

动作完成时，两肩要松沉，右勾手向后平举，左臂要旋臂沉腕向前推掌。

第五段

高探马

上体要自然正直，避免身体后仰。右手前推，肘微下垂；左手收于腹前。

右蹬脚

身体平稳，分手与蹬脚动作要协调。蹬脚时，右脚脚尖回勾，力达脚跟。

双峰贯耳

定势时，头颈正直，松腰、松胯，两拳松握，沉肩坠肘，两臂均保持弧形。

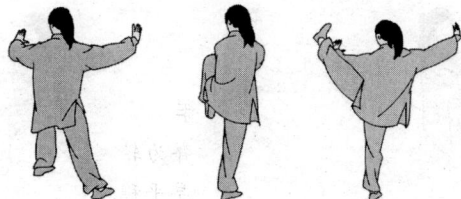

转身左蹬脚

扣脚转身时，上体要保持正直，不可前俯后仰，左蹬脚方向与右蹬脚方向约成180°角。

第六段

左下势独立

下势时，上体不可过于前倾。右腿提起时，脚尖自然下垂。提膝与挑掌要一致，左脚脚尖与右脚脚跟在一条直线上。

右下势独立

右脚脚尖触地后微提起，然后向下成仆步，其他动作要点与"左下势独立"相同。

第七段

左右穿梭

身体保持正直，勿耸肩，如面向南起势，左右穿梭方向分别为正西偏北和正西偏南，均约30°角。手推出后，上体不可前俯后仰。

海底针

上体不可过于前倾，背部肌肉要有提拉的感觉，避免低头和臀部外翘。

闪通臂

定势时，上体不可过于前倾，推掌架臂均保持微屈。

第八段

转身搬拦捶

转身时，右拳先内旋搬捶，然后外旋向外画弧。出拳时，右臂不要太直，整个过程动作要协调。

如封似闭

后坐时，身体不可后仰、翘臀，两手后收，肘部略向外松开。两掌向前推出的宽度不要超过两肩的宽度。

十字手

两手分开合抱时，上体不要前俯。站起后身体自然正直，头部微向上顶，下颌稍向后收。两臂环抱时须圆满舒适、沉肩坠肘。

收　势

两手左右分开下落时，要注意全身放松，同时气徐徐下沉。待呼吸平稳后，把左脚收到右脚旁。

第六节　散　打

一、散打概述

散打具有悠久的历史，是中华民族在长期的劳动实践和斗争中形成的一种格斗对抗形式，它归属于中国传统体育项目——武术，是武术运动中最直接的技术表现形式。现代散打是两人按照一定的规则，在一定的条件限制下，运用武术中的踢、打、摔及防守技术进行徒手对抗的竞技体育项目。

二、散打基本技术

实战姿势

（一）实战姿势

散打实战姿势是散打技术训练和实战对抗的准备姿势。实战姿势规范与否直接影响着进攻和防守的有效程度，因此，初学者必须掌握规范的实战姿势，以便为进一步学习散打基本技术打好坚实的基础。散打的实战姿势一般分为左手在前的正架和右手在前的反架两种。本节均以正架为例进行介绍。

手臂、头部

手掌四指内屈握拳，拇指横压于食指、中指的第二关节上。前臂和上臂的夹角为90°～110°，拳头与鼻同高，肘关节下坠。后臂的拳在下颌处，屈臂贴在胸肋处。下颌微收，平视前方。

躯干

身体侧向前方，含胸收腹。

步型

两脚前后开立，两脚的距离稍大于肩，前脚脚掌微内扣，后脚脚跟微离开地面，两膝微屈，身体重心在两腿之间。

（二）常用拳法

1.冲拳

常用拳法

左冲拳

右脚微蹬地，重心微向左脚移动，上肢躯干微右转。左臂由屈到伸并内旋约90°，直线向前冲出，以腰带臂发力，力达拳面。

右冲拳

右脚蹬地，前脚掌内旋，转腰送肩，上体左转。右臂由屈到伸内旋约90°，直线向前冲出，力达拳面。

2. 摆　拳

上体微向右转，同时左拳向外、向前、向内呈平面弧形横击，臂微屈，拳心朝下。转腰发力，力达拳面或偏于拳眼侧。

3. 勾　拳

左勾拳

上体微左转，重心下沉，腰向右转，左拳由下向前上方勾击。上臂和前臂夹角为 $90°\sim110°$，拳心朝里，力达拳面。

右勾拳

右脚蹬地，扣膝合胯，腰微左转，同时右拳自下向前、向上勾击，拳心朝里，力达拳面。

（三）基本腿法

1. 蹬　腿

左蹬腿

右腿微屈支撑，身体稍向右转，左腿提膝抬起、勾脚。当膝稍高于髋时，以脚领先向前蹬出，髋微向前送，力达脚掌。

右蹬腿

身体重心前移至左脚，左腿微屈支撑，身体稍向左转，右腿屈膝前抬、勾脚，以脚领先向前蹬出，髋微向前送，力达脚掌。

基本腿法

2. 踹 腿

左踹腿

右腿微屈支撑，左腿提膝抬起与髋同高，小腿外翻，脚尖勾起，展髋、挺膝向前踹出，上体微侧倾，力达脚底。

右踹腿

身体重心前移至左脚，左腿微屈支撑，身体稍向左转；右腿屈膝抬起与髋同高，小腿外翻，脚尖勾起，展髋、挺膝向前踹出，上体微侧倾，力达脚底。

3. 鞭 腿

左鞭腿

右腿微屈支撑，上体稍向右侧倾；左腿屈膝向左侧摆起，扣膝、绷脚背，随即向前挺膝鞭甩小腿，力达脚背或小腿前下端。

右鞭腿

身体左转90°，重心移至左腿；右腿以大腿带动小腿屈膝向右摆起，扣膝、绷脚背，挺膝向前鞭甩小腿，力达脚背或小腿前下端。

4. 扫 腿

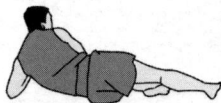 

重心在左脚，左腿屈膝全蹲，以左脚前脚掌为轴，身体左转约180°；右腿由后向前旋转横扫，发力于腰，力达足弓内侧，至小腿下端。同时左臀着地，左腿大腿、小腿盘叠。

5. 劈　腿

身体重心移至右脚，左腿屈膝抬起、送髋，上体保持正直或稍后倾，左脚高举过头后，快速下劈，用脚掌或脚跟下砸对方的头部。

（四）基本摔法

1. 贴身摔

基本摔法

抱腿前顶

双方由实战姿势开始，上左步，身体下潜闪躲，然后两手抱对方左腿腘窝下部，两手用力拉回，同时用左肩顶对方大腿，将对方摔倒。

抱腿旋压

右脚蹬地，上左步，身体下潜，重心移至左腿；左手抄抱对方大腿内侧，右手抱住对方小腿后部，以左脚脚掌为轴，身体向右后方旋转，以右手提、左肩压的合力将对方摔倒。

抱腿搂腿

上步，身体下潜闪躲，然后左臂屈肘抱对方后腰；右手抱其左腿腘窝用力回拉，使对方的左腿离地。左腿抬起前伸，由前向后搂挂对方的支撑腿，同时用左肩向前顶靠对方肋部将其摔倒。

折腰搂腿

下闪，两臂抱住对方腰部，右腿抬起，并以小腿由前向后搂挂对方左小腿，同时两手抱住对方的腰部，上体前压其胸，使其后倒。

压颈搂腿

两腿被对方抱住后，立即俯身屈髋并向左转腰，以左手压推对方后颈部，右手向上搂托对方臀部，使对方向前翻滚倒地。

夹颈打腿

左手虚晃对方，左脚上步，并向右转体，右手迅速抓住对方左前臂，左臂从对方右肩穿过后屈臂夹抱对方颈部。右脚向后插半步与左脚平行，臀部抵住对方小腹，身体立即右转，同时用左小腿向后横打对方小腿外侧，将对方挑起摔倒。

2.接招摔

抱腰过背

遇对方用左掼拳攻击头部时，立即向左闪身，左脚向前上半步，同时左臂从对方右腋下穿过，搂抱对方后腰，右手挂挡对方左拳后迅速夹握对方左前臂；身体右转，右脚向后插半步，两腿屈膝，臀部抵住对方小腹，继而两腿蹬伸，弓腰，头向右转，将对方背起后摔倒。

接腿前切

遇对方以左踹腿或左鞭腿进攻时，立即用里抄抱腿的方法抄抱其小腿，左腿随即向前上步，换右臂掀抱其小腿，以左前臂下端外侧为着力点向前切压对方的胸部，使其摔倒。

接腿下压

遇对方以左鞭腿进攻时，立即以里抄抱其小腿后部，右腿立即向后撤步，上体右转，左手回拉；躯干前屈，用肩、胸下压对方左腿内侧，将对方摔倒。

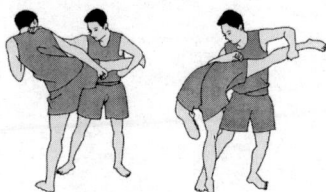

接腿勾踢

遇对方用右鞭腿进攻肋部时，立即抢先进步，并向左转身，同时用右臂抄抱其膝关节以上部位，左手搂抱对方小腿，随后用右手迅速向对方颈部下压，右脚勾踢对方支撑腿脚踝处，同时上体右转，右手回拉，将对方摔倒。

接腿挂腿

遇对方用右鞭腿进攻肋部时，立即以左脚抢先进步，用左手外抄抱其右小腿，右腿抬起前伸，以小腿由前向后搂挂其支撑腿，同时右手用力向前、向下推压其右肩，将其摔倒。

接腿摇摔

遇对方以左踹腿或右蹬腿进攻时，立即用两手抄抱其脚踝处，然后两腿屈膝退步，两手用力回拉，继续向左跨步，上右步，两臂由内向下、向左上方弧形摇荡，将对方摔倒。

接腿上托

遇对方以左踹腿或左蹬腿进攻胸部时，立即用两手抄抱其脚踝处，然后两臂屈肘向前上方托起，最终将对方摔倒。

接腿别退

遇对方用左鞭腿进攻时，立即抄抱其腿，接着身体下潜，上左步，右脚跟进半步，继而左脚插在对方的支撑腿后面别腿，上体右转，用胸、臂下压对方前腿，将对方摔倒。

（五）基本步法

收　步
左脚向后收步至右脚旁，前脚掌触地，重心主要在右腿。

上　步
后脚经前脚向前上一步，成反架姿势。

垫　步
后脚蹬地向前脚内侧并拢，同时前腿屈膝提起。

纵　步
前腿屈膝上提，后脚连续蹬地向前移动。

（六）基本跌法

前滚翻
由实战姿势开始，身体全蹲，两手撑地，重心移至两手之间；低头屈臂，团身向前滚动，两手抱小腿蹲立，再站起。

后滚翻
身体全蹲，两手向后撑地，低头含胸，团身快速后倒，经臂、腰、肩、后脑依次向后滚动，然后两腿蹲立，两手推掌站立。

抢 背

　　屈膝稍下蹲，两脚蹬地，同时闭气。两臂向前摆伸，身体腾空，随后左臂向右下伸，低头，左肩顺势着地，团身向左前方滚翻；右脚着地的同时右手拍地，完成后站起。

前 倒

　　并腿站立，上体前倒，同时屏气。两臂摆伸，顺势两手撑地，屈臂缓冲，手掌拍地。

后 倒

　　两腿并步站立，屈膝下蹲，然后屏气，上体后倒，下颌内收，肩背触地的同时两手在体侧拍地。

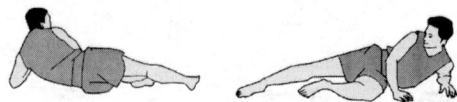

左（右）侧倒

　　两脚分腿站立，左（右）屈膝下蹲，然后屏气，上体向左（右）侧倒，左（右）前臂内旋，在大腿外侧触地；右（左）手手指朝内，手臂微屈，在体侧拍地。

第七节　武术进阶训练指导

一、武术套路进阶训练

武术套路进阶训练内容和注意事项见表 7-7-1。

表 7-7-1　武术套路进阶训练内容和注意事项

训练内容	初　级	中　级	高　级	注意事项
武术套路	（1）基本功动作练习； （2）单个动作练习； （3）身体素质练习	（1）基本功动作练习； （2）组合动作练习； （3）耐力练习（400米跑）	（1）基本功动作练习； （2）整套动作完整练习； （3）比赛练习	注意动作的完整性和基本功的重要性

二、散打进阶训练

散打进阶训练内容和注意事项见表 7-7-2。

表 7-7-2　散打进阶训练内容和注意事项

训练内容	初　级	中　级	高　级	注意事项
武术散打	（1）原地练习直拳、摆拳； （2）原地左右腿实战姿势练习； （3）左右交叉步交替练习； （4）柔韧练习：压腿、开胯	（1）移动冲拳练习； （2）腿法与拳法移动击空练习； （3）打靶练习； （4）摔法练习； （5）速度练习	（1）拳法组合与腿法组合练习； （2）两人模拟对抗练习； （3）实战对抗练习； （4）比赛练习	注意练习过程中避免因动作错误导致受伤

本章课后思考题

第八章

演绎球场风云的球类运动

本章思维导图

>> **本章导读**

　　球类运动自从出现以来，便给全世界的人们带来了无穷的运动乐趣。在世界职业球类赛事快速发展的今天，球类运动已成为人们社会生活中的重要组成部分，无论在学校还是在社会，人们在球类运动方面都有很高的参与度。当代大学生掌握丰富的球类运动知识和娴熟的球类运动技能，将有助于今后健康地生活、快乐地工作。球类知识和技能的学习不是一蹴而就的，要循序渐进、不断积累、不断实践，才能逐步掌握。本章将依循球类项目名人故事、基本概述和知识、技战术要领、基本规则、进阶训练的逻辑思路，引导学生进入丰富多彩的球类运动世界。

>> **学习目标**

▶ 了解篮球、排球、足球、乒乓球、羽毛球、网球运动的相关基础知识。

▶ 掌握球类运动的基本技术，并学会运用球类项目进行身体锻炼及活动。

▶ 了解各项球类运动的基本竞赛规则及进阶训练指导。

【名人故事】

中国女排精神

中国女排自 1951 年成立以来，至今已走过近 70 年的风雨历程，中国女排的每一步前行都凝聚着坚韧不拔、艰苦奋斗的精神。中国女排曾在 1981 年和 1985 年世界杯排球赛女子组比赛（以下简称女排世界杯）、1982 年和 1986 年世界女子排球锦标赛（以下简称女排世锦赛）、1984 年洛杉矶奥运会上夺得冠军，成为世界排球史上第一支获得"五连冠"的队伍，并在 2003 年女排世界杯、2004 年奥运会、2015 年女排世界杯、2016 年奥运会、2019 年女排世界杯五度夺冠，共十次成为世界冠军，是中国"三大球"中唯一拿到过冠军奖杯的队伍。中国女排精神是中国女子排球队顽强战斗、勇敢拼搏精神的总概括，其具体表现为扎扎实实、勤学苦练、无所畏惧、顽强拼搏、同甘共苦、团结战斗、刻苦钻研、勇攀高峰。这种顽强拼搏的女排精神给予全国人民巨大的鼓舞。国务院以及国家体育总局、共青团中央、全国青年联合会、全国学生联合会和全国妇女联合会号召全国人民向女排学习。女排精神广为传颂，家喻户晓，各行各业的人们在女排精神的激励下，为中华民族的腾飞顽强拼搏。女排精神是时代的主旋律，是中华民族精神的象征，影响了几代人积极投身到改革开放和社会主义现代化建设的伟大事业当中。女排精神不仅成了中国体育的一面旗帜，更成了整个民族锐意进取、昂首前进的精神动力。

第一节　篮　球

一、篮球概述

（一）篮球的起源与发展

现代篮球运动起源于美国，它是由侨居美国的加拿大人詹姆斯·奈史密斯于 1891 年发明的。当时他所执教的青年会学校位于美国的马萨诸塞州斯普林菲尔德市。1892 年，奈史密斯组织了该校教师队与学生队的一场篮球对抗赛，这场比赛被认为是篮球史上最早的正式比赛，并由此产生了最早的

篮球百科

十三条竞赛规则。为了减少篮球投入篮筐后将球取出的麻烦，1913年人们改用金属圈篮筐和无底球网，使篮球运动初具雏形。篮球运动自诞生的那天起，就已经显示出了强大的生命力，并以惊人的速度在美国广泛开展，进而在世界各国开展起来。现代篮球运动于1895年传入我国。1904年，篮球运动首次以表演赛的形式出现在奥运会上。1932年，国际业余篮球联合会在瑞士日内瓦成立并统一了篮球竞赛规则。1936年柏林奥运会，男子篮球被列为正式比赛项目（女子篮球在1976年蒙特利尔奥运会上被列为正式比赛项目）。1989年，职业球员可以参加世界大赛的决议被通过，这一重大改革将篮球运动推向了一个崭新的发展阶段。

（二）篮球的锻炼价值

篮球的锻炼价值如下。

（1）有利于增强体质、促进健康。经常进行篮球运动可以提高人们的力量、速度、耐力、灵敏性、柔韧性等身体素质。

（2）有利于团队精神、合作意识和规则意识的养成。

（3）有利于良好的心理品质及思想品德的形成。

（4）有利于社会精神文明与文化建设。人们从打篮球中拥有情绪体验，从看篮球比赛中得到艺术享受，从谈论篮球中进行思想交流。篮球运动丰富了人们的业余文化活动，提高了人们的生活质量，已成为社会发展的重要组成部分。

（三）著名篮球赛事介绍

1. 中国男子篮球职业联赛

中国男子篮球职业联赛（简称中职篮）是由中国篮球协会主办的跨年度主客场制篮球联赛，是中国最高等级的篮球联赛，诞生了如姚明、王治郅、易建联、朱芳雨等著名篮球运动员。中职篮球队数量共计20支，联赛自每年的10月或11月开始至次年的4月左右结束。截至2018—2019赛季，共有7支球队夺得过总冠军（广东队9次夺冠，八一队8次夺冠，北京队3次夺冠，辽宁队、新疆队、上海队、四川队各夺冠1次）。

2. 美国职业篮球联赛

美国职业篮球联赛（简称美职篮）是由北美30支职业篮球球队组成的男子职业篮球联盟，是美国四大职业体育联盟之一，诞生了如迈克尔·乔丹、比尔·拉塞尔、科比·布莱恩特、朱利叶斯·欧文、勒布朗·詹姆斯、斯蒂芬·库里、詹姆斯·哈登等传奇篮球运动员。

美职篮分为东部联盟和西部联盟，每个联盟又被划分为3个赛区，各赛区由5支球队组成。每个赛季结束后，下个赛季开始前，会举行美职篮

CBA 欣赏

NBA 欣赏

选秀，选秀后有各球队的夏季联赛。季前赛通常在 10 月打响，季前赛包含 NBA 海外赛。季前赛之后是常规赛。其中，在 2 月有一项特殊的表演赛事，即全明星赛。常规赛结束后，东、西部联盟的前八名共 16 支球队进入季后赛，决出东、西部冠军，晋级总决赛。总决赛中表现最优秀的球员将获得总决赛最有价值球员奖。

3. 国际篮联篮球世界杯

国际篮联篮球世界杯，简称篮球世界杯，是国际篮球联合会（简称国际篮联）主办的世界最高水平的国家队级篮球赛事，每四年举办一次。篮球世界杯的前身是从 1950 年开始举办的世界男子篮球锦标赛（以下简称男篮世锦赛）。2012 年 1 月 28 日，国际篮联宣布将男篮世锦赛更名为篮球世界杯。2019 年 8 月 31 日—9 月 15 日，2019 篮球世界杯的比赛在中国的北京、广州、南京、上海、武汉、深圳、佛山、东莞八座城市举行。

篮球世界杯赛事欣赏

（四）著名篮球运动员介绍

1. 易建联

易建联，1987 年出生于中国广东省江门市鹤山市，中国职业篮球运动员，司职大前锋/中锋，效力于中职篮广东宏远华南虎俱乐部（广东队）。2004 年易建联入选中国国家男子篮球队，2005 年成为中职篮史上最年轻的最有价值球员。2007 年美职篮选秀，易建联在首轮第 6 顺位被密尔沃基雄鹿队选中。2008 年，易建联转会至新泽西篮网队（今布鲁克林篮网队）。2011 年，易建联重回中职篮为广东队效力。2015 年，由易建联带领的中国男篮在 2015 年男篮亚锦赛上夺冠，并获得里约奥运会参赛资格。2015 年，易建联获得"中国十佳运动员"称号。2017 年，易建联被选评为"全球杰出青年"。2018 年，易建联成为中职篮历史上第二位得分破万的球员。2019 年，易建联成为中职篮首位最佳防守球员，并率广东队夺得 2018—2019 赛季中职篮总冠军，荣膺总决赛最有价值球员称号。2019—2020 赛季中职篮常规赛第 8 轮，广东队客场对阵天津队，比赛进行到第二节还剩 2 分 36 秒结束的时候，易建联通过冲抢进攻篮板后补篮得到 2 分，这是易建联在中职篮职业生涯中的第 11166 分，同时这一球也使他超越朱芳雨，成为中职篮的历史得分王。

2. 勒布朗·詹姆斯

勒布朗·詹姆斯，1984 年出生于美国俄亥俄州阿克伦，美国职业篮球运动员，司职小前锋，绰号"小皇帝"，现效力于洛杉矶湖人队。詹姆斯在 2003 年美职篮选秀中于首轮第 1 顺位被克利夫兰骑士队选中，在 2009 年和 2010 年蝉联美职篮常规赛最有价值球员。2010 年，詹姆斯转会至迈阿密热火队。2012 年，詹姆斯得到美职篮个人生涯的第 3 座常规赛最有价值球员奖杯、第 1 个美职篮总冠军和总决赛最有价值球员奖杯，并代表美国男篮获得了伦敦奥运会金牌。2013 年，詹姆斯获得第 4 个常规赛最有价值球员奖杯、第 2 个美职篮总冠军和第 2 个总决赛最有价值球员奖杯，实现两连冠。2014 年，詹姆斯回归骑士队。2016 年，詹姆斯带领骑士队逆转战胜卫冕冠军勇士队获得队史首个总冠军和个人第 3 个总决赛最有价值球员奖杯。2018 年，詹姆斯与湖人队签约。詹姆斯篮球智商极高，突破犀利，拥有出色的视野和传球技术，被认为是美职篮有史以来最为全能的球员之一。

二、篮球基本技术

（一）传接球

1. 传 球

正确的持球姿势是一切传球技术动作的前提。持球时，两手自然分开，拇指相对，呈八字形，用指根以上部位握住球的两侧后下方，手心空出，两臂弯曲，肘关节下垂，持球于胸前。

双手胸前传球

双手胸前传球
手臂伸向传球方向，后脚蹬地，身体重心前移，两手腕下压、外翻并快速地抖腕、拨指将球传出。出球后，手心和拇指向下，其余手指向前。

双手头上传球

双手头上传球
两手持球于头上，前臂稍向前摆，手腕和手指短促、快速地抖动，将球传出。

单手肩上传球

单手肩上传球

以右手传球为例。传球前，左脚向前跨半步，向右转体将球引至右肩侧上方。传球时，上体向左转动并带动肩、肘、前臂快速前摆，扣腕，手指用力将球传出。

2. 接　球

双手接胸部高度的球

双手接球

双手接腰部以上的来球时，手臂伸出迎球，两拇指相对，呈八字形，虎口相对，手指朝上，手指触球后迅速收臂，将球置于身前或体侧。双手接腰部以下的球时，手臂伸出迎球，两拇指相对，呈八字形，虎口相对，手指朝下，手指触球后迅速收臂，将球置于身前或体侧。

单手接球

单手接球

单手接球时，接球手自然伸出迎球，五指自然分开，手心对球。手指触球后迅速收臂，将球引至身前，另一只手迅速扶球。

（二）投　篮

1. 原地双手胸前投篮

两手持球于胸前，肘关节自然下垂，上体稍前倾，两腿微屈。投篮时，两脚蹬地，腰腹伸展，两臂向前方伸出，手腕同时外翻，最后拇指、食指和中指用力将球投出。

原地双手胸前投篮

2. 原地单手肩上投篮

原地单手肩上投篮

以右手投篮为例。右手五指自然分开，向后伸腕、屈肘，持球于胸前；左手扶球，两脚开立（或右脚在前，左脚在后），重心在两腿之间，上体稍前倾，两腿微屈。投篮时，用力蹬地，腰腹伸展，从下向上发力，同时提肘且手臂向前上方充分伸展，最后通过食指、中指指端将球拨出。球出手后，手腕前屈，手指向下。

3. 行进间单手高手投篮

行进间单手高手投篮

以右手投篮为例。接球和运球上篮时，在右脚跨出一大步的同时，两手持球，左脚紧接着跨出一小步，用力蹬地起跳。当身体接近最高点时，右手手指向后、掌心向上，托球的下部向球篮方向伸臂，用食指、中指以柔和的力量拨球，将球从指端投出。

4. 行进间单手低手投篮

行进间单手低手投篮

以右手投篮为例。接球和运球上篮时，在右脚跨出一大步的同时，两手持球，左脚紧接着跨出一小步，用力蹬地起跳，腾空时间要短。当身体接近最高点时，右手手指向前、掌心向上，托球的下部向上伸展，当接近篮筐时，食指、中指、无名指以柔和的力量向上拨球，将球从指端投出。

5. 原地跳起单手肩上投篮

原地跳起单手肩上投篮

以右手投篮为例。投篮时，屈膝降低重心，两脚脚掌用力蹬地向上起跳，同时两手举球至肩上，右手托球，左手扶球的左侧方。当身体接近最高点时，左手离球，右臂向前上方伸展，手腕用力前屈，通过食指、中指的力量将球投出。球出手后，手指、手腕自然前屈。落地时，屈膝缓冲。

6. 急停跳起投篮

（1）接球急停跳起投篮：移动中跳起腾空接球后，两脚同时或先后落地，脚尖对篮筐，两膝弯曲，迅速跳起投篮。投篮出手动作与原地跳起单手肩上投篮相同。

（2）运球急停跳起投篮：运球过程中及时降低重心，用跨步急停或跳步急停，持球屈膝跳起投篮。投篮出手动作与原地跳起单手肩上投篮相同。

（三）运　球

1. 高运球

高运球

抬头，目视前方，上体稍前倾，以肘关节为轴，手按拍球的后上方。球的落点在身体的侧前方，球的反弹高度在腰胸之间。

2. 低运球

低运球

抬头，目视前方，两膝深屈，身体半蹲，重心下降，上体前倾，手按拍球的后上方。球的落点在身体侧面，球的反弹高度在膝关节以下。

原地跳起单手肩上投篮

接球急停跳起投篮

运球急停跳起投篮

高运球

低运球

体前变向换手运球

运球急停急起

转身运球

掩护配合

突分配合

传切配合

3. 体前变向运球

运球队员在防守队员右侧变向时，用右手按拍球的右侧后上方，使球反弹至左手外侧，右脚迅速向左前方跨步，向左侧转体探肩，及时换手继续向前运球。

4. 背后变向运球

运球队员在防守队员右侧变向，在变向前运球时，要把球控制于身体右侧后方，左脚向前跨，右手按拍球的侧后方，球经身后拍到左前方，右脚迅速向前跨，换用左手运球继续前进。此外，也可用胯下换手运球。

5. 运球急停急起

快速运球中运用两步急停，同时按拍球的前上方，用手臂、身体和腿保护球，目视前方。急起时，后脚用力蹬地，上体迅速前倾，手按拍球的后上方，快速起动，加速超越对手。

6. 后转身运球

右手运球后转身时，把球运到身体后侧，按拍球的右侧前上方。左脚向前跨一步，以左脚的前脚掌为轴，右脚用力蹬地后撤做后转身动作，同时右手向后拉球，然后换左手运球。

三、篮球基本战术

（一）掩护配合

掩护配合是掩护队员采用合理的行动，用自己的身体挡住同伴的防守者的移动路线，使同伴得以摆脱防守，或利用同伴的身体和位置使自己摆脱防守的一种配合方法，分为给持球队员掩护和给无球队员掩护两种。

给持球队员做掩护时，掩护队员要站在同伴的防守队员的移动路线上；掩护配合行动要突然、快速，运用假动作使防守队员产生错觉，完成掩护配合；同伴之间必须掌握动作配合的时间；当防守队员交换防守时，掩护队员运用掩护后的第二个动作，突然转身切入篮下或寻找其他的进攻机会；进行掩护的过程中，掩护队员和同伴都要做一些进攻动作来吸引对手，以隐蔽掩护配合的意图。

（二）突分配合

突分配合是指持球者突破后利用传球与同伴配合的方法。

突破队员的动作要突然、快速；在突破过程中，既要有传球的准备，又要有投篮的准备；突破队员在突破过程中，要始终注意观察场上攻守队员的位置变化，及时分球或投篮；场上其他进攻队员要把握时机，跑到有利的进攻位置接球。

（三）传切配合

传切配合是进攻队员之间利用传球、切入等技术组成的简单配合，包括一传一切和空切两种。

（四）"关门"配合

"关门"配合是两名防守队员靠拢，协同防守突破的配合方法。

防守队员要积极防守，堵住进攻队员的突破路线，临近突破一侧的防守队员要及时、快速地向同伴靠拢进行"关门"，不给突破队员留空隙；"关门"后，只要突破队员一停球，协助"关门"的队员就要迅速回防自己的对手。

（五）夹击配合

夹击配合是两名防守队员积极防守一名进攻队员的配合方法。

正确选择夹击的区域和时机；夹击时，行动要果断、突然，两名夹击队员应充分运用身体、两臂严密防守持球队员，两人的两脚位置约成90°角，不让对手向场内跨步；夹击时，防止因身体接触或抢球造成不必要的犯规动作；在两名防守队员夹击配合的过程中，其他防守队员要紧密配合，放弃防守离球远的进攻队员，严防离球近的进攻队员接球。

（六）补防配合

补防配合是防守队员在同伴漏防时，立即放弃自己的对手去补防威胁最大的进攻者，而漏人的防守队员及时换防的配合方法。

当同伴被对手突破后，临近的防守队员要大胆放弃自己的对手，果断、突然、快速地补防；补防时，应合理运用技术，避免犯规；被对手突破而漏防的队员应积极追防，补防同伴的对手应注意观察对方的传球路线，争取断球。

"关门"配合

夹击配合

补防配合

四、篮球竞赛规则简介

（一）比赛时间

国际篮联正式比赛时间为4节，每节10分钟，如果40分钟比赛结束时比分相等，则进行5分钟加时赛，直至决出胜负。

（二）通　则

篮球竞赛通则见表8-1-1。

表8-1-1　篮球竞赛通则

通　则	内　容
比赛场地	在一块平坦、坚实且无障碍物的长28米、宽15米（从界线的内沿丈量）的长方形场地上进行
暂　停	每队第一、二节有2次暂停，第三、四节有3次暂停
得　分	在3分线及3分线内将球投入对方球篮得2分；在3分线外投入对方球篮得3分；罚球中1次得1分

（三）违　例

篮球比赛违例及其罚则见表8-1-2。

表 8-1-2　篮球比赛违例及其罚则

违　例	罚　则
带球走	当持活球的队员用同一脚向任何方向踏出一次或多次，其另一脚（称为中枢脚）不得离开与地面的接触点，如果中枢脚离开了这个接触点，就构成带球走违例
非法运球	队员在运球后，用双手同时触及球或允许球在一手或双手中停留时，运球即完毕。运球结束后，除非失去控球权后又重新控制球，否则不得再次运球。如果再次运球，则为非法运球违例
拳击球或脚踢球	比赛中队员不得故意用拳击球或用腿的任何部位去阻挡球，否则将判违例。如果腿的任何部位无意碰到球，不算违例
球回后场	在比赛中，前场控制球的队不得使球再回到后场，否则为球回后场违例。具体判定球回后场有3个条件，且这3个条件必须依次连续发生：该队必须控制球；球进入前场后，在球又回到后场前该队队员（或裁判员）最后触及球；球回后场后，该队队员在后场最先触及球
干涉得分和干扰	投篮（含罚球）的球在飞行下落并完全在篮圈水平面之上时，双方队员不可触及球。当投篮的球触及篮圈时，双方队员都不得触及球篮或篮板，不得从下方伸手穿过球篮并触及球，不得使篮板和篮圈摇动。如果进攻队员违反这一规定，则中篮无效，将球判给对方在罚球线延长部分的界外掷球入界；如果防守队员违反这一规定，不论是否投中，均判投篮（含罚球）队员得分，得分的标准同球已进入球篮的得分标准
3秒违例	当某队在前场控制活球并且比赛计时钟正在运行时，该队队员在对方的限制区内持续停留的时间不得超过3秒，否则违例
5秒违例	进攻球员必须在5秒之内掷出界外球；在被严密防守时，必须在5秒之内传球、投球或运球；当裁判员将球递给罚球队员可处罚球时，该队员必须在5秒内出手，否则违例
8秒违例	一个球队从后场控制活球开始，必须在8秒内使球进入前场（对方的半场），否则违例
24秒违例	当一名队员在场上获得活球时，该队必须在24秒内尝试投篮，否则判违例。若该队投篮后又重新获得球权，则回到14秒

（四）犯　规

篮球竞赛犯规及其罚则见表8-1-3。

表 8-1-3　篮球竞赛犯规及其罚则

犯　规	罚　则
侵人犯规	队员与对方队员的接触犯规。无论球是活球还是死球，队员均不应通过伸展其手、臂、肘、肩、髋、腿、膝或脚来拉、阻挡、推、撞、绊、阻止对方队员行进，不应将身体弯曲成不正常的姿势（超出其圆柱体），也不应放纵任何粗野或猛烈的动作。在所有上述情况下都要给犯规队员登记1次侵人犯规。如果对未做投篮动作的队员犯规，由非犯规队在靠近犯规地点的界外掷球入界重新开始比赛。如果犯规队处于全队犯规处罚状态，则应判给被侵犯的队员2次罚球，代替掷球入界。如果对正在做投篮动作的队员犯规，如投篮成功，应计得分并判给1次追加罚球；如投篮未中，则要根据投篮的地点，判给2次或3次罚球

续　表

犯　规	罚　则
技术犯规	包含但不限于行为性质的队员的非接触犯规。如不顾裁判员警告；没有礼貌地触犯裁判员、技术代表、记录台人员或球队席人员；有冒犯或煽动观众的语言或举止；戏弄对方队员或在对方队员的眼睛附近摇手妨碍其视线；在球穿过球篮后，故意触及球以延误比赛；阻碍对方迅速地执行掷球入界以延误比赛；假摔以伪造1次被犯规等。队员出现技术犯规，应给其登记1次技术犯规，作为全队犯规之一计数。教练员、替补队员和随队人员的技术犯规，对每一起都要登记主教练1次技术犯规，但不作为全队犯规之一计数。对技术犯规的处罚是判给对方1次罚球，立即执行。罚球后，由技术犯规发生时，控制球队或拥有球权队在比赛停止时距离球最近的地点掷球入界
违反体育运动精神的犯规	根据裁判员的判断，一名队员不是在规则规定的范围内合法地试图去直接抢球，发生的接触犯规是违反体育运动精神的犯规。应给犯规队员登记1次违反体育运动精神的犯规，判给对方执行罚球，以及随后掷球入界或在中圈跳球开始第一节（如犯规发生在第一节比赛前）

（五）计胜方法

以全场得分多者为胜，如果在第4节比赛时间终了时比分相等，需要一个或多个5分钟的决胜期来继续比赛，直至决出胜负。

五、篮球进阶训练指导

篮球进阶训练内容和注意事项见表8-1-4。

表8-1-4　篮球进阶训练内容和注意事项

训练内容	初级	中级	高级	注意事项
基本功训练	（1）原地各种运球基本功训练。（2）各种传接球训练。（3）各种脚步动作的训练。（4）各种投篮技术	（1）快速行进间运球组合训练。（2）各种运双球训练。（3）篮球体能训练	（1）结合网球的运球训练。（2）刺探步、延迟步、后撤步等方式的运球训练	（1）重心低、抬头，用身体保护球。（2）手脚与球协调配合
组合、位置技术	（1）运球、投篮组合。（2）运球、传球组合。（3）运球、传球、投篮组合	（1）运球突破投篮各种组合。（2）后卫、前锋、中锋基本位置技术	（1）攻守对抗下进行一对一、二对二技术练习。（2）位置技术特殊训练	（1）组合技术要迅速、节奏要合理。（2）需要在攻防对抗下进行训练
基本配合与战术	（1）二人间有球掩护训练。（2）二人间策应、突分配合训练。（3）人盯人防守基础	（1）无球掩护、连续掩护训练。（2）区域联防、全场紧逼防守训练。（3）快攻训练	（1）全队战术配合训练。（2）快攻战术套路训练。（3）攻防战术套路训练	（1）配合要默契熟练。（2）战术的整体性与个性结合
实战	一对一、二对二、三对三的半场实战	全场二对二、三对三、五对五实战	人盯人、区域联防、全场紧逼的攻守实战比赛	模拟比赛、实际进行比赛

第二节 排 球

一、排球概述

（一）排球的起源与发展

1895 年 7 月，美国马萨诸塞州霍利奥克城来了一位名叫威廉·摩根的体育干事，从事指导人们进行娱乐和体育锻炼的工作。当时，美式足球、篮球和网球运动在美国已经比较流行，但美式足球和篮球的身体冲撞较多，过于激烈，较适合青年人，而网球运动对参加活动的人数又有较大限制。因此，摩根希望发明一种运动负荷适当、身体接触较少、参加人数较多且富有趣味性的娱乐活动方式，以满足不同年龄和性别的人参与体育活动的需要。

摩根从网球运动中得到启发。他将网球的球网升高，让多人隔着球网用手直接拍击球进行游戏，并先后用网球、篮球和篮球胆进行了试验。结果，网球太小不易拍击，篮球太重容易挫伤手指、手腕，篮球胆又太轻不易控制。后来，摩根设计了世界上第一个排球，这种球外表为皮制，内装橡胶球胆，圆周约为 63.6 厘米，重量约为 252.6 克，与现代排球近似。起初，摩根将这种隔网用手拍击球的游戏叫作 minitonette，意为"小网子"。1896 年，美国马萨诸塞州青年会体育指导大会在霍利奥克城举行，大会期间进行了"小网子"表演。来自斯普林菲尔德市的哈尔斯戴特在观看了表演后认为，"小网子"这个名字没能充分表明游戏的本意，他提议根据游戏特点将 minitonette 改名为 volleyball。volley 是网球运动术语，意为截击，即在球落地前将球击回。这一提议形象地概括了"小网子"游戏的特点和性质（双方隔网击球使其不在本方场区内落地），得到了大家的一致同意。从此，volleyball 就成为排球运动在国际上的正式名称，并一直沿用至今。

排球运动诞生后，很受美国民众的欢迎，学校纷纷开展了排球运动。同时，这项运动也引起了美国军队的重视，将其列为美国的军事体育项目。排球运动在美国诞生后，逐渐传播到世界各地。1905 年，排球运动传入中国。最初，中国开展的排球运动采用的是十六人制的比赛。每队 16 人上场，分别

排球百科

站成4排，每排4人，故中国人称此项运动为排球。排球在中国的发展先后经历了十六人制、十二人制、九人制和六人制的演变。经过几代排球工作者的努力，排球运动在中国逐步得到普及，运动技术水平不断提高。我国先后发明了快球、平拉开扣球、单脚起跳扣快球、防守快速反击等排球技战术，对世界排球运动的发展起到了积极的推动作用。

（二）排球的锻炼价值

1. 增进健康、增强体质

排球运动对学生有很好的健身价值，它能提高运动中枢对肌肉、肢体的控制能力，能让更多的身体运动单位参与肢体的运动；能加快神经传导的速度和强度，使肌肉收缩的速度更快、更有力；能增加肌肉的体积、重量、力量，使肌肉中的能量物质储备增加；能使骨密质增厚，使骨的强度加大。

2. 培养集体主义精神

排球比赛可以增强学生的集体主义精神，促进学生之间互相帮助、互相激励。排球比赛是一项集体运动，它的特点要求学生之间相互了解、彼此沟通，不能有隔阂，不能互相埋怨，这样才能够发挥全体参赛学生的潜能，团队内才能够配合默契。在配合成功后，学生相互击掌，互相拥抱，通过肢体语言互相鼓励、赞许，失误后，学生们通过语言互相安慰，可以充分体现团队精神，也有利于建立良好的人际关系。

3. 培养良好个性

排球比赛可以增强学生的自信心、责任感、荣誉感，培养其耐性、果断性等。比赛中，学生满怀信心地对待每一个回合，不论是发球、垫球、扣球还是救球；不论是失败还是成功，都能勇于承担责任；培养学生强烈的进取心，对本队赢球充满信心；在比分落后时，学生们仍坚持不懈，扣球、救球时坚决果断，培养了学生奋不顾身的拼搏精神。

4. 培养与锻炼良好的心理素质

学生经常参加排球运动的训练或比赛，会学到很多控制自己情绪和调节自身心理的手段和方法。如连续失误时，使自己尽快冷静下来且不灰心；比分落后时，使自己沉着且不气馁；关键比分时，保持自信且进攻果断等，都是对自己形成良好心理品质的培养和锻炼。

5. 增强社会适应能力

排球比赛可以加强学生的挫折教育，有利于学生今后更好地适应社会。比赛一定会有胜负，胜的队固然有成功的喜悦，败的队也会有受挫折打击的体会。通过比赛，学生能体会到胜利是对自己掌握技术的肯定，失败后可以总结经验，更努力地提高技术以争取获胜，胜不骄、败不馁，从而增强学生的社会适应能力。

（三）著名排球赛事介绍

1. 世界排球锦标赛

世界排球锦标赛（以下简称排球世锦赛）是排球运动自开创后举办的第一个世界范围的大赛，也是排球运动中重要的一项赛事。世界排球锦标赛由国际排球联合会（以下简称国际排联）创办。第一届世界男子排球锦标赛（以下简称男排世锦赛）在 1949 年捷克首都布拉格举行。第一届世界女子排球锦标赛（以下简称女排世锦赛）于 1952 年在苏联的莫斯科举行。排球世锦赛每四年举行一次，与奥运会排球赛穿插进行。截至 2018 年，男排世锦赛举行了 19 届，女排世锦赛举行了 18 届。世界排球锦标赛不受洲际队数的限制，各国、各地区都可以申请参加，但从 1986 年起，国际排联限定参加世界排球锦标赛的队数最多不能超过 16 支：上一届比赛冠军球队、举办国 1 支队、五大洲锦标赛 5 支冠军队、资格预选赛的前 9 名。

2. 世界杯排球赛

世界杯排球赛的前身是"三大洲"（欧洲、亚洲、美洲）排球赛。1964年，国际排联将"三大洲"排球赛更名为世界杯排球赛，并决定于 1965 年 9 月在波兰举行首届世界杯男子排球赛。1978 年，第 1 届女排世界杯在乌拉圭举行。世界杯排球赛是由全球高水平的男子、女子球队参加的国际性排球比赛，经国际排联批准，从 1977 年开始，比赛地点固定在日本，每四年举行一次。自 1991 年起，世界杯排球赛改为在奥运会的前一年举行，相当于奥运会的资格赛，获得前三名的队伍有资格进入奥运会。世界杯排球赛的参赛资格：举办国代表队、当年举行的各大洲锦标赛的冠亚军、下一届奥运会的举办国代表队共 12 支队伍。世界杯排球赛竞赛方法为单循环制。

3. 奥运会排球赛

1964 年在东京举行的第 18 届奥运会上，排球运动第一次被列为奥运会正式比赛项目。有资格参加的队是各洲的冠军队、举办国的代表队、上一届排球世锦赛的前三名、由国际排联直接管辖的预选赛产生的 3 支球队，共12 支球队。竞赛方法：先分组循环，获得前两名的队进行交叉赛。竞赛方法根据场地、时间等情况有所变动，每次比赛事先由国际排联研究决定。

（四）著名排球运动员介绍

1. 郎 平

郎平，女，祖籍中国天津，前女子排球运动员，现任中国女排主教练，兼任中国排球协会副主席，她在运动员时期凭借强劲精确的扣杀赢得"铁榔头"称号。郎平与美国名将弗罗拉·海曼、古巴名将米雷亚·路易斯并称为20 世纪 80 年代世界女排三大主攻手。

排球世锦赛

排球世界杯欣赏

奥运会排球赛欣赏

1973 年，郎平进入北京工人体育馆少年体校排球班练习排球；1976 年进入北京市业余体育学校，同年入选北京市排球队；1978 年入选国家集训队；1980 年入选全国十佳运动员名单；1982 年荣膺世界女子排球锦标赛最有价值球员；1984 年获得"全国三八红旗手"称号；1996 年获得国际排联颁发的"世界最佳教练"奖项；2002 年正式入选排球名人堂，成为亚洲排球运动员中获此殊荣的第一人；2013 年被任命为中国女排国家队主教练；2015 年获 2014CCTV 年度体坛风云人物最佳教练奖；2015 年率领中国女排夺得女排世界杯冠军，并荣膺"感动中国 2015 年度人物"；2016 年率队赢得里约奥运会冠军；2016 年荣获"2016 中国十佳劳伦斯冠军奖最佳教练员奖"，并获得 2016CCTV 体坛风云人物年度最佳教练奖；2019 年率队夺得 2019 年女排世界杯冠军。

2. 朱　婷

朱婷，女，中国女子排球运动员，1994 年出生于河南省周口市，司职主攻位置。2013 年，朱婷正式入选郎平执教的中国国家女子排球队，现为主力主攻手，郎平评价她为世界三大主攻之一；2012 年荣膺排球亚青赛最有价值球员；2013 年获得排球世青赛冠军，并荣膺最佳得分、最佳扣球和最有价值球员三项大奖；2014 年女排世锦赛上，中国女排时隔 16 年再次夺得世锦赛亚军，朱婷个人荣膺最佳得分和最佳主攻称号；2015 年女排世界杯，中国女排时隔 11 年再获冠军，朱婷首次获得三大赛最有价值球员称号；2016 年里约奥运会，中国女排时隔 12 年再获奥运冠军，朱婷加冕里约奥运会女排最有价值球员和最佳主攻称号；2018 年，朱婷率瓦基弗银行获得 2017-2018 赛季土耳其女排超级联赛冠军，朱婷荣膺土耳其女排超级联赛最有价值球员；2018 年，朱婷入选中国女排最佳阵容，当选最佳主攻，率中国女排获得 2018 年雅加达亚运会女排冠军；2018 年朱婷当选 2018 年中国十佳运动员；2019 年，中国女排夺得 2019 年女排世界杯冠军，朱婷蝉联女排世界杯最有价值球员。

二、排球基本技术

（一）准备姿势与移动

1. 准备姿势

两脚左右开立，比肩稍宽（或一脚稍前），两脚脚尖适当内扣，脚跟稍抬起，膝关节弯曲，上体自然前倾，重心稍靠前；两臂放松，弯曲置于腹前，眼看球，两脚始终保持起动状态。按照身体重心的高、中、低，准备姿势可分为稍蹲、半蹲和低蹲。

排球基本战术

准备姿势

移动步法

2. 移　动

（1）并步与滑步。当身体距来球一步左右的距离时采用并步，主要用于传球、垫球、拦网等技术。当向左移动时，右脚蹬地，左脚先向左侧跨出，右脚迅速并上成击球前的准备姿势。当来球距离身体较远时，可连续快速并步接近来球。连续并步被称为滑步。

（2）交叉步。当身体距离来球两三米的距离时，采用交叉步。当向左移动时，身体稍向左侧转动，右脚先向左脚前方交叉跨出一步，左脚再向左跨出，同时身体转向来球方向，保持击球前的姿势。

（3）跨步。当来球较低，距离身体一米左右时采用跨步。跨步可单独使用，也可与滑步、交叉步和跑步的最后一步结合使用。采用跨步移动时，一脚用力蹬地，另一脚向来球方向跨出一大步，同时膝关节弯曲，上体前倾，身体重心下降并移至跨出腿上。

（4）跑步。当身体距离来球较远时采用跑步。首先判断来球的方向，两臂用力迅速摆动，逐步加大步幅、加快步频。在接近来球时，降低重心并减速制动，做好击球准备。

（5）后退步。当来球在身体背后、来不及迅速转身时采用后退步。移动时，身体重心适当降低，两脚迅速交替向后退步，上体不要后仰。

（二）传　球

1. 正面传球

正面传球

正对来球，两脚开立，两膝微屈，上体挺起，仰头看球，两手自然抬起，屈肘，两手成传球手型。传球时，主要以蹬地、伸膝、伸臂的协调动作和手指、手腕的弹力将球传出。

传球

2. 背向传球

背向传球

传球前，背对传球目标，上体保持正直或稍后仰。迎球时，微仰头挺胸，在下肢蹬地的同时，上体向后上方伸展。传球时，手腕适当背伸，掌心向上，拇指击球的下部，利用抬臂、送肘的动作和手指、手腕的弹力将球向后上方传出。

（三）垫　球

1. 正面双手垫球

正面双手垫球

垫球时，两手臂对准垫球方向伸直插向球下，两手交叉重叠合掌互握，两拇指平行向前，两手掌根靠紧，两臂夹紧，手腕下压，两前臂外旋，使前臂腕关节以上10厘米处形成垫击球的平面。击球时，借助蹬地、提腰、提肩、抬臂、压腕的力量将球击出。

2. 体侧双手垫球

体侧双手垫球

左侧垫球时，先用右脚前脚掌内侧蹬地，左脚向左跨出一步，重心移至左脚，并保持两膝弯曲；两臂伸直向左侧伸出，使左臂高于右臂，右臂微向下倾斜。击球时，用右转和收腹的动作配合提肩、抬臂，在身体左侧稍前的位置截住球，两臂垫击球的后下部。

3. 背向双手垫球

背向双手垫球

背向双手垫球时，要判断好球的飞行方向，迅速移动到球的落点处，背对出球方向，两臂夹紧伸直，插在球下。击球时，蹬腿、抬头、挺胸，展腹后仰，直臂向后上方摆动抬送球。

垫球

（四）发　球

1. 正面下手发球

正面下手发球

发球时，面对球网，两脚前后站立，左脚在前，两膝微屈，上体前倾，左手持球于腹前右下方。左手将球平稳地抛起在体前右侧，球离手约一球的高度，同时右臂伸直，以肩为轴向身体后方摆动；右脚蹬地，身体重心随右臂由后向前摆动而前移，在腹前用全掌或掌根击球的后下方。

2. 正面上手发球

正面上手发球

面对球网站立，左脚在前，左手托球于体前。将球平稳地抛向右肩前上方，高度适中；同时右臂抬起屈肘后引，肘与肩平，上体稍向右转，抬头、挺胸、展腹，手掌自然张开。利用蹬地、转体、收腹带动手臂向前上方快速挥动，在右肩前上方伸直手臂并达到最高点处，用全掌击球的中下部。击球时，手指和手掌要张开，手腕要迅速做推压动作，使球上旋飞行。击球后，随着重心的前移迅速入场。

（五）扣　球

扣　球

助跑起跳时，两臂配合起跳有力地向上摆动。起跳后，挺胸展腹，右臂屈肘上举后引，身体成背弓。挥臂时，以迅速转体、收腹动作发力，依次带动肩、肘、腕向前上方成鞭甩动作挥动。击球时，五指微张，以全手掌包满球在手臂伸直的最高点向前上方击球的中后部。落地时，两脚前脚掌先着地，然后过渡到全脚掌。

正面下手发球

正面上手发球

扣球

（六）拦　网

1. 单人拦网

单人拦网

面对球网，两脚左右开立，距网约3米，两膝微屈，两臂屈肘置于胸前。起跳时，重心降低，两膝弯曲，两脚用力蹬地，使身体垂直起跳，两臂以肩发力贴近身体向上摆动，帮助身体跳起。两手从额前沿球网向上方伸出，两臂伸直并平行，肩部上提。拦网时，两臂应伸过网去接近球。两手自然张开、屈指、屈腕，呈勺形。当手触球时，两手要突然张开，手腕下压盖在球的前上方。手臂要先后摆或上提，从网上收回至本方上空，再屈肘向下收臂，以免触网；同时屈膝缓冲，两脚落地；随即转身面向后场，为下一个动作做准备。

2. 集体拦网

集体拦网有双人拦网和三人拦网两种。集体拦网技术动作除要求拦网者具备个人拦网技术外，还应注意互相配合。

三、排球基本战术

（一）阵型配备

排球阵型配备是排球战术运用的基础，阵型配备应能最大限度地发挥本方队员的特点，使队员合理搭配，还要考虑对手的情况。

1. 四二配备

四二配备是两个二传手，4个进攻队员。4个进攻队员为两个主攻、两个副攻。中等水平球队通常采用四二配备。两个二传手在前后排始终保持一致，便于接应传球。

2. 五一配备

五一配备是一个二传手，5个进攻队员。5个进攻队员为两个主攻、两

个副攻、一个接应二传手（二传对角）。由于目前的比赛中引入了自由人，因此五一配备更加灵活。五一配备对二传手要求较高，一般在中高水平的球队中运用较多。

3. 三三配备

三三配备由 3 名传球队员和 3 名进攻队员间隔站立，使每一次轮换位置时都有传有扣，这种配备是排球初学者队伍常采用的战术配备。

（二）排球进攻战术

1. 中一二进攻

中一二进攻为前排三个人中，一人在 3 号位担任二传手，将球传给 2 号位、4 号位进攻。二传手在 2 号位、4 号位时，球发出后可以换到 3 号位，这种情况称为"边一二换中一二""反边一二换中一二"。中一二进攻战术简单，便于组织。

2. 边一二进攻

边一二进攻为前排三个人中，2 号位担任二传手，将球传给 3 号位、4 号位进攻，二传手在 3 号位、4 号位时，在发球后换到 2 号位。边一二进攻对于用右手扣球的主攻手而言比较顺手，而对于用左手扣球的主攻手而言较为困难，而且如果一传传偏到 4 号位，则很难接应。

（三）排球防守战术

1. 接发球的站位阵型

接发球的站位阵型，既要有利于接球，又要有利于本方进攻，同时要依据对方发球的特点来布阵。

（1）5 人接发球。除 1 名二传手在网前站立或后排插上外，其余 5 名队员均担负起一传的任务，通常为"一三一"或"三二"站位。这种方式便于队员分布，缺点是二传手插上距离较远或者进攻变化较少。

（2）4 人接发球。二传手和扣快球队员站在网前不接发球，后场 4 人呈一字形或弧线站立。这种方式便于二传手传球和进攻跑动，但容易造成空当，对队员的接发球判断力和移动速度要求高。一般用来针对发球较差的对手。

2. 防守阵型

（1）不拦网的防守阵型。在没有拦网必要时，二传手在网前，既可接网前球又可以组织进攻。前排队员后撤，准备防守和进攻。

（2）单人拦网防守阵型。该阵型用于对方进攻力量较弱、扣球以中线为主、吊球较多的情况。单人拦网应以中线为主，阻止球吊入中场，前排不拦网队员后撤防守前区。

（3）接拦回球的保护阵型。拦回球的保护，一般应在后排留一个人准备接反弹较远的球，其他队员尽量参加前排保护。在只有一点进攻时，应采用4人保护。在有战术变化时，进攻队员跑动或跳起后，如未扣球应争取保护，但二传手和后排队员应尽量组成两三人的保护阵型。

四、排球竞赛规则简介

（一）比赛队

一个队最多有12名队员。全队上衣、短裤和袜子的颜色、式样必须统一（自由防守队员除外），比赛服必须整洁。队员上衣必须有号码，序号为1～20。

（二）通　则

排球竞赛通则见表8-2-1。

表8-2-1　排球竞赛通则

通　则	内　容
比赛场地	排球比赛场地为18米×9米的长方形，其四周至少有3米宽的无障碍区
胜负方式	排球比赛采用5局3胜制，每局（决胜的第五局除外）先得25分同时至少超过对方2分的队胜一局
计分方法	某队得1分：球成功落在对方场区；对方犯规；对方受到判罚

（三）犯规与不良行为

排球犯规与不良行为见表8-2-2。

表8-2-2　排球犯规与不良行为

犯　规	定　义
发球犯规	（1）发球次序错误：某队未按照记分表所登记的发球次序发球。 （2）发球区外发球：队员发球击球时或跳发球时，踏及场区或发球区外地面。 （3）发球击球时球未被抛起或持球手未撤离。 （4）发球8秒：第一裁判员鸣哨后8秒内发球队员未将球击出
发球击球犯规	（1）发出的球触及发球队队员、未通过球网垂直面。 （2）界外球：① 发出的球的整个落点完全在场区界线以外的地面上；② 发出的球触及场外物体、天花板或非比赛队员等；③ 发出的球触及标志杆、网绳、网柱或球网的标志杆以外的部分。 （3）发球掩护：任何一名发球队的队员，以挥臂、跳跃或左右晃动等动作妨碍对方接发球，而且发出的球从他的上方飞过，则构成个人发球掩护

犯 规	定 义
击球犯规	（1）4次击球：一个队连续4次（拦网1次除外）击球。 （2）持球：一名队员没有将球清晰地击出，使球停止（如捞捧、推掷、携带等）。 （3）连击：一名队员明显地连续击球2次或球连续触及身体不同部位（拦网1次除外）为连击犯规。 （4）借助击球：借助同伴或任何物体的支持击球
球网附近的犯规	（1）过网击球：对方进行进攻性击球前或击球时，在对方空间触及球或对方队员。 （2）过中线：比赛进行中，队员整个脚或身体的其他部位越过中线并接触对方场区。 （3）从网下穿越进入对方空间并妨碍对方比赛。 （4）触网：比赛进行中，任何队员触及9.5米以内的球网、标志杆、标志带
拦网犯规	（1）过网拦网：在对方进攻击球前或击球时，在对方空间拦网触球。 （2）后排队员拦网：后排队员靠近球网，将手伸向高于球网处阻拦对方来球并触及球。 （3）拦发球：拦对方发过来的球。 （4）从标志杆外伸入对方空间拦网并触球
进攻性犯规	（1）后排队员进攻性击球犯规：后排队员在前场区内或踏及进攻线（或其延长线），击整体高于球网上沿水平面的球，并使球的整体由过网区通过球网垂直面或触及对方拦网队员。 （2）在前场区对对方发过来的整体高于球网的球，完成进攻性击球（如扣发球、吊发球等）
不良行为	（1）非道德行为：争辩、恫吓等。 （2）粗鲁行为：违背体育道德原则和文明举止，有侮辱性表示。 （3）冒犯行为：有诽谤、侮辱的言语或手势。 （4）侵犯行为：人身侵犯或企图侵犯

五、排球进阶训练指导

排球进阶训练内容和注意事项见表8-2-3。

表8-2-3 排球进阶训练内容和注意事项

训练内容	初 级	中 级	高 级	注意事项
排球基本技术训练	（1）各种脚步动作。 （2）原地垫球。 （3）原地传球。 （4）发球	（1）各种垫球、传球组合。 （2）传垫与扣球结合技术。 （3）拦网技术	（1）传球、打球、垫球组合。 （2）拦网技术。 （3）上手发球、跳发球	重心低、抬头，脚步移动灵活，手脚与球协调配合
战术配合	各种阵型配备及站位	（1）中一二进攻。 （2）边一二进攻。 （3）防守阵型	（1）二传配合。 （2）拦网配合。 （3）教学比赛	攻守的平衡以及配合的默契程度

足球百科

第三节　足　球

一、足球概述

（一）足球的起源与发展

足球运动是一项对抗性极强的集体竞技项目。2004 年，第三届中国国际足球博览会在北京展览馆举行。时任国际足球联合会（简称国际足联）主席约瑟夫·布拉特向全世界郑重宣布足球起源于中国，并由时任亚洲足球联合会（简称亚足联）秘书长彼德·维拉潘颁发确认纪念证书。

现代足球的起源可追溯至公元前 3 世纪流传于古希腊和古罗马的一种手脚并用的游戏——哈帕斯托姆。在公元 10 世纪前后，这项运动传至英格兰，与当地的原始足球融合，形成了形式各异的早期足球游戏。19 世纪初，这种游戏发展成一种类似于现代足球的游戏。1841 年，英格兰伊顿公学第一次出现了十一人制足球比赛。19 世纪中叶，英国的工业革命推动了现代足球运动的发展。1863 年，第一部统一的足球竞赛规则在英国产生，这一天被全世界公认为是现代足球的诞生日。19 世纪下半叶，足球比赛越来越激烈，看球的观众也越来越多，足球比赛开始进入商业化阶段，参赛者走向职业化。

国际足联成立于 1904 年，是目前会员协会较多的国际单项体育联合会之一。各洲、各国（地区）也都有各自相关的足球机构。中国足球运动的管理机构是中国足球协会。国际足联下属的国际比赛有世界杯足球赛、世界青年足球锦标赛等。其中，世界杯足球赛规模最大、水平最高，是国际上重要的体育赛事之一。

（二）足球的锻炼价值

1. 有利于良好的心理素质和思想品德的形成

经常参加足球运动，可以培养人的意志力、自制力、责任感及勇敢顽强、机智果断、团结协作等思想品质。

2. 有助于增强体质，增进健康

参加足球运动可以增进人们的健康，提高身体素质，特别是能改善人的

循环系统、呼吸系统等系统的功能。

3. 振奋民族精神，扩大国际交往

现代足球运动已经渗透到社会的很多领域，对振奋民族精神、弘扬民族文化和扩大国际交往具有重要作用。

4. 促进经济发展，创造社会财富

在市场经济极为活跃的今天，风靡世界的职业化足球与商业是密不可分的。快速发展的足球产业不但活跃了市场，增加了国家的财政税收，而且促进了足球运动的发展，足球运动的发展已经从过去的事业型向产业型转变。

（三）著名足球赛事介绍

1. 世界杯男子足球比赛

最初世界杯男子足球比赛叫作世界足球锦标赛，1956 年更名为雷米特杯赛，后改名为世界足球锦标赛——雷米特杯，简称世界杯。在 1970 年，三夺世界杯冠军的巴西队永远拥有雷米特金杯后，国际足联又在 1971 年制作了大力神杯，并规定，每届冠军队可以保留大力神杯直到下一届世界杯决赛。

2. 奥运会足球比赛

奥运会足球比赛每四年举行一届，属于奥运会中的单项赛事。该赛事最早规定，参加比赛的运动员必须是业余选手；1993 年国际足联执行委员会决定，允许每支进入奥运会足球决赛圈的球队中有 3 名超过 23 岁的队员。1996 年第 26 届奥运会上，女子足球首次被列为正式比赛项目。

3. 欧洲足球锦标赛

欧洲足球锦标赛（简称欧锦赛，也称欧洲杯）是一项由欧洲足球协会联盟（以下简称欧足联）举办、欧洲足球协会成员参加的国家级足球赛事。第 1 届欧锦赛在 1960 年举行，其后每四年举行一届。赛事创办时名称为欧洲杯，其后于 1968 年改名为欧洲足球锦标赛。创办该项赛事最初的目的是填补两届世界杯之间四年的空白，从而让欧洲各国有更多的比赛机会。

4. 欧洲冠军联赛

欧洲冠军联赛（简称欧冠）是欧足联主办的年度足球比赛，代表欧洲足球俱乐部的最高荣誉和水平，是最具影响力以及最高水平的足球俱乐部赛事之一，同时也是世界上奖金较高的足球赛事和体育赛事之一，每届赛事约有超十亿的电视观众观看。

奥运会足球比赛

欧洲足球锦标赛

欧洲冠军联赛

（四）著名足球运动员介绍

1.贝 利

贝利是 20 世纪伟大的足球运动员之一，被尊称为"球王"。贝利 4 次代表国家队出战世界杯，3 次捧得足球世界杯（第 6 届、第 7 届和第 9 届世界杯）。贝利于 1980 年被欧美国家 20 多家报社记者评为 20 世纪杰出的运动员之首，1987 年被授予国际足联金质勋章，1999 年被国际奥委会选为"世纪运动员"。

2.大卫·贝克汉姆

大卫·贝克汉姆 1975 年出生于英国伦敦雷顿斯通，英国足球运动员。他青少年时期在曼联成名，1999 年、2001 年两次获世界足球先生提名，1999 年当选欧足联最佳球员，2001 年被评为英国最佳运动员，2010 年获得英国广播公司终身成就奖。贝克汉姆一共效力过曼联、普雷斯顿、皇家马德里、洛杉矶银河、AC 米兰和巴黎圣日耳曼 6 家俱乐部，拿到 1 次欧冠冠军、1 次丰田杯冠军、6 次英超冠军、2 次英格兰足总杯、4 次慈善盾杯、1 次西甲冠军、1 次西班牙超级杯、2 次美国职业大联盟总决赛冠军、1 次法甲冠军。

二、足球基本技术

（一）颠 球

1.拉挑球

支撑脚踏在距球的后侧方约 30 厘米处，膝关节微屈，身体重心移到支撑脚上。拉挑球脚的前脚掌踏在球的上方并向后轻拉，在球开始向后滚动的同时，脚尖、脚掌迅速着地。当球滚上脚背时，脚尖稍翘起，将球向上挑起。

2.脚背正面颠球

支撑腿的膝关节微屈，身体重心移到支撑脚上。当球落至膝关节以下时，颠球腿的膝关节、踝关节适当放松，并柔和地向前上方甩动小腿，脚尖稍翘起，用脚背轻击球的底部，将球向上颠起。

3.脚内侧颠球

支撑腿膝关节微屈，身体重心移至支撑脚上。当球下落到膝关节高度时，屈膝盘腿，脚内侧向上摆至水平状态，轻击球的底部，将球向上颠起。

4.大腿颠球

支撑腿膝关节微屈，身体重心移至支撑脚上。当球落至接近髋关节高度时，颠球腿的大腿屈膝上摆；当大腿摆到水平位置时，击球的底部，将球向上颠起。

双脚脚背颠球

大腿颠球

（二）踢　球

1.脚内侧踢球

脚内侧踢球

脚内侧踢球

踢定位球时，直线助跑，支撑脚踏在球的侧方约15厘米处，膝关节微屈，两臂自然张开。

2.脚背正面踢球

脚背正面踢球

脚背正面踢球

踢定位球时，直线助跑，支撑脚踩在球的侧方12～15厘米处，脚尖正对出球方向，膝关节微屈，两臂自然张开。

3.脚背内侧踢球

脚背内侧踢球

脚背内侧踢球

踢定位球时，斜线助跑，助跑方向与出球方向成45°角。支撑脚以脚掌外沿积极着地，踏在球的侧方20～25厘米处，屈膝，脚尖指向出球方向，身体稍向支撑脚一侧倾斜。

4.脚背外侧踢球

脚背外侧踢球

脚背外侧踢球

与脚背正面踢球的动作基本相同，只是用脚背的外侧触球。

（三）接 球

1. 脚内侧接球

脚内侧停空中球

脚内侧接球
　　接球时，接球腿根据来球的状态相应地提起，膝关节、踝关节外旋，脚尖翘起，以脚内侧对准来球，做好切挡、引撤或下压动作，将球控制在所需位置。

2. 脚背正面接球

脚内侧停地滚球

脚背正面接球
　　根据球的落点，及时移动到位，接球腿微抬起，脚背正面上迎下落的球。在球与脚背接触的一瞬间，接球脚以球下落的速度同步下撤，此时大腿、膝关节、踝关节、脚趾均保持适度的紧张，脚尖微翘，将球接到所需位置。

脚背正面接球

3. 脚底接球

脚底接球
　　接球时，接球腿屈膝提起，脚尖回勾，在球临近落地的一刹那，接球腿有控制地下放，用前脚掌触压球的后上部，将球控制在脚下。

脚底停地滚球

4. 大腿接球

大腿接球

接球时，接球腿屈膝上抬，以大腿中部对准来球。触球瞬间，接球腿积极下撤，接球部位肌肉放松，使球触腿后落于体前。

5. 胸部接球

挺胸式接球

面对来球站立（两脚左右或前后开立），上体后仰，下颌微收，两臂自然张开，以维持身体平衡。触球瞬间，两脚蹬地，膝关节伸直，用胸部轻托球的下部，使球微微弹起于胸前上方，落于体前。

收胸式接球

面对来球，两脚左右或前后开立，两臂自然张开，挺胸迎球，触球瞬间收胸、收腹、臀部后移，将球接在体前。若需将球接在体侧时，则触球瞬间转体，将球接在转体后相应的一侧。

（四）运 球

脚内侧运球

运球脚提起，脚尖稍向外摆，以脚背内侧推球前进。

脚背外侧运球

运球脚提起，脚尖稍内转，以脚背外侧推球前进。

脚背正面运球

身体自然放松，上体稍前倾，两臂自然摆动，步幅不要过大。

大腿停下落球

挺胸式停球

收胸式停球

脚内侧运球

脚背外侧运球

脚背正面运球

（五）抢截球

1. 抢　球

正面抢球

在逼近控球队员时，防守队员应控制好身体重心，两膝弯曲，上体略前倾，并注意观察对方的脚下动作，在对方触球瞬间，防守队员踢球脚前跨将球截住。如双方脚同时触球，则防守队员应顺势向上做提拉动作，将球从对方脚背上带出。

正面跨步堵抢

侧面抢球

当与运球队员成平行站位时，重心略降低，身体向对方倾靠，手臂贴紧身体。在对方近侧脚离地刹那，用肩以下、肘以上的部位适度冲撞对方的相应部位，使其失去重心，乘机伸腿将球控在脚下。

合理冲撞抢球

2. 断　球

从比赛意义上讲，断球的动作方法是运动员根据防守和进攻的双重需要，合理地选用接球、踢球、顶球和铲球的技术方法。断球需要对对方的出球路线有所预判，对对方传球的时间、力量、球的落点做出迅速判断，动作起动快、连接紧。

（六）头顶球

1. 原地头顶球

原地前额正面头顶球

身体正对来球方向，眼睛注视运动中的球，两脚前后或左右开立，膝关节微屈，两臂自然张开。当球运行到将要垂直于身体的垂线时，两脚用力蹬地，上体迅速向前摆，微收下颌。在触球瞬间，颈部做爆发式振摆，用前额正面击球的中部，上体随球前摆。

原地头顶球

原地前额侧面头顶球

两脚前后开立或左右开立，出球方向的异侧脚在前，重心逐渐过渡到前脚上。眼睛注视来球，前腿膝关节微屈，两臂置于体侧，前后自然张开。顶球时，后脚向出球方向蹬伸，上体向出球方向扭摆，同时颈部侧甩发力，用前额侧面部位将球击出。

2.跳起头顶球

及时跑到起跳点，起跳前的迈步稍大，起跳脚用力蹬地跳起，同时另一腿屈膝上摆，两臂屈肘自然上提。其余各环节与原地头顶球相同。

（七）掷界外球

1.原地掷界外球

面对出球方向，两脚前后或左右开立，膝关节弯曲，上体后仰成背弓形，重心移到后脚上（左右开立时重心在两脚间），两手自然张开，拇指相对，持球的侧后部，屈肘，将球置于头后。掷球时，后脚用力蹬地或两脚用力蹬地，两腿迅速伸直，身体重心由后脚移到前脚，收腹屈体，同时两臂急速前摆。当球摆到头上时，用力甩腕将球掷入场内。掷球时，后脚可沿地面向前滑动，两脚均不得离地。

2.助跑掷界外球

两手持球置于胸前，在助跑迈出最后一步时，上体后仰呈背弓形，同时将球上举至头后，掷球时的动作与原地掷界外球动作相同。将球掷出后，后脚可在地上向前滑行，但不得离地。

三、足球基本战术

足球运动是一项对抗性的运动项目。足球战术是指比赛双方为了充分发挥个人和集体的特长，进攻对方的弱点，为取得比赛胜利所采用的手段和方法。

（一）比赛阵型

1.阵型的发展和演变

为了适应攻守战术的需要，全队队员在场上的位置排列和职责分工称为比赛阵型。各阵型的名称按队员排列的阵型而定，自19世纪中期世界上出现的第一个足球比赛阵型至当今的"四三三""三五二""四四二"阵型，以及一些国家所采用的"水泥式""锁链式"阵型等，都是不断演变和发展的。

跑动头顶球

原地掷界外球

助跑掷界外球

2. 各个位置的职责

（1）边后卫的职责：防守对方的边锋以及其他进攻队员在边路的活动，破坏对方由边路发动的进攻，还可利用插上助攻式运球来直接威胁对方球门。

（2）中后卫的职责：中后卫有突前中后卫和拖后中后卫之分，前者的主要任务是盯守对方突前的最有威胁的中锋，因此又被称为盯人中后卫；后者则主要担负整个防线的指挥任务，其站位经常处于其他防守队员后面，一般被称为自由中后卫。

（3）前卫的职责：在中场负责组织和发动进攻，是进攻的重要力量；在防守时，是全队的第二道防线。

（二）进攻战术

1. 局部进攻战术

局部进攻战术是指两个或两个以上队员在比赛中为了完成全队的攻防任务而采用的局部协同作战的配合方法。局部进攻战术包括"二过一"战术配合、"三过二"战术配合、反切配合等。以下主要介绍前两种进攻战术。

（1）"二过一"战术配合。"二过一"是两名进攻队员通过传球配合突破一名防守队员的战术配合。"二过一"是进攻队员集体配合的基础，可以在任何场区、任何位置上运用这种战术配合来摆脱对方的抢截或突破防线。要求队员传球平稳及时，一般多用脚内侧、脚外侧等脚法，以传低平球为主，传球所到的位置尽可能是接球人脚下或其前面两三步远的地方。根据传球和跑位配合的路线，"二过一"配合的形式有斜传直插、直传斜插、踢墙式、回传反切等。

（2）"三过二"战术配合。"三过二"是在比赛中的局部地区，三名进攻队员通过连续配合突破两名防守者的防守。由于这种配合有两名同队队员可以同时接应传球，因此传球路线更多，且进攻面更大。

2. 全队进攻战术

全队进攻战术是指比赛中一方得球后，通过队员之间的传递配合达到射门目的的一种配合方法。与局部进攻战术相比，全队进攻战术的进攻面更广。

（1）边路进攻。利用球场两侧场区发起进攻的方法叫边路进攻。边路进攻是全队进攻战术的主要形式之一，其主要特点是有利于发挥进攻速度，打破对方防线，从而制造缺口。

（2）中路进攻。中路进攻是利用球场中间区域组织的进攻。这种进攻虽能直接射门，但难度较大，原因是中路防守最为严密。基于此，进攻队员必须是反应极其敏锐、意识强、技术高、敢于冒险、速度快和善于跑位策应的队员。

（3）转移进攻。转移进攻是指由一个区域迅速转移至另一个区域的进攻配合方法，一般是由中路进攻转向边路组织进攻，或由边路进攻转向中路组织进攻，或由一侧边路进攻转向另一侧边路组织进攻。转移进攻可充分利用场地空间，及时转移进攻点，迫使对方防线横向扯动，出现空当，从而突破防线。

（4）快速反击。比赛中，当一方进攻时，其后卫线往往压至中场附近，防守人数也由于插上进攻或助攻而相对减少，此时如能抓住对方防区空隙和回防较慢的机会，乘其失去控球权发动快速反击，往往能取得良好的效果。快速反击是最有威胁的进攻手段，有效的进攻在于突然快速的反击，难度较大，既要冒险，又要有准确、快速的传切配合技能。队员要想使快速反击配合得极为默契，就必须进行专门的训练，否则很难在比赛中实施该战术。

（三）防守战术

1. 局部防守战术

（1）保护。保护是指给予逼抢持球队员的同伴心理和行动上的支持，使其无后顾之忧，全力以赴紧逼对方。若逼抢队员被突破，保护队员可以及时补防，堵住进攻路线，或是夺回控球权。若逼抢队员夺得控球权，保护队员可及时接应发动进攻。

（2）补位。补位是足球比赛中局部场区集体配合进行防守的一种方法。当防守过程中一名防守队员被对方突破时，另一名队员则立即上前进行堵封补位。

（3）围抢。围抢是指比赛中在某局部位置上，防守方利用人数上的相对优势（通常是两三个队员）同时围堵对方的持球队员，以达到在短时间内抢断或破坏对方进攻的目的。

（4）造越位战术。造越位战术是利用规则而设计的一种防守战术，是一种以巧制胜的省力方法。其配合难度较大，配合得不好会适得其反，让对方有机可乘。此战术往往被水平较高的球队所采用，且在一场比赛中不会被多次运用。

2. 全队防守战术

全队防守战术可分为两种基本类型：盯人紧逼防守（人盯人防守），即在规定的范围内盯人紧逼，各自都有明确的防守对象，不交换看守；区域紧逼防守（盯人和区域相结合），即现今流行的综合防守，紧逼和保护相结合，在个人的防区内紧逼，做交替看守。

防守战术可分为：向前逼迫式，即失去控球权后立即在空间上进行逼压，降低对方进攻的速度或夺回控球权；层层回撤式，即分层次、有步骤、有组织地布防；快速密集式，即缩小防守区域，集中防守力量于门前危险地带，仅留一两名防守队员在中场附近。防守最根本的原则是紧逼对方和保护己方。只有紧逼对方才能有效地主动抢断，压制对方的技术优势从而获取主动权；保护己方则是为了更好地紧逼和控制空当。

四、足球竞赛规则简介

（一）比赛时间

正式的国际足球比赛分为上、下两个半场，每半场为 45 分钟，中场休息 15 分钟。

（二）通　则

足球竞赛通则见表 8-3-1。

表 8-3-1　足球竞赛通则

通　则	内　容
裁判员	主裁判：有场上最终判决权，决定比赛时间是否延长、比赛是否推迟和中止。 助理裁判：示意越位及球出界，协助主裁判的场上判罚，但没有最终判决权
队员人数与换人	（1）每队上场 11 名队员，其中包括一名守门员。如果一队的场上队员少于 7 人，则判该队弃权。 （2）一场比赛每队最多能换 3 名队员，场外和场上队员未经裁判员许可，不能擅自进出场地。比赛时，守门员和其他队员的位置不能随意交换。如需要交换，须经过裁判员同意
比赛判罚	（1）直接任意球的判罚，主要针对恶意踢人、打人、绊倒对方的行为；另外，用手拉扯、推搡对方，手触球也属于这一类；还有辱骂裁判员、辱骂他人也要判罚直接任意球，这种任意球可直接射门得分。如果这些行为发生在禁区内，就要被判罚点球。 （2）间接任意球的判罚：危险动作、阻挡、定位球的连踢就属于这一类。这种任意球不能直接射门得分，必须经第二个人触球后进球才算有效，禁区内这种犯规不能判罚点球。 （3）无论是直接任意球还是间接任意球，防守方都要退出 9.15 米线以外。如果不按要求退出 9.15 米，裁判员可出示黄牌
红、黄牌	（1）对于足球比赛中出现的一些严重犯规，裁判员要出示红、黄牌。如果是恶意的犯规或暴力行为则要出示红牌。 （2）故意手球、辱骂他人或同一人在同一场比赛得到两张黄牌时，也要被出示红牌。 （3）比赛中，有非体育行为、用语言或行为表示不满的就要被出示黄牌。连续犯规、故意延误比赛或擅自进出场地的队员也要被出示黄牌
伤停补时	足球比赛有时根据场上情况在 90 分钟比赛时间结束后需要补时。有时是 1～2 分钟，最长可达十几分钟，时间长短的主裁判决定。造成补时的主要原因：处理场上受伤者；故意拖延比赛；场内外出现了意外事件

续　表

通　则	内　容
越　位	足球比赛构成越位要满足以下条件。 （1）在传球时脚触球的瞬间，在对方半场内如果同伴的位置与对方最后一名后卫的位置相比更靠近对方底线，同时该队员处于球的前方时就判越位。 （2）需要说明的是与对方最后一名后卫处于平行时不判越位
暂停比赛	在正式足球比赛中，一般场上不能暂停，只有在极特殊的情况下，如队员受伤或发生意外纠纷才鸣哨暂停。恢复比赛时，一般是将球踢给哨声响之前的最后控球方
进　球	足球比赛的进球以球的整体越过球门线为准。有时在比赛中会看到球打到横梁后落地又弹回场内，裁判员可以根据自己的观察来确认球是否越过球门线，这种判决有时会引起很大争议

（三）计胜方法

足球比赛的积分为胜 1 场积 3 分，平 1 场积 1 分，负 1 场积 0 分，最终以积分多少决定名次。如果积分相等，则根据竞赛规程确定的不同名次判定标准来排定名次。

五、足球进阶训练指导

足球进阶训练内容和注意事项见表 8-3-2。

表 8-3-2　足球进阶训练内容和注意事项

训练内容	初　级	中　级	高　级	注意事项
接地滚球	（1）接球动作的模仿。 （2）接迎面来的地滚球练习：两人一组，距 6～8 米相对站立，一人踢（掷）地滚球，另一人接球	（1）跑过去接迎面来的地滚球。 （2）两人一组，相距 10 米左右相对站立，一人踢（掷）地滚球，另一人跑过去接地滚球。 （3）跑过去接对足球墙踢出的反弹回来的球	（1）队员分成甲、乙两组，相距 20 米左右一字形纵队。甲组第一个队员踢地滚球给乙组第一个队员，然后跑回本组队尾；乙组第一个队员跑上去接球，然后踢给甲组的下一个队员，依次循环。 （2）接侧面的来球。两人一组，相距 15 米左右，队员甲向队员乙的侧面踢球，队员乙在跑动中用规定部位接球。队员乙接球后再踢球给队员甲，依次循环	掷出去球要有一定的力量

续　表

训练内容	初　级	中　级	高　级	注意事项
踢　球	（1）两人一组一球，一人用脚挡球，另一人做助跑踢球练习。对足球墙踢球练习。 （2）两人一组一球，相距15米左右，中间放一个低栏，要求踢出的球从栏间通过。 （3）队员分成两组，相距15米左右，呈一字形相对站立。由各组第一人开始跑动踢球。踢球后跑到对方排尾，依次循环	（1）队员在罚球弧处站成1路纵队，依次向守门员踢球，守门员接球后掷地滚球，队员依次助跑踢球。 （2）队员在罚球区外踢地滚球，队员依次助跑踢球射门	（1）迎球跑动踢球。两人一组，相距15米左右，甲踢球给乙，乙跑过去迎球踢还给甲，并回到原来的位置上；甲接球后再将球向乙的另一侧踢出，乙也像前面一样跑过去迎球踢还给甲，依次循环。 （2）后退中踢球。两人一组，相距8米左右，甲后退跑，乙踢球给甲并继续前跑，甲再回踢给乙，并继续后退跑，依次循环	注意体会动作和球感

第四节　乒乓球

一、乒乓球概述

（一）乒乓球的起源与发展

乒乓球的起源与网球有着密切的联系，乒乓球的英文名为table tennis，即桌上网球。据记载，大约在19世纪后半叶，由于受到网球运动的启示，在一些英国大学生中流行着一种与现代乒乓球运动极类似的室内游戏。这种室内游戏在发球时，可将球直接发到对方台面，也可将球先发到本方台面，球再弹至对方台面。球拍是空心的，用羊皮纸贴成，形状为长柄椭圆形。为了不损坏家具，人们往往在橡胶或软木实心球外包一层轻且结实的毛线。一位名叫詹姆斯·吉布的英国人到美国旅行时，偶然发现了一种用塑料制成的空心玩具球，弹性很强。于是，他将这种球稍加改进后，代替了软木球和橡

乒乓球百科

胶球，并逐步在英国和世界各地推广。由于用拍击球和球碰桌面时会发出"乒""乓"的声音，于是"乒乓球"的名字就这样产生了。1904 年，上海一家文具店的老板从日本买回 10 套乒乓球器材，从此乒乓球传入中国。

（二）乒乓球的锻炼价值

乒乓球运动的锻炼价值如下。

（1）乒乓球运动可有效地提高人的身体素质，促进身心健康。

（2）乒乓球运动可以调节神经系统的灵活性，改善心血管系统和呼吸系统的功能。

（3）打乒乓球是一种健康的文化娱乐活动，能使人们获得乐趣和享受，具有磨炼意志、调节情绪的作用，可以促进交流，增进友谊。

（三）著名乒乓球赛事介绍

1. 世界乒乓球锦标赛

世界乒乓球锦标赛（简称世乒赛）由国际乒乓球联合会主办，每届比赛由国际乒乓球联合会授权比赛地乒乓球协会主办，具有广泛的影响力。世乒赛有男子单打、女子单打、男子双打、女子双打、男女混合双打、男子团体、女子团体共七个项目。首届世乒赛于 1926 年在英国伦敦举行，从 1959 年的第 25 届开始改为每两年举行一次。世乒赛是国际乒乓球联合会主办的一项最高水平的世界乒乓球大赛，它与乒乓球世界杯、奥运会乒乓球赛并称为乒乓球运动的三大赛事。

2. 乒乓球世界杯

乒乓球世界杯由国际乒乓球联合会于 1980 年创立（仅男子项目），首届女子乒乓球世界杯于 1996 年在中国香港举行，除 1999 年停办，该项顶级赛事保持一年一届的举办传统。乒乓球世界杯为男、女单打及男、女团体共四项赛事。2018 年，在伦敦举行的乒乓球世界杯团体决赛中，中国男队、女队双双夺冠。2019 年，在乒乓球世界杯男子团体决赛中，中国队力克韩国队登顶，卫冕乒乓球世界杯冠军，同时实现了乒乓球世界杯八连冠的壮举。

（四）著名乒乓球运动员介绍

1. 刘国梁

刘国梁，1976 年出生于河南省新乡市封丘县，奥运会冠军，原中国乒乓球队著名运动员，曾任中国乒乓球队总教练。刘国梁 1989 年入选国家青年队；1991 年破格入选国家队；中国第一位世乒赛、乒乓球世界杯和奥运会男子单打"大满贯"得主，多次获得男子单打世界冠军，并多次与孔令

世界乒乓球
锦标赛

乒乓球世界杯

辉一起获得男子双打世界冠军，与邬娜一起获得过混合双打世界冠军；作为主力队员多次与队友一起获得男子团体世界冠军；是首位在正式比赛中采取直拍横打技术并取得成功的乒乓球运动员。2003 年，刘国梁正式退役，随后担任中国乒乓球男队主教练；2013 年，正式担任中国乒乓球队总教练；2017 年，刘国梁任中国乒乓球协会副主席，不再担任国家乒乓球队总教练职务；2018 年，刘国梁当选新一届中国乒乓球协会主席。

2. 马 龙

马龙，1988 年出生于辽宁省鞍山市，中国男子乒乓球队运动员，奥运会冠军。马龙从 5 岁开始在辽宁鞍山学习乒乓球，2003 年进入国家队；2012 年，在乒乓球世界杯比赛中第一次获得男子单打世界冠军；2014 年亚洲杯，马龙夺得了个人第 4 个亚洲杯冠军，再度成为夺得亚洲杯冠军最多的选手，被称为"亚洲第一人"；2016 年，马龙获得里约奥运会乒乓球男子单打冠军；2017 年获得 2016 CCTV 体坛风云人物最佳男运动员奖；2018 年夺得国际乒联巡回赛德国公开赛冠军，成为历史上首位五夺德国公开赛男子单打冠军的球员；2019 年战胜瑞典"黑马"法尔克，实现世乒赛三连冠，同年他夺得中国乒乓球公开赛男子单打冠军，这也是马龙收获的第 28 个公开赛男子单打冠军，并因此成功超越萨姆索诺夫，成为"世界巡回赛第一人"；2019 年，马龙任中国乒乓球协会运动员委员会主任。

二、乒乓球基本技术

（一）基本站位与准备姿势

1. 基本站位

左推右攻打法的基本站位在中间偏左；两面攻打法基本站位在近台中间；弧圈球打法基本站位在中台偏左；横拍攻削结合打法基本站位在中台附近；削球打法基本站位在中远台。

2. 准备姿势

两脚左右开立，约与肩同宽，身体重心稍向右侧，面向球台。两膝自然弯曲，提踵，重心置于两脚之间。含胸收腹，上体略前倾，下颌微收，两眼注视来球方向。持拍手和非持拍手均应自然弯曲并置于身体两侧，保持相对的平衡。

直握法

横握法

单步

并步

交叉步

（二）握拍法

直握拍法

拇指、食指自然弯曲，以拇指第一关节和食指握住拍柄两肩。中指、无名指、小指自然弯曲斜行重叠，中指第一关节偏左侧部托于球拍背面上1/3处，或中指、无名指微屈，同时压住拍面。

横握拍法

虎口压住球拍右上肩，拇指和食指自然伸直，分别握在拍身前、后两面，中指、无名指、小指弯曲握住拍柄。

（三）基本步法

（1）单步。在来球距离身体一步以内、角度不大的情况下，或者处理台内球、还击追身球时采用此种步法。

以一脚前脚掌内侧为轴稍转动，用力蹬地，另一脚向来球方向做前、后、左、右移动一步的动作。

（2）并步（亦称滑步或换步）。两面攻打法从基本站位向左右移动时多采用并步。

一脚向来球方向移动，另一脚随即跟着移动一步。

（3）交叉步。在来球较远的情况下多采用交叉步。

来球反方向脚向来球方向做交叉步，另一脚随即向来球方向移动。

（4）侧身步。当来球在反手位或者逼近身体时，多采用侧身步。

左脚先向左跨一步，右脚随即向左后方移动；也可以用左脚先向前插上，右脚向左后方移动。

（四）发球与接发球

1. 发 球

（1）平击发球。

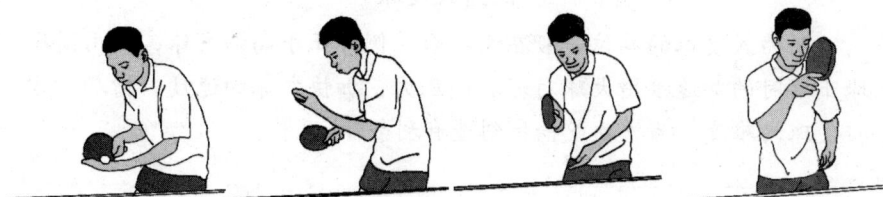

正手平击发球
左脚稍前，抛球的同时转体，手臂向身体右后方引拍。当球下降至稍高于球网时，手臂向左前方发力，挥拍击球的中上部。

反手平击发球
右脚稍前或左右脚平行站立，抛球的同时转体，手臂向身体左后方引拍。当球下降至稍高于球网时，手臂向右前方发力，挥拍击球的中上部。

（2）正手发左侧上（下）旋球。发球员在身体的正手位由右向左挥拍摩擦球，发出的球球速较慢，但左侧上（下）旋球的旋转力较强。正手发左侧上旋球时，手臂自右上方向左下方挥摆，球拍从球的右侧中下部向左侧面摩擦；正手发左侧下旋球时，手臂自右后上方向左前下方挥摆，球拍从球的右侧中下部向左侧下部摩擦。

（3）反手发右侧上（下）旋球。发球员以反手位由左向右挥拍摩擦，发出的球球速较慢，但右侧上（下）旋转力较强。反手发右侧上旋球时，持拍手由左上方经身前向右下方挥摆，触球时，拍面从球的左侧中下部向右侧上部摩擦；反手发右侧下旋球时，持拍手由左后上方向右前下方挥摆，触球时，拍面从球的左侧中下部向右侧下部摩擦。

正手平击发球

反手平击发球

正手发左侧上旋球

反手发右侧上旋球

（4）正手发转与不转球。正手发转与不转球是指发球员正手用相似的动作发出下旋强弱差异较大的球。发出的球球速较慢，前冲力小。

正手发下旋转
与不转球

知识拓展

高抛式发球

高抛式发球的站位一般在左半台，侧身正手高抛发球，利用高抛球下落时的加速度增大球对球拍的压力，加快发球的速度，增加对方接发球的难度，为抢攻或抢拉创造有利条件。

2. 接发球

接发球技术具有由被动转为主动、技术难度大、要求判断反应快和心理素质稳定的特点。第一板接发球是由被动防守转入主动进攻的第一步，接发球质量的好坏直接影响个人技战术的发挥，决定了能否将对手控制在被动状态，同时也直接影响个人的心理状态。好的接发球可直接得分或为抢攻创造有利条件。接发球一般由点、拨、带、拉、攻、推、搓、削、摆短、撇、侧旋等多种技术组成。

接急球

（五）推挡球

推挡球

两脚平行或左脚稍前站立。身体离球台40～50厘米，两脚开立，约与肩同宽，两膝微屈。将球拍置于腹前，上臂带动前臂沿台面做平行挥动。击球时，拍形呈半横状，约与台面垂直，在球的上升期击球的中部，借助来球的反弹力将球击回。

挡球

188

（六）攻　球

1. 正手攻球

正手攻球

判断来球，选好站位，引拍于身体右侧。击球时，右脚蹬地同时转腰，上臂带动前臂向前、向左上方挥拍，手腕配合前臂内旋转动做内收，在来球的上升期击球的中上部。击球后，持拍手随挥。

2. 反手攻球

反手攻球

两脚平行站立，身体前倾。击球前，肘关节自然弯曲，引拍至腹部左侧，拍面稍向下。击球时，前臂外旋并稍加用力带动手腕向右前方挥动，肘略往后，拍面稍前倾，在来球的上升期击球的中上部。

（七）搓　球

1. 正（反）手搓球

正（反）手搓球时，向右（左）上方引拍，拍面稍后仰。正手搓球时，身体稍向右转。击球时，前臂做内旋转动，手腕配合用力，由上方向前下方挥拍，在来球的下降前期或高点期摩擦球的中下部或中部偏下，同时身体重心向前移动。击球后，手臂立即放松，随势前送，迅速还原。

2. 搓转与不转球

搓转与不转球时，尽可能用相近的手法搓出加转球与不转的球，为抢攻创造机会。慢搓或快搓均可搓加转球或不转球。搓加转球时，手腕加速用力向前下方切球，用球拍的下半部摩擦球；搓不转球时，手腕向前用力，用球拍的上半部或中部摩擦球。

正手近台攻球

反手近台快攻

正手快搓

正手慢搓

（八）弧圈球

1. 正手拉弧圈球

正手拉弧圈球

　　两脚左右开立，身体重心较低。持拍臂沉肩垂臂，引拍至身体后下方，拍面稍前倾。上臂带动前臂向前上方挥拍，逐渐加快挥拍速度。拍触球时，右脚蹬地转体，向左侧转动，迅速收前臂，发力要以腰、手为主，在来球下降期击球的中部或中上部。拉球后，球拍随挥至头部高度。

2. 反手拉弧圈球

反手拉弧圈球

　　两脚平行或左脚稍后站立，准备击球时，身体重心下降，右肩下沉，球拍从后下方引至大腿内侧，拍面适当前倾，肘关节略向前顶出，持拍手适当放松，手腕稍外展。球拍向前上方挥动，击球点在腹部前方。触球时，身体向前方顶起，前臂以肘关节为轴快速发力，带动手腕扭动发力，摩擦球的中下部，拉球的高点，击球后迅速还原。

（九）削　球

　　正手削球时，左脚稍前；反手削球时，右脚稍前。击球点选在左右腹前为宜。正手削球时，身体向右后转并向右后上方引拍，动作幅度稍大，使球拍与击球点之间有适当的挥拍加速距离；反手削球时，身体向左后转并向左后上方引拍，动作幅度略小于正手削球的引拍。正手削球是由右后上方向左前下方挥拍，反手削球是由左后上方向右前下方挥拍。拍触球时，以上臂带动前臂发力为主，拍形稍立。手臂的发力顺序是先压，后削，再送，即以向下用力为主，以向前用力为辅。击球后，随势向前下方挥动，迅速还原。

三、乒乓球基本战术

（一）发球抢攻战术

发球抢攻战术是我国直板快攻打法的撒手锏，是力争主动、先发制人的主要战术。各种类型打法的运动员普遍采用发球抢攻来抢占第一回合的优势。发球抢攻战术运用的效果主要取决于发球的质量和第三板进攻的能力。

发球抢攻战术因打法的类型不同而有所差异，常用的发球抢攻战术：① 正手发转与不转球；② 侧身正手（高抛或低抛）发左侧上（下）旋球；③ 反手发右侧上（下）旋球；④ 反手发急球或急下旋球；⑤ 下蹲式发球。

（二）接发球战术

接发球战术与发球抢攻战术同样重要。从某种意义上来讲，接发球水平的高低可以反映运动员的实战能力以及其各项基本技术的应用程度。事实上，接发球者只是暂时处于被动状态，如果破坏了发球者的抢攻意图或者为其制造了障碍，降低了对方抢攻的质量，也就意味着接发球者已经脱离被动状态，变被动为主动。

常用的接发球战术：① 稳健保守法；② 接发球抢攻；③ 盯住对方的弱点，寻找突破口；④ 控制接发球的落点；⑤ 正手侧身接发球。

（三）搓攻战术

搓攻战术是进攻型打法的辅助战术之一，主要利用搓球旋转的变化和落点的变化为抢攻创造机会。搓攻战术也是削球型打法争取主动的主要战术之一。

常用的搓球战术：① 慢搓与快搓结合；② 转与不转结合；③ 搓球变线；④ 搓球控制落点；⑤ 搓中突击；⑥ 搓中变推；⑦ 抢攻。

（四）对攻战术

对攻战术是运动员使用进攻型打法时，在相持阶段常用的一项重要战术。对攻主要依靠反手推挡（或反手攻球）和正手攻球（或正手拉弧圈球）技术，充分发挥快速多变的特点来调动对方。

常用的对攻战术：① 紧逼对方反手，伺机抢攻或侧身抢攻、抢拉；② 压左突右；③ 调右压左；④ 攻两大角；⑤ 攻追身球；⑥ 改变击球节奏，如加力推和减力挡结合，发力攻、拉与轻打轻拉结合，造成对方的被动局面；⑦ 改变球的旋转性质，如加力推后推下旋，或正手攻球后退至中远台削一板，使对方来不及反应，从而使己方可以直接得分或创造机会球。

（五）拉攻战术

拉攻战术是以攻为主的选手对付削球型选手的主要战术。为了发挥拉攻战术的效果，首先要具备连续拉的能力，并伴有线路、落点、旋转、轻重等变化，其次要具备拉中突击和连续扣杀的能力。

常用的拉攻战术：① 拉反手后，侧身突击斜线或中路追身球；② 拉中路杀两角或拉两角杀中路；③ 拉一角后杀另一角；④ 拉吊结合，伺机突击；⑤ 拉搓结合；⑥ 稳拉为主，伺机突击。

（六）削中反攻战术

削中反攻战术主要靠稳健的削球限制对方的进攻能力，为个人的反攻创造有利条件。削中反攻战术不仅增强了削球技术的攻击力，还促进了攻防之间的积极转化。

常用的削中反攻战术：① 削转与不转球，伺机反攻；② 削长短球，伺机反攻；③ 逼两大角，伺机反攻；④ 交叉削两大角，突击对方弱点；⑤ 削、挡、攻结合，伺机抢攻。

四、乒乓球竞赛规则简介

（一）通　则

乒乓球竞赛通则见表 8-4-1。

表 8-4-1　乒乓球竞赛通则

通　则	内　容
比赛场地	标准乒乓球比赛场地长为 14 米，宽为 7 米，空间高度为 5 米
乒乓球	乒乓球应呈白色、黄色或橙色，且无光泽。球为圆球体，直径约为 40 毫米
球　台	球台：球台的上层表面（比赛台面）是一个与水平面平行的长方形，长 274 厘米，宽 152.5 厘米，距地面高 76 厘米。比赛台面可用弹性一致的任何材料制成，应呈无光泽的暗色，沿台面边缘有一条宽为 2 厘米的白线，长的叫边线，短的叫端线。台面由一个与端线平行的垂直球网划分为两个相等的台区。双打比赛时，台区应由一条 3 毫米宽的白线划分成两个相等的半区

通　则	内　容
球　拍	球拍的大小、形状和重量不限。球拍的底板至少应有85%的天然木料制成，底板的黏合层可包括增强的纤维材料，如碳纤维、玻璃纤维等。拍面不论是否用以击球，都应为均匀一致的无光泽暗色。若运动员使用不符合规定的拍面击球，应判失1分。用来击球的拍面应用一层颗粒向外的普通颗粒胶覆盖，连同黏合剂，厚度不超过2毫米；或用颗粒向内或向外的海绵胶覆盖，连同黏合剂，厚度不超过4毫米。普通颗粒胶是一层无泡沫的天然橡胶或合成橡胶，其颗粒每平方厘米不少于10颗、不多于30颗，平均分布于整个表面。海绵胶即在一层泡沫橡胶上覆盖一层普通颗粒胶，颗粒胶厚度不超过2毫米
比赛胜负方式	在一局比赛中，先得11分的一方为胜方，但双方打到10平以后，先领先2分者为胜方。一场比赛可以实行七局四胜制或者五局三胜制

（二）细　则

乒乓球竞赛细则见表8-4-2。

表8-4-2　乒乓球竞赛细则

规　则	细　则
选择方位与球权	每场比赛开始前，由双方运动员以抽签的方式选择方位和球权，中签者可选择方位或发球权、接发球权，也可要求对方先做选择
合法发球	（1）发球时，球应放在非持拍手的手掌上，手掌应静止、张开、伸平，四指并拢，拇指自然张开。 （2）发球过程中，抛球手及球应始终高于台面。 （3）抛球时，只能垂直上抛，不可使球旋转，至少应使球在离开抛球手手掌之后上升16厘米。 （4）当球从高点降落时，发球者才能击球，并使球首先击中发球方台区，然后直接越过或者绕过球网，落至接发球方台区。双打时，发球方必须将球发至本方台面的右半区，球弹起过网后落至对方台面的右半区。 （5）发球者击球时，球必须处于发球者端线或其假定延长线之外，但不得远于发球者身体离球网最远的部分。 （6）运动员发球时，须让裁判员能够清楚地看到其是否按照合法发球规则发球。在一场比赛中，裁判员第一次对运动员的发球产生怀疑时，可以中断比赛，警告发球者，不判失误。 （7）因身体损伤而不能严格遵守合法发球的某些规定时，必须在赛前向裁判员声明，并得到裁判员的许可
合法还击	对方合法发球或合法还击以后，本方运动员必须击球，使球直接越过或绕过球网，再触及对方台区
重发球	（1）发球者发出的球越过或者绕过球网装置时触及球网装置，接触对方合法台区。 （2）球已经发出，但接发球者或其同伴未准备好，而且没有企图击球。 （3）由于发生了运动员无法控制的干扰，使运动员未能合法发球、合法还击或遵守规则

规　则	细　则
暂停比赛	（1）要纠正发球、接发球次序或方位错误时。 （2）要实行轮换发球法时。 （3）警告或者处罚运动员时。 （4）比赛环境受到干扰，以致回合结果可能受到影响时
得分情况	除非一个回合被判重发球，否则出现下列情况判得1分。 （1）对方未能发出合法球。 （2）对方未能合法还击。 （3）对方拦击或者阻挡。 （4）对方连续两次击球。 （5）球连续两次触及对方台区。 （6）对方用不符合规则的拍面击球。 （7）在球处于比赛状态时，对方运动员及其穿戴的任何物品触及球网或网柱。 （8）在球处于比赛状态时，对方非持拍手触及台面。 （9）发球时，对方运动员或其同伴踩脚。 （10）在双打比赛中，对方运动员没按发球者和接发球者确定的顺序击球
轮换发球法	（1）如果一局比赛进行了10分钟仍没有结果（双方均已获得至少9分除外），或者在此之前任何时间应双方运动员的要求，实行轮换发球法。有如下两种情况需要注意：①球仍处于比赛状态，裁判员应立即暂停比赛，被停回合的发球者发球，继续比赛；②球未处于比赛状态，应该由前一回合的接发球者发球，继续比赛。 （2）此后，每个运动员都轮发一次球，直至该局结束。如果接发球方进行了13次合法还击，则判接发球方得1分。 （3）轮换发球法一经实行，该局比赛的剩余部分必须一直实行，直至该局结束

五、乒乓球进阶训练指导

乒乓球进阶训练内容和注意事项见表8-4-3。

表8-4-3　乒乓球进阶训练

训练内容	初　级	中　级	高　级	注意事项
基本功训练	（1）基本步法训练。 （2）推挡球。 （3）正反手发球	（1）正反手攻球。 （2）正反手削球。 （3）发球	（1）正反手发难度球。 （2）攻球、搓球、削球	脚步灵活，反应快速，动作规范
战术训练		（1）发球抢攻训练。 （2）接发球战术训练	（1）搓攻战术训练。 （2）拉攻训练	两人配合到位，反应快速
模拟实战	两人推挡球训练	（1）两人正反手攻球。 （2）情景实战训练	（1）战术训练。 （2）单打、双打实战	模拟场景逼真

第五节　羽毛球

一、羽毛球概述

羽毛球百科

（一）羽毛球的起源与发展

现代羽毛球运动诞生在英国。1873 年，英国格拉斯哥郡的伯明顿（Badminton）镇有一位叫鲍弗特的公爵，某天他在庄园与朋友进行一种隔网用拍子来回击打毽球的游戏，游戏引人入胜，妙趣横生。后来，游戏规则不断完善，技术也日益成熟，从而诞生了现代羽毛球运动，Badminton 也成为羽毛球的英文名称。

现代羽毛球发展的标志性事件：1877 年，第一本羽毛球竞赛规则在英国出版；1893 年，世界上第一个羽毛球协会在英国成立；1899 年，该协会举办了第 1 届全英羽毛球锦标赛，每年举办一次，沿袭至今；1934 年，国际羽毛球联合会成立，总部设在伦敦；1939 年，国际羽毛球联合会通过了各会员共同遵守的《羽毛球竞赛规则》。20 世纪 20—40 年代，欧美国家的羽毛球运动发展得较快、水平较高；50 年代亚洲羽毛球运动发展得较快，到了 60 年代以后，亚洲的羽毛球技术逐渐领先于世界。1981 年，国际羽毛球联合会恢复了中国的合法席位，中国羽毛球开始进入辉煌时代。1992 年巴塞罗那奥运会，羽毛球项目被列为正式比赛项目。2006 年，试行了 3 个月后的羽毛球新规则正式实施，并在当年的汤姆斯杯、尤伯杯赛中首先被采用。

（二）羽毛球的锻炼价值

有研究成果证实：挥拍运动（如羽毛球运动）能够刺激肩部肌肉及手臂肱二头肌和肱三头肌，有效增强肩部和手臂肌肉的力量。参与者在快速移动的过程中，全身肌肉参与运动，特别是腿部肌肉会得到有效的锻炼。羽毛球运动能促进大脑快速紧张地思考，有健脑功能；也能让眼睛进行调节运动，促进眼球组织的血液供应和代谢。挥拍运动（如羽毛球运动）是使心理和身体健康都能受益的运动。

汤姆斯杯世界羽毛球
男子团体赛欣赏

尤伯杯世界羽毛球女
子团体赛欣赏

世界羽毛球锦标赛
欣赏

苏迪曼杯世界羽毛球
男女混合团体赛欣赏

奥林匹克运动会羽毛
球赛事欣赏

（三）著名羽毛球赛事介绍

1. 汤姆斯杯羽毛球赛

汤姆斯杯羽毛球赛是世界羽毛球男子团体锦标赛，1948 年举行了第 1 届比赛，现为两年一届，比赛由三场单打、两场双打组成。

2. 尤伯杯羽毛球赛

尤伯杯羽毛球赛是世界羽毛球女子团体锦标赛，1956 年举行了第 1 届比赛，现为两年一届，比赛由三场单打、两场双打组成。

3. 世界羽毛球锦标赛

世界羽毛球锦标赛设有男女单打、男女双打和混合双打 5 个比赛项目。1977 年世界羽毛球锦标赛开始举行，三年一届；1983 年改为两年一届，在奇数年举行；2005 年改为每年一届，但奥运年不举行。

4. 苏迪曼杯羽毛球赛

苏迪曼杯羽毛球赛是世界羽毛球混合团体比赛，1989 年开始举行，两年一届，在奇数年举行，比赛由男女单打、男女双打组成。

5. 奥运会羽毛球比赛

羽毛球于 1992 年被列入奥运会正式比赛项目，当时只设有单项比赛，没有团体比赛，且没有混双比赛。自 1996 年亚特兰大奥运会起增设混双比赛。

（四）著名羽毛球运动员介绍

1. 林 丹

林丹被广泛认为是世界羽毛球史上伟大的单打选手之一，是唯一在 28 岁之前就获得超级大满贯的球员。林丹在世界羽毛球锦标赛中获得 5 枚金牌 1 枚银牌，在羽毛球世界杯上获得了 2 枚金牌。林丹还获得了 5 个汤姆斯杯冠军头衔，是羽毛球史上首位连续蝉联奥运会冠军的运动员。

2. 张 宁

张宁是中国女子单打羽毛球运动员，曾获得 2004 年雅典奥运会、2008 年北京奥运会羽毛球女子单打冠军，成为中国乃至世界上唯一蝉联奥运会羽毛球女子单打冠军的运动员。张宁在 2008 年北京奥运会闭幕式上担任中国代表团旗手。

3. 李宗伟

李宗伟与中国的林丹、印度尼西亚的陶菲克、丹麦的皮特·盖德并列为世界羽毛球界"四大天王"。李宗伟一度在世界羽联排名第一，他在奥运会上共获得了 3 枚银牌，2008 年、2009 年、2010 年、2013 年获得世界羽联超级系列赛年终总决赛男子单打冠军，还在英联邦运动会中获得 4 枚金牌。

二、羽毛球基本技术

（一）握拍法

1. 正手握拍

正手握拍

正手握拍

　　持拍手虎口对着拍框的内侧，手掌小鱼际肌靠在拍柄端，小指、无名指、中指自然并拢，食指和中指稍分开，拇指的内侧和食指贴在拍柄的两个宽面上将拍柄握住。

2. 反手握拍

反手握拍

反手握拍

　　在正手握拍的基础上，将拇指伸直，用拇指第一指关节内侧顶贴在拍柄内侧的宽面上，食指收回，与拇指同高（或略高），用拇指和食指将球拍稍向外转，中指、无名指、小指紧握拍柄，拍柄端紧靠小指根部。

（二）发　球

1. 正手发高远球

正手发后场高远球

正手发高远球

　　站位应靠近中线一侧，离前发球线约1米的位置处。

　　右臂后引，由上而下向右前方挥拍，同时左手放球。

　　击球时右手腕急速向前上方闪动击球。

　　击球后，球拍随势向左上方减速收回至胸前。

2. 反手发网前球

反手发网前球

站位靠近前发球线，上体前倾，后脚脚跟提起。右手反握球拍，斜放在小腹前；左手持球在拍面前方。球拍由后向前推送击球，使球的最高弧线略高于网顶。

反手发网前小球

（三）击 球

1. 后场核心技术

正手后场击高远球

正手后场击高远球的准备、引拍、击球和随挥与正手发高远球基本相同，只是击球时要改变拍面角度，并向球的运行方向减速挥拍，手腕快速包切下压。

反手后场击高远球

身体左转，背对球网，反手握拍，上臂平举、屈肘，前臂放于胸前，球拍放至左胸前；由上臂带动前臂，利用手腕的"闪动"，快速向斜右上方挥拍击球；击球后迅速转体，恢复成正手握拍，持拍于体前。

正手击高远球

反手击高远球

正手吊球

击球前期动作同正手击高远球，只是击球时拍面稍向内倾斜，手腕做快速切削下压动作，击球托的后部或侧后部。

反手吊球

反手吊球的准备、引拍、击球和随挥与反手击高远球基本相同，不同的是击球时，拍面稍后仰，手腕内收闪动。

正手吊球

反手吊球

正手原地杀球

通过步法调整身体与来球的空间位置；前臂快速挥向右肩前上方，击球时，前臂内旋，手指握紧拍柄，手腕闪动内收发力，以正拍面击打球托的后部，使球快速向下飞行；击球后随挥，并迅速回位。

正手杀球

2. 前场核心技术

正手前场挑球

正手握拍举在胸前，右脚向前跨出一大步，重心落在右脚上，同时右臂向后摆，球拍后引；以肘关节为轴，屈臂内旋，并握紧球拍，用食指及手腕的力量将球向前上方击出。

正手挑球

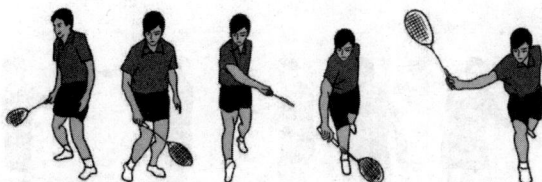

反手前场挑球

反手握拍，右脚向左前方跨出一大步，重心放在右脚上，屈肘向左侧引拍；然后以肘关节为轴，握拍经体前由下往上挥动，用拇指第一指节压住拍柄的宽面，用力将球击出。

反手挑球

正手放网前球

右脚向右前方跨步，在步法移动的同时，前臂外旋、手腕稍后伸，将拍引向右前上方；手腕向上轻提，以正拍面碰击球托的底部，将球回击过网，使球近网垂直下落。

正手放网前球

反手放网前球

反手放网前球

右脚向网前左区跨一步，前臂随步法移动伸向左前上方击球，在低于腰际的击球点，手腕向上轻提，以正拍面碰击球托底部，将球回击过网，使球近网垂直下落。

正手搓球

正手搓网前球

准备姿势同正手放网前球。右手拇指和食指夹住拍柄，前臂外旋，手腕由后伸向前稍做前屈、内收闪动，由上向下画弧捻动球拍，在右脚落地的同时，利用手腕、手指的力量，搓切球托的右侧底部，击球，使球翻滚过网。

反手搓球

反手搓网前球

反手握拍，前臂上举，手腕前屈，手背基本与网顶平高，拍面低于网顶。来球离网远时，前臂前伸、内旋，手腕由内收至外展，利用手腕、手指的力量捻动球拍，以反拍面搓切球托的左侧底部将球击出，使球旋转翻滚过网。

（四）常用基本步法

常用基本步法介绍如下。

（1）步法种类：垫步、跨步、并步、交叉步、跳步。

（2）根据在场地上移动方位的实际情况分为上网步法、后退步法。

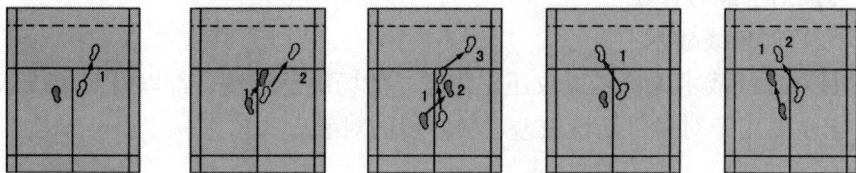

正手一步蹬跨步上网　正手前交叉上网　正手后交叉上网　反手一步蹬跨步上网　反手前交叉步上网

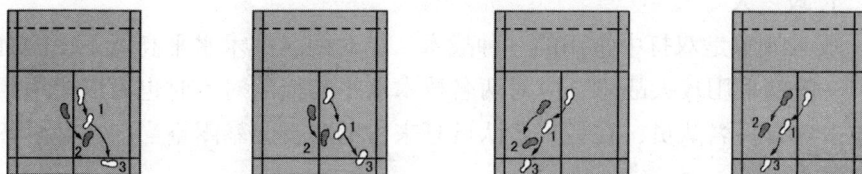

后场交叉步后退　　　后场并步后退　　　头顶位交叉步后退　　头顶位并步后退

三、羽毛球基本战术

（一）单打常用基本战术

1. 压后场战术

压后场战术是指通过运用高远球或平高球反复压对方后场两角，造成对方被动，然后伺机采用杀球和吊球攻击对方空当。此战术适合用来应对羽毛球初学者、后退步法慢或急于上网的对手。

2. 发球抢攻战术

发球抢攻战术主要以发网前球和平快球为主，限制对方的进攻，迫使对方挑球，然后用杀球和吊球进攻对方的空当和弱点。发球抢攻战术主要用于对付防守能力较差的对手。在比赛进入最后关键时刻，运用此战术往往能使临场经验不足的对手束手无策。

3. 控制网前战术

控制网前战术通过各种手段主动抢先放网或故意让对方先放网，然后上网重复放网，并与搓、推、勾、扑球结合运用，造成对方网前直接失误或被动挑球，此时要抓住有利时机大力扣杀和快速吊球。此战术主要用来对付后场技术较好而网前技术较差的对手。

4. 打四方球结合突击战术

打四方球结合突击战术以快速准确的落点控制对方场区的四个角落，迫使对方前、后、左、右奔跑，当对方来不及回中心位置或身体失去平衡时，抓住空当和其弱点进行突击（扣杀）。这种战术对付步法移动慢、灵活性差和体

发前场区球抢攻战术

以控制网前球开始组织进攻的战术

力较差的对手最为有效。

5.打对角线战术

打对角线战术无论是进攻还是防守，前场还是后场，都以打对角线球为主。它主要用于对付灵活性较差、转体慢的对手。

（二）双打常用基本战术

1.攻　人

攻人战术是双打中常用的一种战术。应对两名技术水平高低不一的对手时，一般都采用攻人战术，应对两名技术水平相似的对手时也可以使用。集中攻击对方一名队员，在另一名队员赶来协助时，会暴露空当，在其不备时可突袭。

2.攻中路

守方队员左右站位时，把球打在两人中间，可以造成守方两人抢接球或同时让球，限制守方在接杀时挑大角度的高球调动攻方，有利于攻方的封网。守方队员前后站位时，把球下压或轻推在边线半场处。攻中路战术多在接发网前球和防守中反攻抢网时运用。当攻方攻中路时，守方前场队员拦截不到，后场队员只能击球放网或挑高球，后场两角便会露出很大空当，攻方便有机可乘。

3.攻后场

攻后场战术常用来对付后场扣杀能力差的对手，把对方弱者调到后场后也可使用。攻后场战术是用平高球、平推球、接杀挑底线把对方一人紧逼在底线两角移动，在对方还击出半场球或网前高球时即可大力扣杀。如在逼底线两角时，对方同伴要后退支援，则可攻击网前空当或向后退者打追身球。

4.后攻前封

后场队员积极大力扣杀，在对方接杀放网、挑高球或企图反击抽挡时，前场队员以扑、搓、推、勾等技术控制网前，或拦截吊封前半场，使整个进攻过程连贯而又凶狠、凌厉。

5.防　守

（1）调整站位。为了摆脱被动，伺机转入反攻，首先要调整好防守时的站位。如果是网前挑高球，那么击球者应直线后退，切忌对角后退。直线后退路线短，站位快；对角后退路线长，也容易被对方打追身球。另一名队员应该补到空当位。双打防守时的站位调整都是一名队员在跑动击球时另一名队员填补空当。特别是站后位者，观察较全面，更要主动补位。

（2）防守球路。攻方杀球者和封网队员在半边场前后一条直线上，接杀球应打到另一半边前场或后场。攻方杀球者和封网队员在前后对角位上，接杀球可回击到杀球者的网前或封网者的后场。攻方杀球者杀大对角后，另一名队员想要退到后场助攻时，接杀球可回击到网前中路或直线网前。把攻方杀来的直线球挑成对角，杀来的对角球挑成直线以调动杀球者。

四、羽毛球竞赛规则简介

（一）通 则

羽毛球竞赛通则见表 8-5-1。

表 8-5-1 羽毛球竞赛通则

通 则	内 容
场区规则	（1）以下情况，运动员应交换场区： ①第一局结束；②第二局结束；③第三局或只进行一局的比赛，一方分数达到 11 分时。 （2）如果运动员未按以上规则交换场区，一经发现，双方在死球时立即交换，已得分数有效
发球和重发球	（1）得分方同时获得发球权。一局中，发球员的分数为 0 或双数时，双方运动员均应在各自右发球区发球或接发球；发球员得分为单数时，双方运动员均应在各自左发球区发球或接发球。 （2）以下情况，运动员应重发球。重发球时，最后一次发球无效，原发球员重发球。 ●遇到无法预见的意外情况。 ●除发球外，球过网后挂在网上或停在网顶。 ●发球时，发球员和接发球员同时违例。 ●发球员在接发球员未做好准备时发球。 ●比赛进行中，球托与球的其他部分完全分离。 ●司线员未看清球的落点，裁判员也不能做出决定时
比赛的连续性	每局比赛，一方分数达到 11 分时，进行 1 分钟的技术暂停，让双方进行擦汗、喝水等活动。每局比赛之间允许有 2 分钟的间歇。除上述两种情况外，比赛自第一次发球开始至该场比赛结束应是连续的，除非有特殊情况（如地板湿了、球打坏了等）发生，运动员不可再提出中断比赛的要求

（二）站位方式

羽毛球站位方式见表 8-5-2。

表 8-5-2　羽毛球站位方式

站位类别	站位细则
单打站位	一局中，发球员的分数为 0 或双数时，双方运动员均应在各自的右发球区发球或接发球。发球员的分数为单数时，双方运动员均应在各自的左发球区发球或接发球。比赛开始前挑边决定发球员，比赛中发球员为上一分得分者
双打站位	一局中，发球方的分数为 0 或双数时，发球方均应从右发球区发球。发球方的分数为单数时，发球方均应从左发球区发球。比赛开始前通过挑边决定发球员与接发球员，两者的队友则应落位于队友场区的左区。比赛进行时，发球方胜一回合则得一分，随后该发球员与队友换区继续发球。接发球员胜一回合则得一分，随后接发球的一方成为新的发球方。比赛依次进行

（三）违　例

羽毛球违例情况见表 8-5-3。

表 8-5-3　羽毛球违例情况

场　景	具体情况
违反合法发球	（1）一旦发球员和接发球员做好准备，任何一方都不得延误发球。发球时，发球员球拍的拍头做完后摆第一次向前挥动，即为发球开始，任何迟滞都是延误发球。 （2）发球员和接发球员应站在斜对角的发球区内，脚不得触及发球区和接发球区的界线。 （3）从发球开始至发球结束前，发球员和接发球员的两脚都必须有一部分与场地的地面接触，不得移动。 （4）发球员的球拍应首先击中球托。 （5）发球员的球拍击中球的瞬间，整个球应低于 1.15 米的高度。 （6）发球开始后，发球员必须连续向前挥拍，直至将球发出。 （7）发出的球向上飞行过网，如果未被拦截，球应落在规定的接发球区内（即落在界线上或界线内）。 （8）发球员应在接发球员准备好后才能发球，如果接发球员已试图接发球，即被视为已做好准备。 （9）双打比赛发球时，发球员和接发球员的同伴应在各自的场区内。其站位不限，但不得阻挡对方发球员或接发球员的视线
发球时	（1）球挂在网上或停在网顶。 （2）球过网后挂在网上。 （3）羽毛球接发球员的同伴接到球或被球触及

续　表

场　景	具体情况
比赛进行中	（1）羽毛球从网孔或网下穿过。 （2）羽毛球未从网上方越过。 （3）羽毛球触及天花板或四周墙壁。 （4）羽毛球触及运动员的身体或衣服。 （5）羽毛球触及场地外其他物体或人。 （6）羽毛球被击打时停滞在球拍上，紧接着被拖带抛出。 （7）羽毛球被同一运动员两次挥拍连续击中两次（但一次击球动作中，球被拍框和拍弦面击中，不属违例）。 （8）羽毛球被同方两名运动员连续击中
比赛进行中	（1）球拍、身体或衣服触及球网或球网的支撑物。 （2）球拍或身体从网上侵入对方场区（击球时，球拍与球的最初接触点在击球者网这一方，而后球拍随球过网的情况除外）。 （3）球拍或身体从网下侵入对方场区，妨碍对方或分散对方的注意力。 （4）妨碍对方，即阻挡对方紧靠球网的合法击球。 （5）故意分散对方注意力的任何举动，如喊叫、故作姿态等

（四）计分方法

比赛采用 21 分制，实行每球得分制。每局比赛，除下述两种情况外，分数先达 21 分的一方，该局获胜；双方比分为 20 平后，率先领先 2 分的一方，该局获胜；29 平后，分数先达到 30 分的一方，该局获胜。除非另有规定，整场比赛采用 3 局 2 胜制。

五、羽毛球进阶训练指导

羽毛球进阶训练内容和注意事项见表 8-5-4。

表 8-5-4　羽毛球进阶训练内容和注意事项

训练内容	初　级	中　级	高　级	注意事项
发　球	学习正手发后场高远球技术。依照先分解后连贯、从简单到复杂的顺序，按照技术动作的要领做挥拍练习，直至熟练	用绳拴住球，选择适当的高度将球固定吊好，反复做发球挥拍或击球动作练习，体会球与拍之间的距离感及前臂内旋带动手腕由伸腕到展腕的发力过程	在场地上练习各种发球方法，重点注意发球落点的多样性	将移动身体的力量、手臂挥动的力量、手腕突然加快向前上方鞭打的力量协调地结合起来

训练内容	初　级	中　级	高　级	注意事项
前场击球	对于放、搓、扑、挑每一个技术动作的结构、规范要求，有明确的概念和清晰的表象。正手握拍上右网前，反手握拍上左网前。一步垫步上网，两步跨步上网，三步交叉跨步上网	两人隔网对练搓球	多球上网放、搓、扑、挑对角球练习	能识别和熟记放、搓、扑、挑之间的相同点和不同点；熟练掌握正反手握拍上网前的基本功
中场击球	网上模仿练习，多球挑、多球定向挑、接吊挑；多球反手挑、多球定向挑、反手接吊球	练习正手接杀球、反手接杀球、放网前球、多球接杀放网	两人对练杀球与接杀球	注意击球点与落点的控制
后场击球	按照技术动作要领，持拍做好准备。做引拍、挥拍、击球（还原）的基本功练习	多球式喂球或一对一陪练式喂球，让练习者移动到位击球。逐步提高要求，可由原地完成动作到起跳完成动作	两人分边，用高吊、高杀直线或斜线球对练。要求刚开始速度慢些，逐步加快，注意到位击球，提高稳定性、准确性	注意握拍要正确、合理，左右手、前后脚及转体收腹等动作协调，以及在最高点击球等规范要求
基本移动步法	单个基本步法（垫步、并步、蹬步、交叉步、跨步）的反复练习	上网步法练习。由中心位置、上右网前、回中心位置、上左网前、回中心位置，可持拍模仿各种击球	正手后退右后场步法练习；后退左后场区正手绕头顶击球步法练习；反手后退左后场步法练习	

第六节 网 球

一、网球概述

（一）网球的起源与发展

古代网球运动可追溯到 12—13 世纪的法国，它是人们玩耍的一种"掌中游戏"。现代网球运动起源于英国。1873 年，英国人温菲尔德在了解了古代网球游戏后，把它从宫廷内搬到室外，使网球运动走进了寻常百姓家。1877 年，英国在温布尔登举办了第 1 届草地网球锦标赛，以亨利·琼斯为首的裁判委员会草拟的比赛规则是现代网球比赛规则的基础，其中的盘制、局制、换位法一直被沿用至今。网球运动被普及和形成高潮是在美国。第二次世界大战期间，其他国家的网球赛事都停止了，唯独美国的网球赛事继续开展并进入鼎盛时期，先后大约有 4000 万人参加网球运动，普及率非常高，这为网球运动的发展作出了很大的贡献。1913 年，世界网球的最高组织——国际网球联合会成立，其总部设在英国伦敦。网球运动在首届奥运会上即被列为比赛项目，后来由于对业余选手身份的认定有争议，网球不再是奥运会项目，直到 1988 年汉城（今首尔）奥运会才被重新列为奥运会正式比赛项目。

网球百科

（二）网球的锻炼价值

网球的锻炼价值：① 愉悦身心，放松精神；② 提高心血管机能，提高免疫力，增强身体各部分肌肉的力量；③ 促进人际交流，增进感情；④ 增加自信，锻炼心理素质。

（三）著名网球赛事介绍

著名的网球四大满贯赛事是温布尔登网球锦标赛、美国网球公开赛、法国网球公开赛和澳大利亚网球公开赛。

1. 温布尔登网球锦标赛

温布尔登网球锦标赛是现代网球史上最早的比赛，由全英俱乐部和英国草地网球协会于 1877 年创办。

温布尔登网球锦标赛
赛事欣赏

2. 美国网球公开赛

美国网球公开赛始于 1881 年，地面类型为硬地。美国网球公开赛固定于每年 8 月底至 9 月初进行，是每年四大满贯赛事中最后举办的大赛。

3. 法国网球公开赛

法国网球公开赛创办于 1891 年。法国网球公开赛的场地设在法国巴黎西部蒙马特高地的一座叫作罗兰·加洛斯的大型球场内，该球场属于慢速红土球场。

4. 澳大利亚网球公开赛

第 1 届澳大利亚网球公开赛是 1905 年在墨尔本举办的，它是四大满贯赛事中最晚创立的赛事。这项赛事最初是在澳大利亚和新西兰两国的主要城市之间轮流举行。自 1988 年起，比赛一直在墨尔本公园的室外硬地球场上进行。由于是硬地网球场，因此打法全面的选手会有一定的优势。

（四）著名网球运动员介绍

1. 罗杰·费德勒

罗杰·费德勒，1981 年出生，瑞士男子职业网球运动员。费德勒拥有职业网球联合会历史上单打世界排名第一连续周数最长的纪录（237 周，2004—2008 年）。众多网球评论家、现役和退役的选手都认为费德勒是世界网球史上最伟大的选手之一。

2. 李娜

李娜，1982 年出生于湖北省武汉市，中国女子网球运动员，2008 年北京奥运会女子单打第四名，2011 年法国网球公开赛、2014 年澳大利亚网球公开赛女子单打冠军，亚洲第一位大满贯女子单打冠军。在李娜 15 年的职业生涯里，21 次打入 WTA 女单赛事决赛，并共获得了 9 个 WTA 和 19 个 ITF 单打冠军。2019 年 7 月，李娜成为首个入选国际网球名人堂的亚洲球员。

二、网球基本技术

（一）握拍方式

1. 大陆式握拍

球拍垂直于地面时，食指与拇指形成的 V 字形虎口对准拍柄的 1 号棱，握到拍柄最底部。握拍时，食指像扣扳机一样扣紧球拍，拇指贴着中指。

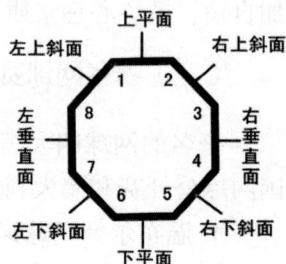

2. 东方式正手握拍

左手托好球拍，右手平贴在拍面上，保持手掌与拍面平行，手顺着拍面一直拉到拍柄底部，手握紧拍柄之后，虎口对准 2 号棱。

3. 东方式反手握拍

当拍面垂直于地面时，从大陆式握拍逆时针转动握拍手，直到虎口对准 8 号棱，掌心贴在 7 号棱与 8 号棱之间的平面上。这种握拍方式一般用于单手反拍抽球和上旋发球。

4. 双手反手握拍

双手反手握拍时，左手在上，右手在下，右手 V 字形虎口对准 8 号棱，采用东方式反手握拍，握到掌根平行于拍柄底部，左手采用东方式正手握拍。

5. 西方式握拍

V 字形虎口对准 4 号棱，掌心朝上是西方式正手握拍；从东方式握拍顺时针转动到 V 字形虎口对准 3 号棱，也可以把球拍放在地上直接抓起来，这样就是半西方式握拍。

（二）击球的基础知识

1. 击球站位

击球站位分别有开放式站位、半开放式站位、半关闭式站位和关闭式站位。

2. 甜　区

甜区是球拍上的一个最佳击球区域。用拍面这个区域击球，能让选手发挥最大的力量，获得最佳的手感和最小的振动。

3. 击球点

击球点就是击球时球拍与球接触的空间位置，其要素包括球拍击中球时球距地面的高度、球距身体的前后距离、球距身体的左右距离。最佳击球点的高度在腰部，前后位置在身体的侧面稍靠前。

4. 击球线路

球从被球拍击中开始飞行到落点的线路叫击球线路，一般分为直线和斜线两种。

5. 击球要点

在对方开始做挥拍动作时要做分腿垫步和预判，这样有助于保持下肢的弹性，提高反应速度和移动速度。击球时，要调整到最佳的击球位置和击中球拍的甜区，这样就可以打出线路多变和强有力的球。击球后，要及时还原到准备动作，为下一次击球做好充分的准备。

东方式握拍法

东方式双手反手握拍

西方式握拍

（三）正手击球

1. 正手击球基本技术

（1）准备动作。面对球网，眼睛盯住球。两脚平行开立，稍比肩宽，膝关节微屈使重心下降，上体稍前倾，重心落在前脚掌。右手握在拍柄最底部，左手放松握在右手上方。将球拍放在胸前与两肩之间，拍头举起稍高于手腕，肘关节内收离开身体。

（2）移动转体引拍。判断好来球方向后，两脚迅速右转，调整好击球位置。最后一步右脚向前跨出，与端线约成90°角，重心偏向右脚，两腿膝关节微屈。右肩带动球拍向后、向上弧形引拍，将拍头摆在较高的位置上做准备，左手向侧前方自然摆出。引拍时，肘关节要自然弯曲下垂。引好拍后，球拍、右肩、左肩成一条直线瞄准来球方向。

（3）挥拍击球。击球时，重心脚用力蹬地，以髋关节为轴转动，保持平衡直立状态，依次带动肩、上臂、前臂，将引拍时处于高位的拍头平行地挥到球的后部。击球瞬间，手腕要保持相对稳定。击球时，拍面基本垂直于地面，向左前上方挥拍，使球增加旋转。

（4）随挥跟进。当球拍击中球时，重心和随挥动作要跟上，使拍面与球接触的时间延长。挥拍沿着球的飞行方向前送，重心转移到左脚上，右肩转向击球落点方向。

2. 正手平击球

正手平击球的特点是球几乎不旋转，飞行速度较快，过网弧度比较低，落地后前冲力量大。击球过程中的挥拍几乎是水平运动。由于平击球基本不旋转，飞行线路比较平，缺少弧度，因此容易造成失误，其准确性和控制性也较差。平击球是在正手击球基本技术的基础上，使拍面与地面保持垂直，挥拍轨迹尽量与地面保持平行。

3. 正手击上旋球

上旋球的特点是球带着向前的旋转，过网弧度高，下降和弹起瞬间有明显的加速，落地后弹起向前冲，既高又远，同时稳定性高，进攻性强且控制角度大。击上旋球就是在正手击球基本技术的基础上，拍面相对前倾，球拍从下向上、向前擦击球的后上部。击球后，要有完整的随挥收拍动作。

4. 正手削球（下旋球）

下旋球的特点是球比较"飘"，飞行时间长，球速慢，过网很低，球落地后弹起也很低，并伴有回弹现象。下旋球的落点容易控制，可与其他技术交替使用从而打乱对方的比赛节奏，降低对方的回球质量，为自己创造更好的进攻得分机会。

正手削球的准备动作与前面介绍的击球方法相似。削球使用的是大陆式握拍，球过来时，左脚向前方跨出，同时侧身后摆引拍。引拍时，拍头稍高于手腕，左手指向来球方向，以保持身体平衡。击球点在身体右侧前方，挥拍动作由上至下走一条直线，先击中球的后部，再从球的后部向球的后下部摩擦。削球时，应该集中精力做好削球的动作，而不必有意识地做随挥动作。

（四）反手击球

1. 单手反手击球基本技术

反手击球

（1）准备动作。面对球网，眼睛盯住球，两脚平行开立，稍比肩宽，膝关节微屈使重心下降，重心落在前脚掌。右手握在拍柄最底部，左手紧贴握在右手上方。将球拍放在胸前与两肩之间，拍头举起稍高于手腕，肘关节内收离开身体。

（2）移动转体引拍。判断来球是从反手方向飞来时，使用侧身碎步移动到位。移动的同时左手保持东方式正手握拍，迅速向右旋转球拍，帮助右手转到东方式反手握拍。肩部和髋部带动球拍向左后方引拍。后摆时，肘关节自然弯曲放松，拍头稍稍翘起，指向后方，引拍高度稍低于击球点；同时右脚向前方迈步，膝关节微屈，向前探肩，身体重心落在后面的脚上。

（3）挥拍击球。当球到右脚左侧前方时，把引拍时翘起的拍头放下来，右手向前拉拍，左手向前推拍，由后向前上方挥拍。在挥拍过程中，手臂保持自然弯曲。击球时，球拍与右脚应在一条直线上，最佳击球高度大约齐腰。击中球的瞬间，手腕相对绷紧，拍面与地面保持垂直或稍下压，击打球的中后部，利用顶髋、转体和转肩的力量使重心前移至右脚上。

（4）随挥跟进。击球后，随挥动作要连贯，球拍沿着击球线路向前、向上收拍，收到右耳后，重心也跟着向前落在右脚上。击球结束后，身体转向球网，恢复到原先的准备动作。

2. 反手击下旋球

当判断球的飞行路线在反手时，迅速把握拍方式转换为大陆式握拍，同时侧身转体引拍，引拍高度要与击球点的高度一致，拍头向上高于手腕与前臂形成L形，手腕稍微往上翘、绷紧，右脚向左前方迈出。球到右手左侧，右手向要打的方向直线挥出，击中球的后下部，感觉好像球在球拍上滑动。球拍随着球飞出去的方向向前上方收拍，随挥要充分。托着拍颈的左手也要同时向反方向运动打开，这样有助于保持身体平衡。

（五）发　球

1. 发球的基本技术

（1）准备动作。单打发球站位在中线附近，双打发球站位在中线与双打线中间。准备时，两脚分开站立，约与肩同宽。左脚向右前方跨出，右脚在后。在右区发球时，左脚脚尖对着右边的网柱，在左区发球时，左脚与端线平行。无论在哪个区发球，重心都落在左脚上。站好位以后，肩部要充分侧转，就像一道门把身体关起来，对手此时看不到你胸前的位置。

（2）抛球后摆。抛球和后摆引拍动作是同步进行的。抛球时，持球手用指尖托住球，掌心向上，以肩部为轴直臂向上把球抛起，手臂上升到最高点时，手指自然打开，垂直地向空中抛起球。球被抛出后，抛球手保持在高处。后摆引拍动作可以从后向上摆起或者直接向右打开，同时做屈膝、转体、展肩的动作；引好拍后将拍头举起指向天，重心随着引拍往后移。

（3）挥拍击球。在球被抛起后，左脚蹬地向上跳起，同时球拍迅速、连贯、放松地落到背后，用转体和腰腹的力量先把肘关节向前、向上抬起，再把球拍带出来向上挥出，当球在最高点时击球的后上方。向前击中球后，持拍手手腕带动前臂做一个扣腕内旋鞭打的动作。

（4）随挥跟进。击完球后，球拍保持向前、向左下方挥出；同时身体跳进场内，左脚着地、右脚向后抬起，保持身体平衡；最后挥拍动作结束在身体的左侧。

2. 发球的类型与特点

（1）平击发球。球几乎没有旋转，球速快，过网比较低，落地弹起高度低，前冲力量大，这种发球失误率相对较高。平击发球以拍面中心平直对准

发球

球，击球的后中上部，向前、向下击打，因此，手腕带动前臂扣腕内旋鞭打的动作非常重要。身体应该充分向上、向前伸展，以达到最高的击球点，提高发球命中率。

（2）侧旋球。球带侧旋（略带下旋），以曲线形式进入场地，成功率较高，而且球速快，可控制的击球线路广，可用于第一发球和第二发球。这种发球是在击球时球拍快速地从右侧中上方至左下方挥动，击球部位在球的中部偏右侧，使球产生右侧旋。

（3）上旋发球。这种发球过网弧度高，球带上旋，球过网后下坠和弹起瞬间都会有明显的加速，因此这种发球落地反弹很高，前冲很大，稳定性也高。发这种球时，身体尽量后仰，呈背弓形，利用杠杆力量对球施加旋转，球拍快速地从左向右上方挥动，从下向上擦击球的背面，并向右带出，使球产生右侧上旋。

（六）高压球

当对方挑高球时，立刻侧身后撤，用后交叉步调整击球位置，同时非持拍手向上举起，指向来球方向，持拍手把球拍向后举起，上臂与身体约成直角，拍头指向正上方，调整好之后，膝关节弯曲，重心下降积攒力量，随时准备扣杀。当球到了右眼前上方的位置时，开始做挥拍动作，击球动作与发球一样。如果来球太高，需要跳起击球时，则用右脚起跳，同时转体挥拍击球，击球后，左脚着地。

高压球

（七）截击球

1.正手截击球

当对方开始挥拍时，提早做分腿垫步。当判断球朝正手飞来时，立刻小幅度地做转肩后摆引拍，膝关节后摆幅度不要超过肩部。当球来到身体前面时，左脚向来球方向跨出，再加上重心向前的力量使击球更有力；同时保持拍头高于手腕，手腕绷紧，手指突然用力握紧球拍。击球时，球要与眼睛在同一水平面上，也就是说，打低球时不能调整球拍，只能调整重心。在球拍

正手截击球

短促地向前挡击球的同时，将球拍稍向下，略像削球一样地挥拍，击球时要保持拍头翘起。

2. 反手截击球

当对方开始挥拍击球时，提早做分腿垫步。当判断球朝反手飞来时，左手托着拍颈，立刻转肩做小幅度的后摆引拍，后摆幅度不要超过左肩。当球来到身体前面时，右脚向来球方向跨出，保持拍头高于手腕，手腕绷紧，手指突然用力握紧球拍，拍面约与地面成45°角切击来球；同时右手向后打开保持身体平衡。因为截击反应时间短，比较容易遇到追身球或近身球，所以打这种球应该用反手截击。反手截击可以有多个击球点。

反手截击球

三、网球基本战术

网球比赛是一项开放性的运动项目。网球的技术通过不同的组合在不同的情况下运用会产生截然不同的效果，把它们合理地组合起来，往往能取得胜利。

（一）单打战术

1. 上网战术

（1）发球上网。通过发球力量或大角度的发球压迫对手，使对手回球质量下降，从而跑到网前进行抢攻得分。

（2）接发球上网。这种上网型打法是在对方发球比较弱或者对方在进行第二发球的时候，通过多变快速的接发球手段抢攻，实现上网得分。

（3）随球上网。对方在底线对攻相持或者接发球时，出现质量不高的中场球或浅球时，打完这个球后顺势向前跑到网前进行网前抢攻。

（4）偷袭上网。当对方适应了己方惯常的打法和节奏后，可通过变换上网打法，加快进攻节奏和改变场上位置，使其在短时间内难以适应，从而实现得分。

2. 底线战术

（1）紧逼战术。这种战术一般以正反手底线抽球为主要进攻技术，以打球的上升点来加快进攻节奏，通过快节奏强攻和刁钻的击球落点来压迫对手的弱点，或者大范围地调动对手，使对手出现失误或者直接得分。

（2）防守反击战术。这种打法是运动员以良好的移动能力、控球能力和准确的判断能力，通过多个回合来调动对手，然后寻找机会进行反攻。

（3）综合型战术。这种打法要求运动员基本功扎实、技术全面，在场上通过网前、底线以及击球节奏快慢的变化来得分，讲求攻守平衡。

（二）双打战术

1. 双上网战术

双上网战术是打出有威胁的发球或接发球后，两人快速来到网前进行截击抢攻得分。这种战术在职业或高水平双打比赛中是主流打法。

2. 双端线战术

双端线战术是两人在端线通过端线技术与对手进行对攻相持，其相对比较保守，较容易出现空当。这种战术在女子业余比赛中较常见。

3. 一网一端战术

一网一端战术是端线的选手与对手相持，网前的选手等待截击抢攻机会。这种战术在业余比赛中比较常见。

四、网球竞赛规则简介

（一）通 则

网球竞赛通则见表 8-6-1。

表 8-6-1 网球竞赛通则

通 则	细 则
交换场地	双方应在每盘的第 1、3、5 等单数局结束后，以及每盘结束双方局数之和为单数时，交换场地
失 分	发生下列任何一种情况，均判失分： （1）在球第二次着地前，未能还击过网； （2）还击的球触及对方场区界线以外的地面、固定物或其他物件； （3）还击空中球失败； （4）故意用球拍触球超过 1 次； （5）运动员的身体、球拍，在发球期间触及球网； （6）过网击球； （7）抛拍击球
压线球	落在线上的球都算界内球

（二）发球规则

网球发球规则见表 8-6-2。

表 8-6-2 网球发球规则

类 别	细 则
发球前的规定	发球员在发球前应先站在端线后、中点和边线的假定延长线之间的区域里，用手将球向空中任何方向抛起，在球接触地面以前，用球拍击球（仅能用一只手的运动员，可用球拍将球抛起）。当球拍与球接触时，就算完成球的发送

类 别	细 则
发球时的规定	发球员在整个发球动作过程中，不得通过行走或跑动改变原来站的位置，两脚只准站在规定位置，不得触及其他区域
发球员的位置	每局开始后，先从右区端线后发球，得或失1分后，应换到左区发球。发出的球应从网上越过，落到对角的对方发球区内或其周围的线上
发球失误	未击中球；发出的球，在落地前触及固定物（球网、中心带和网边白布除外）；违反发球站位规定；发球员第一次发球失误后，应在原发球位置上进行第二次发球
发球无效	发球触网后，仍然落到对方发球区内；接球员未做好接球准备，均应重发球
交换发球	第一局比赛终了，接球员成为发球员，发球员成为接球员。以后每局终了，均依次互相交换，直至比赛结束

（三）双打细则

网球双打细则见表8-6-3。

表8-6-3 网球双打细则

类 别	细 则
双打发球次序	每盘第一局开始时，由发球方决定由何人首先发球，对方则同样在第2局开始时决定由何人首先发球。第3局由第1局发球方的另一名球员发球。第4局由第2局发球方的另一名球员发球
双打接球次序	先接球的一方，应在第1局开始时，决定何人先接发球，并在这盘单数局继续先接发球。双方同样应在第2局开始时决定何人接发球，并在这盘双数局继续先接发球，他们的同伴应在每局中轮流接发球
双打还击	接发球后，双方应轮流由其中任何一名队员还击，如果运动员在其同队队员击球后，再以球拍触球，则判对方得分

（四）计分方法

正式比赛时，男子单打和男子双打采用五盘三胜制。女子单打、女子双打和混合双打采取三盘两胜制。

（1）决胜局计分制：决胜局计分制用于每盘的双方局数为6∶6时。

（2）单打的决胜局计分制：先得7分者为胜该局和该盘。若分数为6∶6时，比赛须到某方净胜2分时为止。决胜局应全部采用阿拉伯数字0、1、2、3等计分。

（3）双打决胜局计分制：双打决胜局规则与单打决胜局规则相同，只是在发球时双方要轮换发球。

五、网球进阶训练指导

网球进阶训练内容和注意事项见表8-6-4。

表8-6-4 网球进阶训练内容和注意事项

训练内容	初　级	中　级	高　级	注意事项
颠　球	（1）凌空颠球。 （2）正手落地颠球。 （3）正手小场隔网颠落地球。首先颠落地球两下，第三下用同样的动作颠球过网。 （4）双手反手小场隔网颠落地球。方法与上一步骤完全一样，只是将正手改成双手反手			要求将球拍放在腰际，球比眼高，拍面保持水平，不晃动，眼睛盯紧球，身体放松
底线正、反拍击球	（1）徒手或持拍做挥拍练习。 （2）在中场发球线后，原地侧身对着网站立，左手自由落体式放球，右手挥拍击球。 （3）送球者站在初学者侧前方相距3米左右抛球，初学者站在底线中间进行正反拍击球。 （4）对墙练习	（1）底线正、反拍对打斜线、直线练习。 （2）底线正、反拍一点打两点练习。先固定线路，逐渐加大难度到不定点线路	（1）两条斜线对两条直线的练习，亦称8字线路。先固定线路，然后到不固定线路。 （2）网前两人截击，底线一人正、反拍定点或不定点破网练习	注意做好挥拍的后摆拉拍、击球、前挥三个动作要领
发　球	（1）抛球练习。左手持球，反复做向上抛球动作，还可配合做右手向后引拍的动作。 （2）抛球和击球动作配合练习。左手抛球，右手同时完成后摆动作，右手肘关节向上抬起	（1）站在发球线处发球，要求球过网。 （2）站在端线处，直线多球发球，要求球过网。	（1）站在端线处，斜线多球发球，要求球落点在发球区内。 （2）先练习发不定点球，后练习发定点球，逐步提高难度，提高命中率和准确性	注意抛球的位置是否正确

训练内容	初　级	中　级	高　级	注意事项
网前截击球	（1）持拍做模仿挥拍练习，并逐渐结合步法做挥拍练习。 （2）用多球进行单个动作的网前截击练习	（1）直线的连续正反手截击练习（两人在网前相距 3 米左右）。 （2）送球者站于中场发球线后送多球，练习者分别进行定点的正手和反手截击练习	（1）在网前中场或近网对底线进行截击球练习。 （2）网前一人截击球，底线两人破网，提高截击者的难度，练习反应能力、判断能力	注意体会击球动作和球感
高压球	（1）持拍做模仿练习。 （2）站在发球线处，一手抛高球，一手进行高压练习	（1）结合后脚跳起步法做挥拍练习。 （2）一人站在后场边线处用球拍送高球，另一人站在网前进行高压练习	（1）一人站在网前打高压球，另一人在底线挑高球，进行挑高球和高压球的连续练习。 （2）用多球进行各种高压球练习，逐渐加大难度，先用手抛，后用拍送抛球	注意体会击球的时间和空间感

本章课后思考题

第九章

本章思维导图

融合力与美的健身操舞类运动

≫ 本章导读

　　健身操舞类运动融体操动作、舞蹈动作与音乐于一体，是力与美的完美结合。当代大学生掌握丰富的健身操舞类运动知识和娴熟的技能，不仅可以为生活增添一份美感，缓解压力，还有利于改善身体的协调性和灵敏度，保持优美的体形，愉悦身心。健身操舞类运动还能给观赏者带来美的享受、美的体验，提升其审美情趣和艺术修养。本章将遵循健身操舞类运动项目名人故事、基础知识概述、基本技术、基本规则的逻辑思路，引导学生进入融合力与美的健身操舞类运动的世界。

≫ 学习目标

▶ 了解体操、健美操、健美运动、形体训练、
　体育舞蹈的相关基础知识。
▶ 掌握健身操舞类运动的基本技术，并学会运
　用健身操舞类项目进行身体锻炼及活动。
▶ 了解各项健身操舞类运动竞赛的基本规则。

【名人故事】

从"体操王子"到商业大亨

李宁，壮族，男，生于1963年，中国著名体操运动员，奥运会体操冠军，李宁品牌创始人，李宁集团董事长兼联席行政总裁。李宁是世界体操史上的传说，他先后获得了14项世界冠军，赢得了100多枚金牌，被誉为"体操王子"。

1982年，在南斯拉夫（现已解体）萨格勒布举行的第6届世界杯体操赛上，李宁一人获得了男子个人项目全部7枚金牌中的6枚，获单杠、自由体操、跳马、鞍马、吊环和全能6项冠军，创造了世界体操史上的神话。

1984年，李宁在第23届奥运会男子体操单项比赛中获得男子自由体操、鞍马和吊环3项冠军，一举夺得3枚金牌、2枚银牌和1枚铜牌，接近中国代表团奖牌总数的1/5，成为该届奥运会中获奖牌最多的运动员。

1988年退役后，李宁以其姓名命名创立了"李宁"运动品牌。"李宁"运动品牌下的商品种类繁多，如运动服装、运动鞋、篮球、足球等。该品牌经过多年发展，已成为中国国家级体育用品品牌，为中国体育产业及消费品行业的发展作出了卓越贡献。

第一节 体 操

一、体操概述

（一）体操的起源与发展

1969年春，在山东省济南市北郊无影山的南坡发现了14座汉墓。在出土的文物中，有一盘西汉时期的乐舞杂技陶俑，在21个陶俑中有4个在做体操表演，两两对称，两个在做倒立动作，另外两个在做躬弯。

东汉时期，名医华佗受动物的动作和神态的启发，创编出五禽戏。此方法以强身健体为目的，其动作已经有了自由体操的影子。东汉时期，我国民间就有"杠力功"，类似于现代的器械体操。

唐宋以后，体操运动有了进一步发展，出现了双人动作和集体动作，许多复杂的翻腾动作和杂技表演被结合在一起。

现代体操起源于 18 世纪。当时的德国、瑞典、丹麦等欧洲国家先后出现了不同的体操流派，它们推动了体操运动的进一步发展，同时也为现代体操的形成奠定了基础。1952 年，在赫尔辛基奥运会上，体操被列为正式比赛项目。

现代体操运动传入中国是在 1840 年鸦片战争以后。当时的体操运动内容较为单一，人们对其不感兴趣，群众性体操活动的开展更无从谈起。19 世纪初，我国一些学校开设了体操课，这可以说是 21 世纪体育课的前身。在 1924 年第三届全运会上曾举行过一次项目不全的全国性的体操表演。体操成为专门的体育比赛活动，特别是成为竞技性体操，经历了较长时期的发展与完善阶段。

（二）体操的锻炼价值

体操的锻炼价值包括以下方面。

（1）提高练习者的身体素质，改善其身体机能，培养其审美能力，提高其艺术修养。

（2）帮助练习者调节情绪，愉悦身心，有效地促进其身心全面发展。

（3）培养练习者坚强的意志品质。

（三）著名体操赛事介绍

1. 世界杯体操赛

世界杯体操赛是由国际体操联合会主办的世界高水平的体操大赛。世界杯体操赛的规模较小，只进行全能和单项的自选动作决赛。每年举行若干站分站赛，分站赛成绩优秀的运动员参加总决赛。经比赛获得男、女全能冠军的运动员将夺得世界杯；获得男、女单项前 3 名的运动员将分别授予金、银、铜质奖章。

2. 世界体操锦标赛

世界体操锦标赛（以下简称体操世锦赛）是由国际体操联合会主办，由其下属的某个国家的体操协会承办的世界性体操赛事，主要分为竞技体操锦标赛和艺术体操锦标赛，并且分别举行。体操世锦赛的重要性和影响力仅次于奥运会体操赛。竞技体操锦标赛自 1903 年开始举行，2002 年之后，除奥运年外，每年举行一次，即每 4 年举行 3 次。中国举办了 1999 年天津体操世锦赛和 2014 年南宁体操世锦赛。

3. 奥运会体操赛

1896 年第 1 届雅典奥运会设立了鞍马、吊环、跳马、双杠、单杠和爬绳项目，但没有自由体操项目，只有男子体操比赛。在之后的奥运会上，体操比赛先后增设了火棒操（后改为轻器械体操）、瑞典式体操、欧洲式体操等体操比赛。1932 年第 10 届洛杉矶奥运会增设了自由体操项目，竞技体操初具雏形。1936 年，在第 11 届柏林奥运会上，体操比赛才真正形成男子体操比赛 6 项，轻器械体操、瑞典式体操、欧洲式体操等比赛被取消。这届奥运会还设立了女子体操比赛项目，但其完善与定型是在 1960 年的第 17 届罗马奥运会上才完成的。1984 年，在第 23 届洛杉矶奥运会上，艺术体操被列为正式比赛项目。2000 年，在第 27 届悉尼奥运会上，蹦床被列为正式比赛项目。

（四）著名体操运动员介绍

1. 邹 凯

邹凯，我国著名体操运动员，1988 年出生于四川省泸州市，原中国国家体操队主力队员之一，奥运会"五金"获得者。

邹凯于 1991 年开始体操生涯；2001 年进入四川省体操队；2002 年入选国家男子体操队，自由体操、单杠是其强项。在 2012 年伦敦奥运会体操男子自由体操的比赛中，邹凯力压日本名将内村航平，夺得自由体操项目金牌，这也是邹凯获得的第五枚奥运会金牌，这使邹凯成为中国奥运史上第一位获得 5 枚体操金牌的运动员。2013 年，邹凯在第十二届全运会上夺得男子单杠项目金牌，这是他在三届全运会中拿到的第 11 枚金牌，邹凯也因此获得了全运会"11 金王"的称号。邹凯是全运会史上首位获得金牌超过 10 枚的运动员。

2. 刘 璇

刘璇，我国著名体操运动员，女子体操世界冠军，1979 年出生于湖南省长沙市。

1992 年，刘璇参加全国体操锦标赛，获得高低杠项目冠军。1995 年，刘璇在"中国杯"国际体操赛女子个人全能比赛中，获得女子平衡木、女子自由体操和女子个人全能三项冠军。1998 年，刘璇在世界杯体操赛总决赛中获得女子平衡木项目冠军。2000 年，刘璇在悉尼奥运会上获得女子平衡木项目冠军。

二、体操基本技术

（一）基本动作

1. 前滚翻

站立伸展后，由蹲位开始，两手于体前撑地，重心前移，提臀，两脚蹬地，同时屈臂、低头、含胸，屈体前滚。当腰背着垫时，屈膝团身，两手迅速抱腿，两脚蹬地站起，成站立姿势。

2. 后滚翻

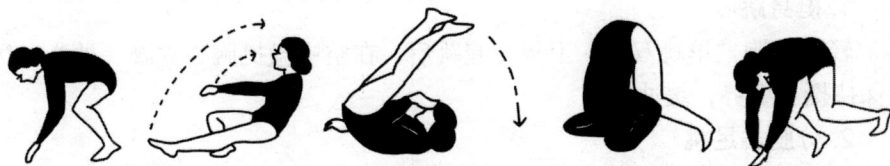

由蹲位开始，身体稍向前移，随即两手推地、含胸低头、团身后倒，屈臂夹肘，两手放在肩上。后滚，肩、头依次离地，臀部继续上翻，顺势推地经蹲位撑地成站立姿势。

3. 肩肘倒立

由坐位体前屈开始，接着向后滚动，收腹举腿翻臀，当脚尖举至头上方时，两臂在体侧用力下压，向上伸髋、伸腿。至倒立位时，髋关节充分伸展，收紧腹部、臀部，屈肘内压，两手掌心向内、虎口向上撑于背部两侧，成肘、颈、肩支撑的倒立姿势。

4. 侧手翻

由站位开始，左脚向左侧抬起至与地面平行，同时两臂上举。左腿向左侧落地后上体左倾，手撑地顺势向左转体90°，右腿后摆。左右手前伸依次在左脚的延长线上撑地，左脚蹬地后经倒立姿势顶肩、立腰。两手依次推地、离地，两脚依次落地。

（二）跳跃动作

1. 挺身跳

轻松助跑"单跳双落"上板。起跳后，在空中微挺胸、立腰、梗头，尽量保持挺身姿势，缓冲落地。

2. 分腿击足跳

助跑积极上板，当身体腾起接近最高点时，迅速收腹屈体，两腿外分，同时上体前倾，两手主动击脚背，接着两腿下压，臂上摆，并腿挺身，缓冲落地。

（三）双　杠

1. 支撑摆动

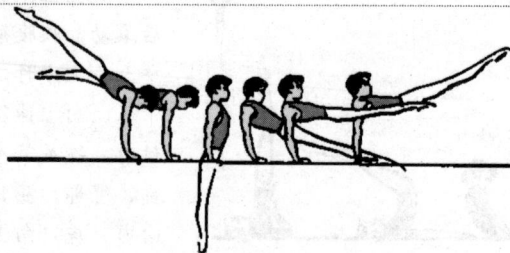

在杠上直臂支撑，以肩为轴前后摆动身体。前摆时，直体自然下摆，摆过杠下垂直部位后，向前上方摆起，顺势顶肩含胸，拉开肩角。回摆时，脚尖远伸，身体自然下摆，摆过杠下垂直部位后，用力向后上方摆腿，含胸、紧腰，直臂顶肩，逐渐拉开肩角。

2. 支撑前摆下

（以右侧下杠为例）由支撑摆动开始，身体前摆过杠下垂直部位后，迅速向前上方摆腿，重心顺势右移。当身体前摆接近极点时，两脚立即制动下压展髋，两手用力推杠，左手换握右杠，挺身落下成杠外侧立。

三、体操竞赛评分规则简介

在体操比赛项目中，由两组裁判给选手打分：D组裁判打难度（Difficulty）分（D分），即根据动作难度、连接难度、特定要求等指标评分，不设上限；E组裁判打完成（Execution）分（E分），小失误扣0.1分，中等失误扣0.3分，大失误扣0.5分，重大错误扣1.0分。两组裁判独立打分，最高分和最低分将被去掉，算出的平均成绩就是选手的最后得分。

裁判组评分细则见表9-1-1。

表9-1-1 裁判组评分细则

裁判组	评分细则
D组裁判	D组裁判根据运动员一套动作的内容确定D分，取男子运动员成套动作中最好的9个动作及结束动作共10个动作，取女子运动员成套动作中最好的7个动作及结束动作共8个动作，计算其难度价值。 在所有比赛中，男子项目和女子项目成套动作按难度都可分为A、B、C、D、E、F、G7组，对应的分值分别为0.1、0.2、0.3、0.4、0.5、0.6、0.7。在2012年国际体操联合会男子竞技体操委员会（MAG）、女子竞技体操委员会（WAG）发布的体操动作难度表及2013年体操世锦赛新动作命名后，女子自由体操又出现了H组和I组动作组，分别对应0.8分和0.9分。每完成一个动作结构组要求，D组裁判将给予0.5分的加分。除了跳马之外，成套动作必须要有合乎要求的下法
E组裁判	E组裁判确定E分，E分从10分开始，以0.1分为单位进行扣分。E分的扣分内容包括成套动作的艺术及完成错误、技术和编排错误。当动作完成发生艺术性和技术性偏差时，要进行扣分。小错扣0.1分，中错扣0.3分，大错扣0.5分，掉下器械扣1.0分。对艺术扣分、完成错误扣分与技术、编排错误扣分进行汇总，将汇总后的分数从10分中扣除，所得分数为最后的E分。D分和最后的E分相加之和为一套动作的最后得分。当总分一样的时候，要看E分的有效分是多少

第二节　健美操

一、健美操概述

健美操作为一项独立的体育运动项目，诞生于 20 世纪 60 年代末，源于人们对健康与美的追求。健美操是以有氧运动为基础，以健、力、美为特征，融体操、音乐、舞蹈于一体的大众健身方式，也是竞技运动的一个项目。练习者徒手、手持轻器械或在专门器械上进行健美操练习，可达到健身、健美和健心的目的。

（一）健美操的起源与发展

20 世纪 60 年代末，随着信息产业和电子技术的快速发展，人们所从事的脑力劳动的工作量逐渐增加，体力活动逐渐减少，同时摄入过多营养，以及各种压力的增加，造成了一系列的健康危机，如肥胖症、心血管疾病、心理疾病等。人们越来越认识到健康的重要性和锻炼的迫切性。

1968 年，美国国家航空航天局的库珀博士根据宇航员所处的特殊环境和宇航员工作对身体机能的特殊要求，为其设计了有氧操。这种有氧操出现不久便因其对身体机能，尤其是对心血管和体形的良好作用引起了人们的注意。1969 年，杰姬·索伦森将这种有氧操与当时流行于美国的各种爵士舞和非洲民间舞相结合，创编了健身舞。两次获得奥斯卡金像奖和金球奖的好莱坞演员简·方达根据自身经历和经验撰写了《简·方达健美术》，为世界健美操运动的发展作出了很大的贡献。

现代健美操于 20 世纪 70 年代末 80 年代初传入中国，发展的过程中融入了中国传统文化、民族舞等元素，形成了具有中国特色的徒手健美操和轻器械健美操。

健美操运动自 20 世纪 70 年代末 80 年代初兴起以来，以其强大的生命力迅速在全世界流行起来。一些热衷于健美操运动的人士纷纷发起并成立了各类健美操社团，同时组织了各种形式的比赛，使健美操成为一项有组织的体育运动。

中国健美操运动的发展经历了探索期、规范期、成熟飞跃期。相关部门

健美操百科

发布了一系列政策性文件，并推出了一些大众健身套路。近几年中国竞技健美操的国际比赛成绩也非常突出。

健美操运动的分类见表 9-2-1。

表 9-2-1　健美操运动的分类

健身健美操			竞技健美操
徒手健美操	轻器械健美操	特殊场地健美操	
传统有氧健美操	踏板操	水中有氧操	男子单人
形体健美操	哑铃操	动感单车	女子单人
爵士健美操	半球操	联合器械操	混合双人
搏击健美操	皮筋操		三人（混合或同性别）
拉丁健美操	健身球操		集体五人（混合或同性别）
瑜伽健美操			
迪斯科健美操			
街　舞			

（二）健美操的锻炼价值

健美操的锻炼价值包括以下方面：① 强身健体；② 调节心理；③ 塑造完美体形；④ 提高身体各方面的素质；⑤ 具有医疗保健的作用。

（三）著名健美操赛事介绍

1. 世界健美操锦标赛

世界健美操锦标赛由国际体操联合会组织。国际体操联合会是世界上历史悠久、规模较大的国际单项体育组织之一，成立于 1881 年，总部设在法国，早先只组织和管理竞技体操、艺术体操等项目的比赛。其于 1994 年将健美操作为受其管理的正式比赛项目，并颁布了第一部《竞技健美操竞赛规则》，从 1995 年开始，每年举办世界健美操锦标赛。随着规则的修订，从 2000 年开始，世界健美操锦标赛每两年举行一届，在双数年举行，每届都有 30 多个国家参赛。中国是国际体操联合会的正式会员国。

2. 世界健美操冠军赛

世界健美操冠军赛由国际健美操冠军联合会组织，每年举办一次。国际健美操冠军联合会成立于 1990 年，总部设在美国。

3. 健美操世界杯赛

健美操世界杯赛由国际健美操联合会组织，每年举办一次。国际健美操联合会成立于 1983 年，总部设在日本，在 1994 年以前是世界上最大的国际健美操组织。

（四）著名健美操运动员介绍

黄晋萱，我国著名健美操运动员，是国际级运动健将，健美操世界冠军，1988 年出生于沈阳。她既是国家健美操队唯一的女队员，又是国内健美操界唯一的女冠军。她在 2010 年获得第 3 届亚洲室内运动会女子单人操冠军，并于同年获第 11 届世界健美操锦标赛团体季军；2011 年在深圳第 26 届世界大学生运动会健美操比赛中获得团体项目和个人项目共 4 枚金牌。

二、健美操基本术语和基本动作

（一）基本术语

健美操的基本术语主要是用来说明动作的，包括场地方位术语、运动方向术语、相互关系术语等。

1. 场地方位术语

健美操的学练需要开阔的场地。在学练健美操的过程中，为了表明人的身体在场地上所处的方位，可借鉴舞蹈中的基本方位术语。把开始确定的某一面（主席台、裁判席）定为基本方位的 1 点，按顺时针方向，每转 45° 为一个基本方位，将场地划分为 8 个基本方位，即 1 点、2 点、3 点、4 点、5 点、6 点、7 点、8 点。

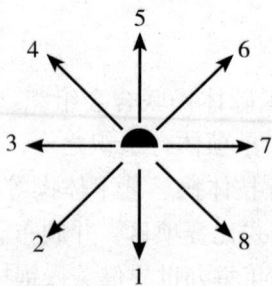

1 点：正前方；2 点：右前方；3 点：正右方；4 点：右后方；
5 点：正后方；6 点：左后方；7 点：正左方；8 点：左前方

2. 运动方向术语

健美操的运动方向术语具体用于描述练习者身体各部位运动的方向。运动方向是根据人体直立时的基本方位来确定的。在健美操运动中，通常用以下术语表示练习者的运动方向。

向前：向胸部所对的方向做动作。

向后：向背部所对的方向做动作。

向侧：向肩侧所对的方向做动作（必须指明是左侧还是右侧）。

向上：向头顶所对的方向做动作。

向下：向脚底所对的方向做动作。

向内：肢体由两侧向身体中线的运动。

向外：肢体由身体中线向两侧的运动。

同向：肢体向同一方向的运动。

异向：肢体向相反方向的运动。

中间方向：两个基本方向之间 45° 的方向，如前上方、前下方、侧下方等。

斜方向：3 个互成 90° 的基本方向之间的方向，如前侧上方等。

顺时针：转动方向与时针运动方向相同。

逆时针：转动方向与时针运动方向相反。

3. 相互关系术语

相互关系术语又可分为肢体相互关系术语（如同侧、异侧、对称等）、动作相互关系术语（如同时、依次、交替、由、经等）、运动轴与面的相互关系术语（如冠状面、矢状面、水平面等）。

（二）基本动作

健美操基本动作包括基本步法、基本手形、基本姿态和上肢基本动作，这里重点介绍健美操的基本步法和基本手形。

1. 基本步法

（1）无冲击步法：做动作时，保持两脚始终接触地面。

弹动　　半蹲　　弓步　　提踵

弹动：膝关节有弹性地屈伸。

半蹲：两腿分开或并拢，屈膝。

（2）低冲击步法：做动作时，保持始终有一只脚接触地面。

踏步　　　　　点地　　　　　　　一字步

V字步　　　　　　　　漫步

踏步：两脚交替抬起和落地。

点地：一腿伸出，脚尖或脚跟点地，另一腿稍屈站立。

一字步：右（左）脚向前一步，后脚并前脚；随即右（左）脚向后一步，前脚并后脚。

V字步：一脚向斜前方迈步，另一脚随之向反方向迈步，成两膝微屈姿势，然后两脚依次退回原位成并腿直立。

漫步：一脚向前或向对侧迈出，重心前移，另一脚稍抬起，接着落下，重心后移；之后，迈出脚退回原位成并腿直立，换脚进行。

并步　　　　　　　　后屈腿

弹踢腿　　　　　　侧交叉步

并步：一脚向侧迈出，另一脚随之并拢点地，两腿微屈。

后屈腿：两腿开立，经屈伸成一腿直立，另一腿后屈。

弹踢腿：一腿直立，另一腿经后屈再向前下方踢出。

侧交叉步：一脚向侧迈出，另一脚在其后交叉，稍屈膝，随之再向侧迈一步，另一脚并拢。

（3）高冲击步法：做动作时，两脚有一瞬间同时离开地面。

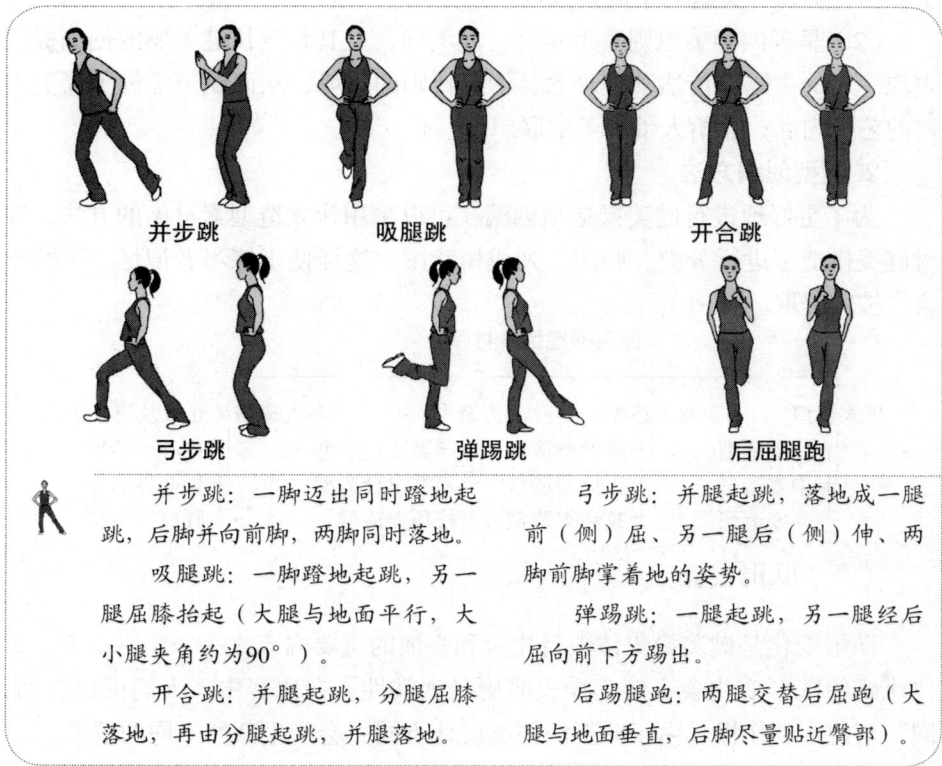

并步跳　　　　　　吸腿跳　　　　　　　　开合跳

弓步跳　　　　　　　弹踢跳　　　　　　后屈腿跑

　　并步跳：一脚迈出同时蹬地起跳，后脚并向前脚，两脚同时落地。

　　吸腿跳：一脚蹬地起跳，另一腿屈膝抬起（大腿与地面平行，大小腿夹角约为90°）。

　　开合跳：并腿起跳，分腿屈膝落地，再由分腿起跳，并腿落地。

　　弓步跳：并腿起跳，落地成一腿前（侧）屈、另一腿后（侧）伸、两脚前脚掌着地的姿势。

　　弹踢跳：一腿起跳，另一腿经后屈向前下方踢出。

　　后踢腿跑：两腿交替后屈跑（大腿与地面垂直，后脚尽量贴近臀部）。

2. 基本手形

健美操的基本手形有以下几种。

（1）掌：并掌、开掌、花掌、立掌。

（2）指：一指、剑指、响指。

（3）拳。

三、健美操创编

　　健美操是一种动态的人体健美造型，然而无论是健身健美操（尤其是表演性健身健美操），还是竞技健美操，在其开始和结束时，往往都设有瞬间的静态造型。这些健美、独特的造型不仅给人以开始和结束的仪式感，还是体现健美操艺术性、技巧水平、独特风格和创意的亮点部分。

（一）造型创编

1. 造型创编原则

（1）塑造外观美原则。健美操造型创编的成功与否，首先要看它能否给人以美的外在观感。要想获得好的造型创编效果，需要单个动作的元素美、整体结构的组合美这两个因素共同发挥作用。

（2）呈现内涵美原则。近年来，健美操，尤其是竞技健美操的创编提倡表现一定的主题，传达某种理念，营造特别的意境，从而赋予了健美操更丰富的艺术内涵，能给人带来美的联想。

2. 造型创编方法

为了更好地进行健美操造型创编，可以采用建立造型素材库的方法，即对健美操造型进行分类、归组，列成树状图，这样便于练习者记忆、不断丰富、按需提取。

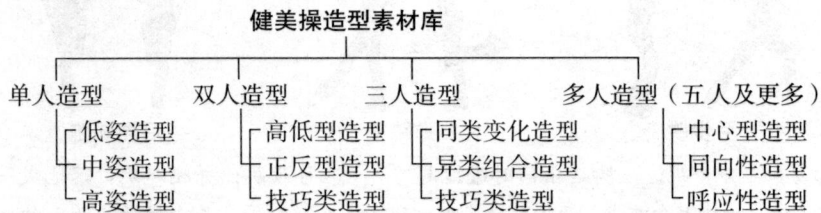

健美操造型素材库
- 单人造型
  - 低姿造型
  - 中姿造型
  - 高姿造型
- 双人造型
  - 高低型造型
  - 正反型造型
  - 技巧类型
- 三人造型
  - 同类变化造型
  - 异类组合造型
  - 技巧类造型
- 多人造型（五人及更多）
  - 中心型造型
  - 同向性造型
  - 呼应性造型

（二）队形设计

队形变化是健美操集体项目比赛和表演的重要内容之一，丰富多变、走位流畅的队形变化会令健美操表演更具观赏性。在比赛中，人们可以看到，同一套规定动作操，由于队形的创编设计不同，会产生截然不同的效果。

1. 队形设计原则

队形设计应遵循的原则：构图清晰，组合新颖，对比鲜明，变化流畅，便于展示动作。

2. 队形设计范例

队形设计范例如下。

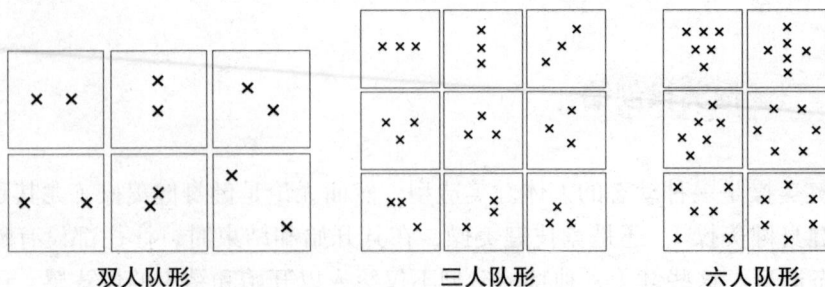

双人队形　　　　　三人队形　　　　　六人队形

（三）音乐选配

音乐是一种听觉艺术，当它与视觉艺术融为一体时，便会迸发出新的生命力。正如人们常说的"音乐是健美操的灵魂"，给健美操配上轻快悦耳的音乐，可以帮助运动员进入运动状态，振奋精神，延缓疲劳的出现。音乐还可以帮助运动员在运动中记忆动作，并引导运动员按照音乐所表达的情感去表现动作，使健美操的表演更具魅力，更能引起运动员和观赏者的共鸣。

四、竞技健美操竞赛规则简介

（一）总则内容节选

竞技健美操竞赛规则总则相关内容节选见表 9-2-2。

表 9-2-2　竞技健美操竞赛规则总则相关内容节选

项　目	具体要求
运动员年龄	18 岁以上
竞赛内容	符合规则及规程要求的自编成套动作比赛
成套动作的时间	1 分 20 秒，有加减 5 秒的宽容度
比赛音乐	（1）音乐的速度：每 10 秒 22 ～ 26 拍。 （2）成套动作允许有 2×8 拍的音乐前奏，在成套动作结束时音乐应同时停止。 （3）参加比赛的队须自备比赛音乐
参赛人数与更换运动员	（1）参加人数：每队 4 ～ 6 人，性别不限。 （2）更换运动员：若有特殊情况需更换运动员，则须持有效证明，经组委会批准方可

（二）竞技健美操竞赛的裁判人员及其评判

一场竞技健美操竞赛的裁判人员包括 4 名艺术裁判、4 名完成裁判、2 名难度裁判、2 名视线裁判和 1 名裁判长。艺术裁判给出艺术分，完成裁判给出完成分，难度裁判给出难度分。艺术分、完成分与难度分相加之和为总分。从总分中减去难度裁判、视线裁判和裁判长的减分即最后得分。

（三）违例动作

竞技健美操的违例动作具体如下。
（1）所有沿矢状轴或冠状轴翻转的动作。
（2）所有与水平面夹角大于 30° 的支撑动作。
（3）任何与身体的自然姿态完全相反的动作。
（4）使用爆发性加速或减速动作，如抽踢等。
（5）任何马戏或杂技动作。
（6）抛接动作。

（四）比赛程序和计分方法

健美操的比赛程序和计分方法见表 9-2-3。

表 9-2-3　健美操的比赛程序和计分方法

项　目	细　则
比赛程序	比赛分为预赛和决赛两种，凡参赛者均须参加预赛。预赛前八名进入决赛。不足八名时，递减一名录取
计分方法	比赛中得分高者名次列前，如遇得分相等，按艺术分高者名次列前，再相等名次并列，无下一名次

第三节　健美运动

一、健美运动概述

（一）健美运动的起源与发展

早在古希腊时期，运动健将就通过举起重物来锻炼身体，以得到强壮、健美的形体。这些运动健将被雕塑家"记录"下来并留存至今，这是健美运动的萌芽。公元前 6 世纪，古希腊就已盛行"赤身运动"。19 世纪末，德国人尤金·山道首创了通过各种姿态来展示人体美的形式，为现代健美运动的发展奠定了基础，因此他被公认为健美运动的创始人和世界上第一位健美运动员。20 世纪初，健美运动首先在德国、英国、法国等欧洲国家兴起，后来在美国得到最广泛的发展。本·韦德是现代健美运动的奠基人和伟大的组织者，他还是国际健美联合会的创始人兼终身名誉主席及"现代健美运动之父"。本·韦德的哥哥是被誉为"健美冠军之父"的乔·韦德，他们二人合作创办了一份油印的健美杂志《您的体格》，正是这本杂志激励了远在奥地利的阿诺德·施瓦辛格等健美运动员。20 世纪 60 年代，职业健美运动开始兴起，并与业余健美运动一起发展。2000 年，国际健美联合会成为国际奥委会的正式成员。国际健美联合会一直试图让健美运动成为奥运会展示项目，进而成为其常规项目，但是目前尚未成功。

健美百科

知识拓展

健美、健体和古典健美的区别如下。

健美（穿三角裤）：强调肌肉的力量美，注重肌肉围度、肌肉细节、肌肉分离度及身材比例。

健体（穿沙滩裤）：更加强调比例，如腰肩比、肌肉细节和分离度。个人形象也是裁判员的打分点。

古典健美（穿平角裤）：与健体比赛相比，裁判员除了要看参赛者的腰肩比、肌肉细节、肌肉分离度等之外，还要看其腿部肌肉的饱满程度。

（二）健美运动的锻炼价值

1. 健美体格，提高肌肉力量

健美运动是一项独特的体育项目，主要通过以力量练习为主的运动方式来增强体质和改善体形，通过大量的力量训练来提升肌肉力量和增加肌肉围度，最后达到改善身体形态、拥有健美体格的目的。

2. 改善呼吸机能

健美运动中，需要将练习与呼吸进行良好的配合，长期练习有助于改善呼吸机能、增强呼吸系统功能。

3. 提高身体机能，培养坚强的意志品质

健美运动中，经常需要肌肉进行大力量甚至力竭的练习，练习者需要适应由大量力量训练带来的肌肉酸疼等疲劳过程，并且不断提升自身的极限力量，挑战心理极限，从而培养坚强的意志品质。

（三）著名健美赛事介绍

1. 国际著名健美赛事

国际健美比赛分职业健美比赛和业余健美比赛两种。著名的国际健美比赛包括世界职业健美锦标赛、亚洲健美健身锦标赛、奥林匹亚先生健美大赛、奥林匹亚小姐健美大赛，以及由阿诺德·施瓦辛格创立的阿诺德传统赛。

2. 我国著名健美赛事

我国著名的健美赛事包括全国健美锦标赛，中国健美健身职业精英大奖赛，中国健体先生、比基尼小姐大奖赛等。

3. 著名赛事中的规范比赛项目

各项赛事中常见的规范比赛项目如下。

（1）男子 6 个项目：传统健美、古典健美、肌肉健体、健体、健身和健身模特。

（2）女子 6 个项目：健体、形体、健美小姐、健身、比基尼健身和健身模特。

（四）著名健美运动员介绍

1. 阿诺德·施瓦辛格

阿诺德·施瓦辛格，1947 年生于奥地利，拥有美国/奥地利双重国籍，著名健美运动员、力量举重运动员、演员、导演、制片人，美国加利福尼亚州第 38 任州长。

施瓦辛格幼时练习健美。1966 年，在德国举行的欧洲健美锦标赛上，19 岁的施瓦辛格获得了"欧洲先生"的称号。20 岁那年，施瓦辛格获得了"环球先生"的称号。1969 年，施瓦辛格第一次参加奥林匹亚先生健美大赛，并于 1970—1980 年共 7 次获得"奥林匹亚先生"的称号。1983 年，施瓦辛格加入美国国籍并第一次获得"健美先生"的称号。1989 年，施瓦辛格创办了阿诺德传统赛。鉴于其对世界健美运动作出的巨大贡献，施瓦辛格多次受到国际健美联合会的表彰和嘉奖。

2. 罗尼·库尔曼

罗尼·库尔曼，美国著名职业健美运动员，1964 年出生于美国路易斯安那州的门罗。

库尔曼参加的第一场竞技健美比赛是于 1990 年举行的得克萨斯先生大赛，他当之无愧地赢得了这场比赛的冠军。库尔曼曾 8 次获得奥林匹亚先生健美大赛的冠军，被称为"世界上最强壮的人"。

二、健美运动训练方法

（一）肩部肌群训练

肩部肌群训练的目标及其起止点、功能和练习方法见表 9-3-1。

表 9-3-1 肩部肌群训练

训练目标	三角肌
肌肉起止点及功能	起点：前部肌束起自锁骨外侧半，中部肌束起自肩峰，后部肌束起自肩胛冈。 止点：肱骨三角肌粗隆。 功能：近固定前束收缩使上臂在肩关节处屈和旋内，中束收缩使上臂外展，后束收缩使上臂在肩关节处伸和旋外；整体收缩使上臂外展
练习方法	站姿/坐姿颈前杠铃推举、颈后推举、哑铃推举、站姿飞鸟、哑铃前举、坐姿俯身飞鸟、俯身飞鸟、直立划船、耸肩

三角肌前束训练——
杠铃立正划船

三角肌中束
训练——中飞

三角肌后束
训练——后飞

（二）胸部肌群训练

胸部肌群训练的目标及其起止点、功能和练习方法见表9-3-2。

表 9-3-2　胸部肌群训练

训练目标	胸肌
肌肉起止点及功能	起点：胸大肌起于锁骨内侧半、胸骨前面和第一至第六肋软骨及腹直肌鞘前壁上部，胸小肌起于第三至第五肋骨前面。 止点：胸大肌止于肱骨大结节嵴，胸小肌止于肩胛骨喙突。 功能：近固定时，使肩关节屈、水平屈、内收和内旋；远固定时，拉躯干向上臂靠拢，提肋助呼吸
练习方法	杠铃卧推、上斜杠铃卧推（自由杠铃）、哑铃卧推、上斜哑铃卧推、下斜哑铃卧推、哑铃飞鸟、上斜哑铃飞鸟、拉力器夹胸、前倾拉力器夹胸、仰卧拉力器夹胸、屈臂撑、仰卧直臂上拉

胸大肌训练——仰卧推举

（三）手臂肌群训练

手臂肌群训练的目标及其起止点、功能和练习方法见表9-3-3。

表 9-3-3　手臂肌群训练

训练目标	肱二头肌、肱三头肌、前臂肌群
肌肉起止点及功能	起点：肱二头肌长头起于肩胛骨盂上结节，短头起于肩胛骨喙突；肱三头肌长头起自肩胛骨的盂下粗隆，外侧头和内侧头都起自肱骨的背面；前臂肌群肌肉较多，大多起自肱骨内、外上髁。 止点：肱二头肌止于桡骨粗隆和前臂筋膜，肱三头肌止于尺骨鹰嘴，前臂肌群肌肉止点较多。 功能：近固定时，使肩关节屈、肘关节屈和外旋；远固定时，使上臂向前臂靠拢
练习方法	肱二头肌：杠铃弯举、斜托弯举、上斜坐姿哑铃弯举、哑铃交替弯举、锤击式弯举、拉力器弯举、斜托拉力器弯举、反握弯举。 肱三头肌：拉力器下压、杠铃坐姿/站姿/仰卧臂屈伸、哑铃仰卧/俯身/站姿臂屈伸、双杠臂屈伸、背后臂屈伸。 前臂肌群：杠铃/哑铃腕弯举、背后腕弯举、杠铃/哑铃反握腕弯举、反握杠铃弯举、反握斜托杠铃弯举、反握拉力器弯举

肱二头肌训练——哑铃弯举

肱三头肌训练——颈后臂屈伸

（四）背部肌群训练

背部肌群训练的目标及其起止点、功能和练习方法见表9-3-4。

表 9-3-4　背部肌群训练

训练目标	背阔肌、斜方肌、菱形肌等
肌肉起止点及功能	起点：背阔肌起于下六胸椎和全部腰椎棘突、骶正中嵴、髂嵴后部及下三肋外侧面；斜方肌起于枕外隆凸、上顶线、项韧带、第七颈椎及全部胸椎棘突；菱形肌起于第六、第七颈椎和第一至第四胸椎棘突。 止点：背阔肌止于肱骨小结节嵴；斜方肌止于锁骨外侧 1/3，肩胛冈和肩峰；菱形肌止于肩胛骨内侧缘。 功能：近固定时，使上臂伸、内收、内旋；远固定时，拉躯干向上，协助吸气，同时能向后进行脊柱侧屈及旋转的运动
练习方法	宽/窄握引体向上、宽/窄握坐姿下拉、杠铃/哑铃俯身划船、T杠划船、单臂哑铃划船、拉力器单臂划船、坐姿划船、硬拉、俯卧挺身

左侧图注：
背阔肌训练——坐姿下拉

腹肌训练——以下腹肌为例

（五）腹部肌群训练

腹部肌群训练的目标及其起止点、功能和练习方法见表 9-3-5。

表 9-3-5　腹部肌群训练

训练目标	腹直肌、腹外斜肌、腹内斜肌、腹横肌
肌肉起止点及功能	起点：腹直肌起于耻骨上缘；腹外斜肌起于下八肋外侧；腹内斜肌起于胸腰筋膜、髂嵴及腹股沟韧带外侧半；腹横肌自上而下起自第七至第十二肋软骨内面、胸腰筋膜前层、髂嵴前部、腹股沟韧带外侧 1/3。 止点：腹直肌止于胸骨剑突及第五至第七肋软骨前面；腹外斜肌止于髂嵴前部；腹内斜肌止于第十至第十二肋骨下缘和白线；腹横肌止于白线。 功能：上固定时，两侧收缩，使骨盆后倾；下固定时，一侧收缩，使脊柱向同侧屈，两侧收缩，使脊柱屈，还可降肋助呼气
练习方法	卷腹、转体卷腹、反向卷腹、悬垂卷腹、收腹举腿、上斜屈膝抬腿、悬垂抬腿、垂直转体抬腿

（六）腿部肌群训练

腿部肌群训练的目标及其起止点、功能和练习方法见表 9-3-6。

表 9-3-6　腿部肌群训练

训练目标	股四头肌、股二头肌、比目鱼肌等
肌肉起止点及功能	起点：股四头肌有四个头，骨直肌起于髂前下棘，骨中间肌起于股骨体前面，骨外侧肌起于股骨粗线外侧唇，骨内侧肌起于股骨粗线内侧唇；股二头肌长头起于坐骨结节，短头起于股骨粗线外侧唇下半部；比目鱼肌起于胫骨和腓骨后上部。 止点：股四头肌四个头合并成一条肌腱，包绕髌骨，向下形成髌韧带，止于胫骨粗隆；股二头肌止于腓骨头；比目鱼肌止于跟结节。 功能：近固定时，骨直肌可使髋关节屈，整体收缩使膝关节伸；远固定时，使大腿在膝关节处伸，维持人体直立姿势
练习方法	深蹲、半蹲、颈前深蹲、卧蹬、哈克深蹲、弓步蹲、腿屈伸、腿弯举、直腿硬拉、负重提踵、坐姿提踵、单腿提踵、反向提踵

腓肠肌训练——负重提踵

股四头肌训练——史密斯深蹲

三、健美运动竞赛规则简介

（一）我国健美比赛的体重级别

1.男子组体重级别

（1）男子成年组（21 周岁以上）体重级别见表 9-3-7。

表 9-3-7　男子成年组（21 周岁以上）体重级别

级　别	体重要求
羽量级	60.00 千克以下（含 60.00 千克）
雏量级	60.01 ～ 65.00 千克
轻量级	65.01 ～ 70.00 千克
轻中量级	70.01 ～ 75.00 千克
次中量级	75.01 ～ 80.00 千克
中量级	80.01 ～ 85.00 千克
轻重量级	85.01 ～ 90.00 千克
重量级	90.00 千克以上

（2）男子青年组（21 周岁以下）体重级别见表 9-3-8。

表 9-3-8　男子青年组（21 周岁以下）体重级别

级　别	要　求
轻量级	65.00 千克以下（含 65.00 千克）
中量级	65.01 ～ 70.00 千克
次中量级	70.01 ～ 75.00 千克
重量级	75.00 千克以上

2. 女子组体重级别

（1）女子成年组（21 周岁以上）体重级别见表 9-3-9。

表 9-3-9　女子成年组（21 周岁以上）体重级别

级　别	体重要求
羽量级	46.00 千克以下（含 46.00 千克）
雏量级	46.01 ～ 49.00 千克
轻量级	49.01 ～ 52.00 千克
次中量级	52.01 ～ 55.00 千克
中量级	55.01 ～ 58.00 千克
重量级	58.00 千克以上

（2）女子青年组（21 周岁以下）体重级别见表 9-3-10。

表 9-3-10　女子青年组（21 周岁以下）体重级别

级　别	体重要求
轻量级	49.00 千克（含 49.00 千克）
中量级	49.01 ～ 52.00 千克
重量级	52.00 千克以上

男女混合双人比赛和元老赛不分体重级别。

（二）健美操竞赛程序（男女个人竞赛）

健美操竞赛主要包含以下程序。

（1）预赛：全体运动员按序号入场，排成一行或多行，由裁判长指挥，分别做 4 次向右转体；运动员 3 ～ 5 人一组，做 4 个规定动作。裁判员以"×"为标记选出其认为最佳的 15 名运动员。记录员根据裁判员选定的名单，统计出"×"最多的 15 名运动员参加半决赛。若遇两名或两名以上运动员获得"×"的数量相等，则须再进行比较淘汰，直至选定为止。

（2）半决赛：第一轮，运动员按序号逐一入场，在自备音乐伴奏下做自选动作。第二轮，全体运动员按序号入场，自然站立，由裁判长指挥做两次向后转体，随即站到裁判长示意的位置。裁判长根据裁判员提出的比较号码进行规定动作的比较，每组一般不超过 3 人，直至比较结束。

（3）决赛：运动员按序号逐一上场做自选动作，然后全体运动员入场，由裁判长指挥集体做规定动作。最后，在大会备用音乐伴奏下，全体运动员做不定位的自选动作。

（三）裁判评分依据

1. 男子个人竞赛

男子个人竞赛评分依据见表9-3-11。

表 9-3-11 男子个人竞赛评分依据

项 目	依 据
肌 肉	全身是否具有结构统一的发达肌群（从肌肉围度、力度、密度等方面衡量）
匀 称	是否具有平衡的骨架、端正而又比例协调的人体外观，以及布局对称的肌肉形态
造 型	是否具有控制肌肉的能力，以展示身体各部位肌群的动作；规定动作是否规范、流畅
肤 色	全身皮肤是否光洁，色泽是否和谐，有无文身、疤痕

2. 女子个人竞赛

女子个人竞赛评分依据见表9-3-12。

表 9-3-12 女子个人竞赛评分依据

项 目	依 据
肌 肉	身体各部位肌群是否发达，肌肉围度是否达标，肌肉线条是否清晰
匀 称	人体骨架、肌群的整体布局是否合理、匀称
造 型	动作是否规范、流畅
外 表	容貌是否端庄，皮肤是否光洁，皮肤色泽是否和谐

第四节 形体训练

形体训练百科

一、形体训练概述

（一）形体训练的起源与发展

形体训练起源于芭蕾的基础训练，其广泛吸收各类舞蹈、体操等动作的精髓，以规范、系统、科学的训练内容和方式，改善人的原始身体形态，纠正不良身体姿态，塑造挺拔的身姿和培养优雅的气质。形体训练是一项优美、高雅，且能愉悦身心并深受广大女性喜爱的健身运动。

（二）形体训练的锻炼价值

1. 形成正确姿势，塑造健美体形

形体由体格、体形和姿态三个方面构成。通过科学、系统、有针对性的形体训练可以有效改善身材的不足和生活中的不良姿势（如O形腿、X形腿、内/外八字脚、含胸驼背等），有助于形成正确优美的站姿、坐姿、走姿，塑造健康、匀称、健美的体形。

2. 提高艺术修养，培养高雅气质

形体训练配合优美动听的音乐，通过优雅、舒展、大方的动作，使练习者在艺术氛围中感受动作美、姿态美、音乐美，有利于提高其艺术表现力和感染力，丰富其内心世界，帮助练习者提高艺术修养。

3. 增进身体健康，保持年轻心态

形体训练能促进骨骼、肌肉、关节、韧带的生长发育，改善身体各器官、系统的功能。长期坚持形体训练能增强体质，提高机体的免疫力，使机体远离疾病。同时，形体训练还能让人精神愉快、精力充沛，保持年轻的心态。

（三）衡量形体美的基本标准

形体美体现的是人的外表美和内在美。外表美主要指身体结构之美，主要体现为体态健康、姿态优雅；内在美是指人的精神世界之美，主要体现为思想独立、情操高尚、风度豁达等。内在的思想、气质等可表现为内在美，并能提高外在美的程度，二者有机统一，共同构成人的形体美。古今中外，不同时

期、不同国家对形体美的认定标准不尽相同。以身高来衡量形体美的参考指标见表9-4-1。

表9-4-1 形体美的身高参考指标

指标项目	男 性	女 性
体 重	每厘米身高 0.334 千克	每厘米身高 0.326 千克
胸 围	身高的 48.5%	身高的 49.2%
腰 围	身高的 39.5%	身高的 42.1%
臀 围	身高的 50.6%	身高的 56.5%

形体美不是静止的，而是能动的，它从自然美进化到创造美。自然美，即先天遗传的身体之美、气质之美；创造美是基于自然美，通过后天的能动的创造活动而获得的美。达到创造美的主要途径就是进行形体训练。

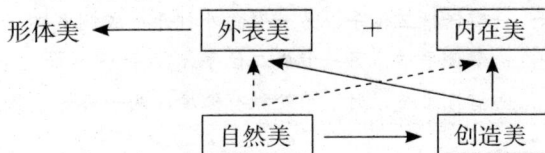

形体美 ← 外表美 ＋ 内在美
自然美 → 创造美

二、形体训练基本技术

（一）基本动作和姿态

1.头部基本动作

仰头：头由自然位向后仰45°。

低头：头由自然位向前屈45°。

倾头：头由自然位向左或向右倾斜45°，耳朵靠近肩部。

转头：头由自然位向左或向右转动90°，眼睛看向3点或9点方向。

涮头：头由自然位经低头、左倾头（或右倾头）、仰头、右倾头（或左倾头）、低头，然后回到自然位。

2.肩部基本动作

推肩：单肩或双肩由自然位向前平移后回到原位，可两肩交替或同时做。

展肩：单肩或双肩由自然位向后平移后回到原位，可两肩交替或同时做。

提肩：单肩或双肩由自然位向上提起后回到原位，可两肩交替或同时做。

圆肩：肩部经由推肩、提肩、展肩后回到原位，或经由展肩、提肩、推肩后回到原位，可两肩交替或同时做。

3.胸部基本动作

含胸：胸椎后推，两肩内扣，呼气低头。

挺胸：胸椎前推，两肩外展，吸气抬头。

4. 基本手位

一位手　二位手　三位手　四位手　　五位手　　六位手　　七位手

一位手：两臂体前自然下垂，成椭圆形，两手指尖相对、相距约一拳的距离。

二位手：在一位手的基础上，两臂向前上方抬起，手心正对胃部。

三位手：在一位手的基础上，两臂向上抬至额前上方。

四位手：一臂保持三位手，另一臂下落至二位手。

五位手：一臂保持三位手，另一臂向外打开，成侧平举。

六位手：一臂侧平举，另一臂成二位手。

七位手：两臂侧平举，肘关节处稍有弧度，两手略低于肩。

手位动作分解示范

5. 脚的基本站位

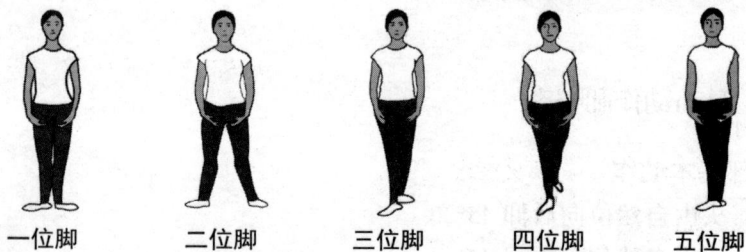

一位脚　　　二位脚　　　三位脚　　　四位脚　　　五位脚

一位脚：两脚脚跟并拢，脚尖向外，呈一条直线。

二位脚：在一位脚的基础上，两脚左右分开约一脚距离。

三位脚：两脚前后重叠，前脚脚跟紧贴后脚足弓，两脚脚尖向外。

四位脚：在三位脚的基础上，右脚保持一定的开度向外伸出，两脚前后相距约一脚距离，前脚脚跟与后脚脚尖呈一条直线。

五位脚：两脚前后重叠，前脚完全挡住后脚，一脚脚尖紧贴另一脚脚跟，两脚脚尖向外。

脚位动作分解示范

6. 正确的站立姿势

身体直立，两脚脚跟靠拢，抬头、挺胸、立腰、沉肩、收腹、收臀，脊柱拔高，后背挺直，头向上顶。肩关节、髋关节、膝关节、踝关节在一条线上。两眼平视前方，下颌微收，面带微笑。

7.基本坐姿

挺胸立腰，两肩松弛下沉，两臂自然放于身体两侧，两腿并拢向前伸直，绷脚尖，眼睛看向 1 点方向。

（二）地面素质训练

1.勾绷脚

保持基本坐姿，脚趾、脚背依次向上勾起，然后脚背、脚趾依次伸直。

2.吸伸腿

仰卧，一条腿由脚尖擦地屈膝成前吸腿，抬小腿至腿部与地面垂直，再屈膝成前吸腿，脚尖向后擦地回到原位。两腿交替练习。

3.开胯练习

（1）屈腿开胯：① 盘坐，两脚脚掌相对，两手放在膝关节上，保持脊柱伸直，用力下压膝关节；② 分腿坐，上身前倾，两臂沿地面前伸，上身尽量贴住地面，保持一定时间后，回到原位。

（2）直腿开胯：仰卧，两腿上举至与地面垂直，然后向两侧打开，经上举后再落下，回到原位。反复练习。

4.压　腿

（1）正压腿：伸腿坐，两臂上举成三位手，上身从胯部根处开始快速俯身向下压，腹、胸、下颌依次贴近腿部。

（2）侧压腿：分腿坐，两臂分别成一位手和三位手，侧身向一位手方向下压。要求抬头挺胸，后背贴近腿部。

5.大环动

仰卧，单腿或双腿片腿或盖腿。

（三）扶把训练

1.擦　地

预备姿势　　　　前擦地　　　　侧擦地　　　　后擦地

预备姿势：单手扶把，脚位为一位脚或五位脚。动力腿的脚跟推动脚尖向侧擦出，脚跟、脚掌依次离地，脚背向上，脚尖延伸至最远处，身体重心在主力腿上。收回时，脚尖推动脚跟回到原位。擦地动作分为前擦地、侧擦地和后擦地。

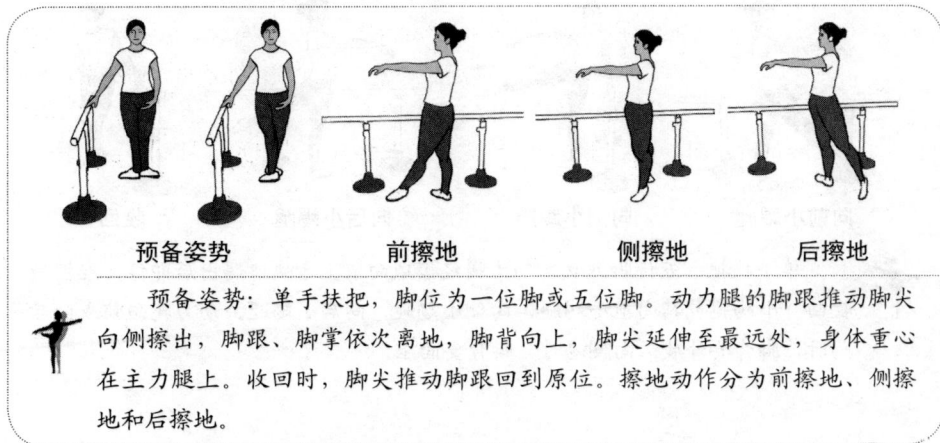

扶把练习——一位擦地

扶把练习——五位擦地

2. 蹲

扶把练习——蹲

预备姿势　　　　　半　蹲　　　　　全　蹲　　　　　收

预备姿势：单手扶把，一位脚。

半蹲：下蹲时，两脚脚掌紧贴地面，两膝方向与脚尖方向一致。要求腿部收紧，身体保持直立，脊柱与地面垂直。

全蹲：在半蹲的基础上继续下蹲，脚跟抬起，下蹲到最大限度处收回。收回时，腿部要收紧，身体保持直立，脊柱与地面垂直。

3. 画　圈

单手扶把，脚尖带动动力腿沿前、侧、后方向或沿后、侧、前方向画圈。动力腿向前或向后画圈时，脚背要外展；向侧画圈时，脚背要向上。

4. 小踢腿

扶把练习——小踢腿

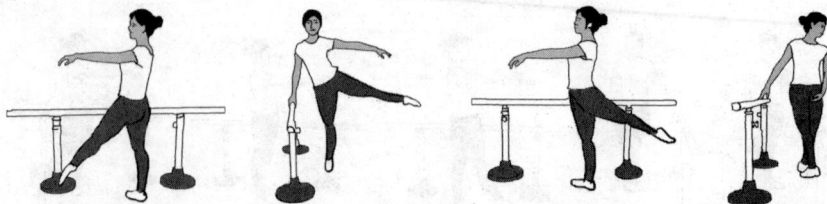

向前小踢腿　　　向侧小踢腿　　　向后小踢腿　　　收回

单手扶把，五位脚站立。动力腿经擦地向前上方快速踢出后即停，经擦地收回。小踢腿包括向前小踢腿、向侧小踢腿、向后小踢腿。动力腿向前或向后踢时，脚背要外展；向侧踢时，脚背要向上。

5. 大踢腿

向前大踢腿　　　　　向侧大踢腿　　　　　向后大踢腿

　　单手扶把，四位脚站立，重心在主力腿上，另一臂侧平举。动力腿经前擦地后，脚尖发力快速向前上方踢出，膝关节、脚尖绷直。落地时，脚尖先着地。大踢腿包括向前大踢腿、向侧大踢腿和向后大踢腿。

6. 小弹腿

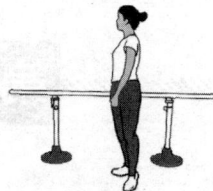

吸　腿　　　　　　　向前弹腿　　　　　　向侧弹腿

　　单手扶把，正步位。动力腿快速抓地吸腿，小腿由脚尖带动快速弹出约25°后收回。

7. 腰部组合训练

（1）前腰：单手扶把，脚位为一位脚。上体前屈，膝关节伸直，脊柱拉长，胸部尽量靠近大腿。

（2）旁腰：单手扶把，脚位为一位脚。上体向把杆方向侧屈，手位为三位手。

（3）胸腰：单手扶把，脚位为一位脚。上体以头、颈、肩的顺序向后仰，两肩外展，打开胸腔，胸椎上顶脚。

（4）后腰：单手扶把，脚位为一位脚。上体以头、颈、胸、腰的顺序向后弯曲到最大限度。

8. 控制训练

　　单手扶把，动力腿侧吸腿，手位为一位手。动力腿外开向前延伸到最高点后落下，手臂由一位手变为三位手。可以向前、侧、后三个方向进行控制。向后控制时，身体微向前倾。

知识拓展

　　形体舞蹈是形体修塑与舞蹈的结合，是融合形体美、动作美、韵律美的一种艺术形式。形体修塑一般针对身体各部位进行修塑练习，这些练习可以使肌肉富有弹性、身体柔韧性加强、身体线条优美；舞蹈是一种表演艺术，通过身体姿态来表达感情，体现一定的内涵。它们二者结合起来就是形体舞蹈。

　　练习形体舞蹈时，一般配以舒缓优美的音乐。形体舞蹈动作优美舒展，幅度适当，同时强调动作的协调性和美感。形体舞蹈的动作不一定很复杂，但一定要有内涵，重在培养练习者的气质，能给人以舒展、高雅的感觉。

第五节　体育舞蹈

体育舞蹈百科

一、体育舞蹈概述

（一）体育舞蹈的起源与发展

　　11—12世纪，欧洲一些国家将一些民间舞蹈加以提炼和规范，形成了简洁高雅的宫廷舞。法国大革命后，宫廷舞开始在民间流行，成为人人可舞的交谊舞。1924年，英国皇家舞蹈教师协会对当时的交谊舞进行了整理，将各种舞种的舞步、舞姿、跳法加以系统化和规范化，从此，人们将规范化的布鲁斯、华尔兹、狐步舞、维也纳华尔兹、快步舞、伦巴、探戈7种交谊舞称为国际标准交谊舞，又称为普通体育舞蹈，这是体育舞蹈发展的第一个阶段。第二次世界大战后，英国皇家舞蹈教师协会又对一些拉丁舞进行了整理和规范，并将它们纳入了国际标准交谊舞范畴，列为正式比赛项目。至此，国际标准交谊舞形成两大系列——摩登舞和拉丁舞，共包括10个舞种。1964年，国际标准交谊舞又增加了新的表演和比赛项目——团体舞。从此，摩登舞、拉丁舞、团体舞一起被称为现代国际标准舞，这便是体育舞蹈发展的第二个阶段。在国际上，每年都有不同地区、各种级别、不同规模的国际

标准舞赛事举行，其中最有影响力的是每年在英国黑池和德国斯图加特举行的国际标准舞大赛。1995 年，国际标准舞被称为体育舞蹈，并被列为奥运会表演项目。

（二）体育舞蹈的锻炼价值

1. 健身价值

体育舞蹈可以促进新陈代谢，增强人体机能，提高身体素质，有利于改善舞者的形体条件，培养良好的气质风度，有助于其形成优美端庄的姿态、匀称的形体。

2. 健心价值

体育舞蹈能够缓解人们紧张不安的情绪，使心理和生理得到平衡。舞者通过在美的旋律中宣泄情绪，可以消除疲劳、调节心理、缓解压力、陶冶情操、净化心灵。另外，体育舞蹈是一种技能表现类项目，舞者通过练习体育舞蹈来展现自我，提高自信心，保持积极向上的心态。

3. 审美价值

体育舞蹈的练习过程是一个追求美、创造美、实现美的过程。练习者在舞蹈中表现美、欣赏美，把自己的形体美、姿态美、服饰美及感受到的音乐美结合起来，在情感上进行调整、梳理，以求达到和谐统一，得到美的享受，并在体育舞蹈优美的音乐和优美动作的影响下，不断地进行着感知、想象、理解等审美活动，有利于审美能力的提高。

4. 社交价值

体育舞蹈作为媒介可以促进人与人之间的交流，满足人们交际的心理需要。练习体育舞蹈，为学生学习礼仪、着装、如何与异性相处等提供了非常好的途径。

知识拓展

在所有体育舞蹈比赛中，华尔兹、探戈、狐步舞、快步舞、桑巴、恰恰恰、伦巴和斗牛舞的音乐时长至少为1分半；维也纳华尔兹和牛仔舞的音乐时长至少为1分钟；团体舞的音乐时长为4～5分钟。

各个舞种的时值：华尔兹为28～30小节/分，探戈为31～33小节/分，维也纳华尔兹为58～60小节/分，狐步舞为28～30小节/分，快步舞为50～52小节/分，桑巴为50～52小节/分，恰恰恰为30～32小节/分，伦巴为25～27小节/分，斗牛舞为60～62小节/分，牛仔舞为42～44小节/分。

（三）著名体育舞蹈赛事介绍

1. 英国黑池舞蹈节

英国黑池舞蹈节是每年 5 月在英国北部小镇黑池举行的一个舞蹈节，创办于 1920 年，在 1950 年成形，逐渐成为世界国际标准舞活动之首。英国黑池舞蹈节期间的活动除了包括为期 7 天的黑池国际标准舞锦标赛之外，还包括世界性国际标准舞会议、舞蹈服装及舞蹈用品汇展等。这一舞蹈节虽然以"英国"冠名，但它面向全世界的体育舞蹈爱好者，其声誉甚至超过了一些以"世界"冠名的体育舞蹈活动。参加英国黑池舞蹈节并在黑池国际标准舞锦标赛中夺冠，成为国际标准舞高手争相追求的目标。

2. 世界体育舞蹈大奖赛

世界体育舞蹈大奖赛是世界上水平较高、较精彩的体育舞蹈大赛，是世界体育舞蹈联合会于 2003 年首创的设有奖金的系列比赛，目的是向全世界推广体育舞蹈。世界体育舞蹈大奖赛每年在不同的国家或地区设置 10 站分站赛，摩登舞和拉丁舞各 5 站，并在年终举行总决赛，评出年度摩登舞和拉丁舞总冠军。选手必须至少参加 3 站比赛才有资格参加总决赛，5 站积分在前 12 名的选手将有资格参加最后的年度总决赛。这 12 名选手的所有参赛费用将由世界体育舞蹈联合会支付，优胜者将获得一定的奖金，因此，世界体育舞蹈大奖赛每年都会吸引众多高手参加。

3. 德国拉丁舞公开赛

德国公开赛是世界体育舞蹈联合会组织的一项国际性拉丁舞比赛，每年在德国的斯图加特举行，从 1987 年的首届至今，已有 30 多年的历史。这一赛事是国际顶尖拉丁舞者的盛会，在这一比赛中获得名次是众多拉丁舞者的目标。

4. 英国体育舞蹈公开赛

英国体育舞蹈公开赛（UK 公开赛）是国际体育舞蹈的重要赛事之一，于每年 1 月 23 至 25 日在英国伦敦南面的小镇伯恩茅斯举行。此赛事的主要组别有摩登舞职业组、摩登舞业余组、拉丁舞职业组、拉丁舞业余组、摩登舞职业新星组、拉丁舞职业新星组、摩登舞业余新星组、拉丁舞业余新星组等。

（四）著名体育舞蹈运动员介绍

1. 阿鲁纳斯·毕佐卡斯

阿鲁纳斯·毕佐卡斯是出生于立陶宛的著名体育舞蹈运动员。阿鲁纳斯的母亲是一位国际标准舞爱好者。在阿鲁纳斯 7 岁时，他的母亲便送他去学习跳舞，以此来作为阿鲁纳斯的课余活动。儿童时期的阿鲁纳斯参加过各种体育活动，如足球、篮球、游泳等，而跳舞是他的最终选择。

阿鲁纳斯 13 岁时和埃迪塔·丹纽特结成舞伴，共同训练和参加比赛。他们在多年的合作中（无论是在青少年时期，还是在后来的成年业余组的比赛中）多次取得非常出色的成绩，共同代表立陶宛参加被世界体育舞蹈联合会和国际奥委员会认可的一些国际标准舞比赛有十几年之久。2007年，阿鲁纳斯与埃迪塔结束了彼此之间长达 16 年的合作关系，阿鲁纳斯现在的舞伴是喀秋莎·德米多娃。

2. 喀秋莎·德米多娃

喀秋莎·德米多娃是俄罗斯专业的国际标准舞舞蹈家，现居美国，她是舞蹈演员安娜·德米多娃的姐姐。喀秋莎 7 岁开始学习舞蹈，在 16 岁的时候，她就意识到自己要往更加专业的方向发展。之后，喀秋莎便开始与她的教师合作，成为一名国际标准舞职业比赛舞者。1996 年抵达美国纽约后，喀秋莎迅速与乔纳森·威尔金斯结成舞伴，并在全世界范围内的主要国际标准舞比赛中合作了 12 年。2007 年，自喀秋莎和阿鲁纳斯结伴跳舞之后，二人便马上形成了一股锐不可当的"旋风"：多次获得世界级国际标准舞大赛摩登舞冠军；2009—2018 年连续 10 年蝉联国际标准舞公开赛职业组摩登舞冠军；2013 年，在世界体育舞蹈联合会国际标准舞世界公开赛上获得专业组排名第一的殊荣。

二、体育舞蹈基本技术

（一）摩登舞

（1）基本站立姿势：身体保持正直，身体重心保持在一条腿上（单腿重心），动作腿在无重心状态下向支撑腿并拢。女士的垂直线落地点比男士稍靠后，在脚弓位。

（2）手臂位置：手臂通过肩部向侧前方延伸，使肘关节与身体两侧始终稳定地保持最大的距离。肘关节弯曲，前臂向前延伸；肘关节的高度略低于肩部，保持水平状态。

（3）持握姿势：男女舞伴相对而立，两人身体正面构成封闭状态。女士身体向男士右侧偏约 1/3，女士腰部左侧与男士腰部右侧轻贴，二人上身均向后倾。男士左臂向左侧屈肘举起，高度稍超过肩部，左手轻握在女士右手的拇指与其余四指之间。男士右手环抱女士左胛骨下方，五指并拢，手掌呈空心状，右臂轻轻平贴在女士的左臂上；女士左手五指并拢，轻放在男士的右肩上。

（4）运动过程中身体形态的变化：舞者在行进过程中，头、肩、髋要保持在垂直位；做舞蹈造型时，各部位的变动要围绕身体主轴进行。可根据动作的需要，使身体向两侧倾斜。女士可将脊柱上部和胸部向后上方延伸，以增强美感。做舞蹈造型时，上身的延伸度可加大。

（二）拉丁舞

1. 身体形态

拉丁舞的身体形态见表 9-5-1。

表 9-5-1 拉丁舞的身体形态

舞　种	身体形态
伦巴和恰恰恰	两脚自然并拢站立，挺胸，上身直立，两肩自然下沉。任意一脚向外侧跨出一步，支撑腿伸直，并将重心全部移动到支撑腿上。为使骨盆可向侧后方移动，应将重心放在支撑脚的脚跟上，同侧腿膝关节要向后锁紧。骨盆移动的幅度要以不影响上身的姿势为度
桑巴和牛仔舞	两脚自然并拢，挺胸，上身直立，两肩自然下沉。任意一脚向外侧跨出一步，支撑腿伸直，将重心全部移动到支撑腿上并逐步前移至同侧脚的前脚掌上，而脚跟不离开地板，并且支撑腿的膝关节不可向后锁紧
斗牛舞	两脚自然并拢，挺胸，上身直立，两肩自然下沉。骨盆微向前倾，重心在两脚之间。当腿伸直时，膝关节不可向后锁紧

2. 脚部动作

拉丁舞的脚部动作及其概述见表 9-5-2。

表 9-5-2 拉丁舞的脚部动作及其概述

脚部动作	概　述
抑制前进步	在跳伦巴和恰恰恰时，当用前进步来改变方向时，可略转或不转。在做前进步时，用来造成停顿的那一步便是抑制前进步
拉丁交叉步	在跳拉丁舞时，一脚从另一脚的前方或后方交叉，所完成的脚部位置都是相同的，这种脚部位置称为拉丁交叉步。以右脚向左脚的后交叉为例，右脚交叉到左脚后方，两膝弯曲，右脚脚尖向外，右膝靠在左膝后，右脚脚尖距左脚脚尖约 15 厘米
延迟走步	在跳某些舞步时，特别是在跳伦巴和恰恰恰时，延迟走步是一种很特别的走步动作，使用此动作的目的是改变上身和脚部的移动速度，用来突出体现旋律的美感。延迟走步包括屈膝式延迟前进走步、直膝式延迟前进走步和屈膝式延迟后退走步三种
前进转步	当前进过程中要以转动来改变下一步或后退方向而不影响上身或臀部动作时，要使用前进转步：原来的前进改为后退，上身的最大转量是 3/8 圈；结束时，脚的位置应在后方，并稍微向前

知识拓展

我国体育舞蹈技术等级共分为 3 个层次5个级别。5 个级别由低到高分别为铜牌级、银牌级、金牌级、金星一级、金星二级。5 个级别对应的层次：铜牌级、银牌级为基础级，金牌级、金星一级为提高级，金星二级为最高级。铜牌级、银牌级主要面向大众健身和有意参加体育舞蹈的锻炼者，金星级面向体育舞蹈爱好者，金星二级是体育舞蹈的最高层次，面向有意于体育舞蹈深造者。

三、体育舞蹈竞赛规则简介

（一）评判人员

体育舞蹈竞赛的评判人员一般由高级评判组和评判组组成。

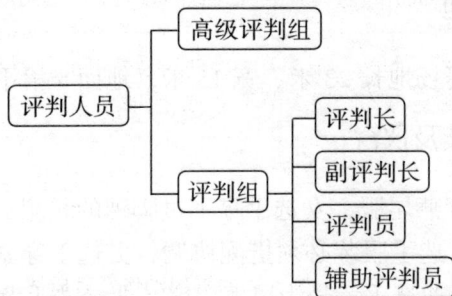

评判人员
- 高级评判组
- 评判组
  - 评判长
  - 副评判长
  - 评判员
  - 辅助评判员

（二）评判要素

体育舞蹈竞赛的评判要素主要有六种（表9-5-3），前三项主要体现选手的技艺品质，后三项体现选手的艺术魅力。在第一次、第二次预赛中，主要根据前三项要素进行评判；在半决赛时，主要根据后三项要素进行评判；在决赛中，根据所有要素进行评判。

表 9-5-3   体育舞蹈的评判要素及其细则

评判要素	细则
基本技术	主要从选手的脚部动作、身体姿态、动作的平衡稳定、移动等几个方面进行评判
音乐表现力	从选手对音乐节奏和风格的理解，以及动作的表现力方面进行评判
舞蹈风格	从不同舞种之间的风格和韵味上的细微差别、个人不同风格特点的展现等方面进行评判
动作编排	根据动作的新颖性、流畅性，动作体现舞种基本风韵的情况，动作与音乐的配合程度，动作本身具有的技术难度，编排的章法、场地利用情况等多方面因素进行评判
临场表现	从选手在赛场上的应变能力、竞技状态表现情况、临场发挥的自我控制能力等方面进行评判
赛场效果	从选手的风度、气质、仪态、出入场时的总体形象、赛场感染力等方面进行评判

（三）比赛场地

体育舞蹈的比赛场地长 23 米、宽 15 米，地面光滑平整。

（四）比赛服装及仪容

摩登舞男选手穿燕尾服，女选手穿不过脚踝的长裙；拉丁舞服装应具拉丁美洲风格，男、女选手服装必须搭配协调，男选手穿紧身裤或萝卜裤，女选手穿露背短裙。专业选手背号为黑底白字，业余选手背号为白底黑字。

男选手可留分头，发型前不掩耳、后不过领，不能留长发、长须；女选手为短发或长发盘髻，可加头饰，不可披长发。

（五）比赛方式

体育舞蹈比赛一般采用淘汰制与顺位法相结合的比赛方式。

1. 淘汰制

从预赛到半决赛采用淘汰制比赛方式，即根据竞赛编排，将参赛选手的对数按照规定定量，录取得票多的选手进入下一轮比赛，淘汰其余选手。具体见表 9-5-4。

表 9-5-4   淘汰制规则

赛　程	淘汰规则
初　赛	录取 48 对选手进入预赛，其余淘汰
预　赛	48 对选手（不足 48 对但超过 26 对仍需要进行预赛）中录取 24 对选手进入复赛，其余淘汰

续　表

赛　程	淘汰规则
复　赛	24 对选手中录取 12 对选手进入半决赛，淘汰 12 对选手
半决赛	12 对选手中录取 6 对选手进入决赛，淘汰 6 对选手

2. 顺位法

决赛采用顺位法决定单项和全能的名次，即将裁判员对参加决赛的 6 对选手的各个舞种所排的名次通过顺位排列的方法计算名次。具体见表 9-5-5。

表 9-5-5　顺位法

项　目	细　则
单项舞	① 在各位次上领先获得过半数裁判员判定的选手获得该顺位的名次。② 在同一顺位上有两对以上选手获过半数判定，则按数值的大小决定名次，数值大者名次列前。③ 在同一顺位上出现相等顺位数时，可将顺位数相加，用括号表示，积数小者名次列前。④ 在第一顺位上所有选手均未获过半数判定，则降下位计算，直至出现过半数判定为止
全　能	① 将总分顺位表的单项名次数相加，按照合计数的大小排列选手名次，合计数小的选手名次列前。② 如果名次合计数相等，则按照获得的顺位数大小排列选手名次，数大的选手名次列前。③ 如果合计数、顺位数都相等，则按照顺位积数大小排列选手名次，数小的选手名次列前。④ 如果合计数、顺位数、顺位积数都相等，则需将相等者的各单项名次顺位全部列出，重新计算。如又相等，则加赛或用其他办法解决

本章课后思考题

第十章

亲近自然、放松身心的户外与休闲运动

本章思维导图

≫ 本章导读

　　本章阐述了野外生存、攀岩、定向运动、轮滑、毽球、体育游戏等项目的起源与发展及其锻炼价值，讲解了这几个运动项目的基础知识。

≫ 学习目标

▶ 了解几个户外与休闲运动项目的起源和发展。

▶ 明晰几个户外与休闲运动项目的锻炼价值。

▶ 掌握几个户外与休闲运动项目的技术。

【名人故事】

刘常忠，国家级运动健将，曾任中国国家攀岩队队长，先后共获得全国攀岩冠军二十余次，保持中国竞技难度攀岩纪录 10 年；是首批国家级定线员、首批国家攀岩教师、首批国家攀岩职业资格考评员和洲际攀岩定线员；2003 年卫冕全国攀岩锦标赛冠军，并在亚洲攀岩锦标赛中获得第三名，被称为"中国攀岩第一人"；2008 年创办"刘常忠攀岩学校"；2012 年出版攀岩教材《岩之有道：刘常忠教攀岩》；2013 年参与国家攀岩职业资格课程设计；2015 年主持"户外运动进校园"国家试点工作。刘常忠为国家攀岩队输送了多名优秀队员，他的学员曾多次获得全国冠军。

第一节 野外生存

野外生存是集探索、挑战、生存、生活、教育于一体的体育活动。野外生存运动要求个人或团队依靠有限的物资和自己的力量、经验，想方设法在野外环境中求得生存。野外生存可以培养人们良好的社会适应能力。目前，在发达国家，野外生存的发展已趋于成熟，其独特的魅力使其受到越来越多青山年爱好者的关注。

一、野外生存的起源与发展

人类所具备的野外生存技能是人类在早期生活中形成的。在原始社会，人们在野外生存，并发明了各种生存工具。现代的野外生存活动起源于第二次世界大战期间在英国兴起的户外拓展活动。1941 年，库尔特·哈恩在英国威尔士创办了阿伯德威海上学校，训练年轻海员在海上的生存能力和轮船触礁后的生存能力。第二次世界大战结束以后，这种户外拓展活动进一步发展，接受训练的人员范围由年轻的海员扩大到社会各个阶层的人员，训练内容也从最初的海上生存训练演变为攀岩、野外宿营、急救求生、定向运动等训练。

野外生存的发展历程可分为以下三个阶段。

（一）生存阶段

生存阶段主要指人类社会发展的早期阶段。此时，人们在野外的活动主要是狩猎、寻找合适的居住地等。在此阶段，人们迫于生计不得不自发地进行野外生存活动，其主要目的是生存。

（二）特殊训练阶段

在人类社会的发展历程中，发生过非常多的战争。在战争时期，人们被迫开展野外生存活动。一些特殊人群，如军人、探险员、科考队员等，为了保存生命、赢得战争的胜利，不得不学习野外生存技能。

（三）提高生活质量与人口素质阶段

随着科技的进步和社会的发展，人们的生活水平和生活质量不断提高，使野外生存活动更加具有锻炼意义和休闲娱乐性质。在此阶段，人们开展野外生存活动大多是为了提高身体素质、调节情绪、培养意志力，这也使这项活动具有了教育的功能。在这一阶段，越来越多的国家将野外生存作为一门素质教育课程在学校开设，在一些国家和地区还出现了专门的野外生存教育机构和组织机构。

二、野外生存的锻炼价值

野外生存活动的环境特殊，可使参与者获得不同于其他体育活动的体验，这也使其具有了独特的锻炼价值。

（一）认识、熟悉、亲近自然

在科技发展日新月异的今天，人类的生活也正在逐渐向科技化、智能化方向发展。大学生作为推动社会发展的预备力量，其科学文化素养在不断提高，与此同时，随着城市规模的扩大，其生活环境也越来越远离自然。

人类社会与自然环境是和谐统一、共同发展的。只有了解自然，顺应自然规律，人类社会才能可持续发展。基于此，大学生在学习科学技术的同时，也应该了解和认识自然。

参加野外生存活动就是学生亲近自然的一个很好的途径。学生通过参加野外生存活动，能够将自己所学的理论知识与自然活动相结合，从而更深刻地理解自然规律，理解人与自然和谐发展的内涵，在自然环境中激发自己的好奇心和创造力。

（二）提高生存能力和心理素质

大学生通过参与野外实践活动，能够掌握更多的野外生存知识，促进全面发展，提高综合素质。在野外生存活动过程中，参与者需背负一定重量的装备，跋山涉水，穿越丛林和山地，克服沿途的多种困难，这些都是对其体力和意志力的严峻考验。在野外生存活动过程中，参与者还要进行野外定向、攀岩，这不仅能使其身体得到锻炼，还能培养其独立思考、独立解决问题的能力和坚韧不拔的意志。

（三）促进个人的社会性发展

野外生存活动内容丰富，形式灵活多样，且外界环境的挑战性强，能够很好地培养参与者的积极性和创造性，锻炼其意志和体魄，有利于促进参与者的社会性发展，使其在锻炼身体、陶冶情操的过程中，拓宽视野、认识自我、挑战自我，培养敏锐、机智、勇敢的品质，提高独立分析和解决问题的能力。在大学生中开展野外生存训练，为学生提供亲近大自然的机会，可以使他们了解自然、了解社会，促进其良好个性的形成和身心健康，同时也能增进学生间的交流与合作。

三、野外生存基础知识

（一）观云识天气

云是由大气中的水蒸气遇冷液化成的小水滴或凝华成的小冰晶混合组成的飘浮在空中的可见聚合物。云的生成、外形特征、量的多少、分布及其变化不仅可以反映某地当时大气的运动情况、稳定程度，以及水汽状况，还能预示未来天气的变化。观察云的变化可以预测天气。

（1）积雨云：云层较低，高度约在2500米以下，云色乌暗。出现该云常预示有阵雨，可能会出现强风暴雨、雷鸣闪电。

（2）雨层云：低层雨云。假如雨层云笼罩天空，则预示着在较短时间内会有持续几小时的降雨。

（3）积云：形状如团团棉絮，蓬松地飘浮在天空中。为了准确判断天气，应掌握积云的变化规律。如果积云逐渐分开，则预示天气晴朗；如果积云的前端越积越多，且范围不断扩大，则预示着一场暴雨即将来临。

（4）卷云：云层高度一般在5000米以上，云色纯白，呈缕状。天空出现卷云常预示天气晴朗。

（5）卷积云：形状呈小圆块，远看如同海浪泛起的涟漪，高度在5000

米以上，常被称为"鱼鳞云"。天空出现卷积云一般预示天气晴朗。

（二）野外生存必备物品

野外生存的必备物品包括雨具、水壶、防水火柴、应急毛毯、应急救护套件、小刀、手电筒、指南针、应急食品等。

（三）野外生存的饮食和住宿安排

1.饮食

这里的饮食主要是指水和食物。在野外环境中，水是人重要的需求之一。在没有水的情况下，人体无法进行正常的生命活动。因此，野外生存的重要任务之一就是获得足够的水。在野外，用干净容器收集的雨水，或者从植物中收集的水，通常来讲是可以直接饮用的。但是那些从湖泊、池塘、沼泽、泉眼或者溪流中获取的水，特别是从那些靠近人类居住地或者热带地区的水源中获得的水，饮用前一定要先净化。从植物或地面获得的水，如果可能，要用碘、氯消毒杀菌，或者煮沸。

在野外，要注意饮食卫生和饮食安全，不到万不得已，不要吃生食。在炊具极其简陋或者没有炊具的情况下，应设法把食物煮（烤）熟再吃，这也是野外生存的重要技能之一。

知识拓展

水是生命之源。在进行户外探险时，水是必备品。在野外，如果饮用水已耗尽，一时又难以找到水源，将十分危险，甚至会威胁生命。因此，学会在野外环境中寻找水源，是每个野外求生者必备的求生技能。野外求生者需要具有敏锐的辨别和观察能力。野外求生者可以通过净化泥泞水，收集雨水、露水，利用植物（水树、水藤、仙人掌、竹子、野丝瓜等）取水，蒸发取水等方式喝到干净的水。

2.住宿

在野外，住宿大多采用露营的方式，这就需要做好露营地点的选择工作和露营装备的配置工作。露营地点的选择要注意以下几点。

（1）靠近水源。野外露营地点通常要选在离水源近的地方。

（2）地形要安全。如果要在野外露营，露营人员的安全是必须要保障的，选择露营地要遵循一定的要求。所选取的露营地点上方不能有易滚动的石头、木头等，也不易发生泥石流，否则将有安全隐患。在多雨的季节，不要选择在河滩、河床或溪边露营，如果突发洪水，会很容易被水冲走。雷雨天气，不要选择在山顶或空旷的地方露营，避免遭到雷击。

（3）地面要较为平整。露营地地面要平整，不要有碎石、草根等，以避免人员受伤。

（4）要选择阳光充足的地方。在野外露营，应选择光照条件比较好的营地。这样的营地比较温暖，有利于晾晒衣物和其他物品。

（5）避开蚊虫多、有野兽出没的地方。野外蚊虫较多，甚至有凶猛野兽出没，选择露营地时要避开这些地方。

（6）营地应背风。如果将露营地选在迎风处，只要起风，将不利于露营者防寒保暖；影响帐篷的稳定性，不利于露营者休息，也不利于露营者的安全。除此之外，取火、烹制食物等方面都会受到影响。因此，最好将露营地选择在背风处。

露营应该配置帐篷、睡袋、防潮垫、手电筒、登山拐杖、指南针等设备。

（四）远足行进

远足行进是野外生存中人们要长时间保持的一种状态。

远足，亦称徒步、行山或健行，指有目的地在城市的郊区、农村或山野间进行中长距离的走路锻炼。远足也是户外运动中较典型和常见的一种形式。由于远足行走要求比较简单，不需要太多技巧和装备，因此其经常被人们当作一种休闲活动。远足穿越的区域可以是城郊、乡村、山地、丛林、沙漠荒原、雪原冰川、峡谷、平原、山岭、草地等。根据距离的不同，通常将15千米以内的行进称为短距离远足，15 ~ 30千米的行进称为中距离远足，30千米以上的行进称为长距离远足。

（五）野外急救箱

在野外，随时可能会出现意外。如果遇到意外伤害，如条件允许，应立即开展急救。如救治及时，有时会挽救一个人的生命。因此，进行野外生存活动，参与者应随身携带急救箱，急救箱内应装有以下各项物品，以备基本急救之用。

1. 绷　带
绷带分为不同的阔度及质料，用于处理不同种类及创面面积的损伤。

（1）纱布滚动条绷带：适用于处理一般伤口，主要用于固定敷料。

（2）弹性滚动条绷带：具有弹性，除了用于处理伤口外，还可用于处理一般拉伤、扭伤、静脉曲张等伤病，以固定伤肢及减轻肿胀。

（3）三角绷带：可以全幅使用，或者折叠成阔窄不同的绷带，通常做手挂使用，承托上肢。

2. 敷　料
敷料由数层纱布制成，质地柔韧，主要用于覆盖伤口及吸收分泌物。对于流血及分泌物较多的伤口，可覆盖多层敷料。

3. 敷料包

敷料包由棉垫（敷料）和滚动条绷带组成。用棉垫覆盖伤口，然后用附带的滚动条绷带加以固定。

4. 消毒药水

消毒药水可用于伤口消毒。

5. 洁净的棉花球

洁净的棉花球用于清洁伤口，使用前应用消毒药水浸泡。

6. 消毒胶布

消毒胶布通常用来处理创面面积较小的伤口。在贴上胶布前，必须确保伤口周围的皮肤干爽清洁，否则会贴得不牢固。

7. 胶 布

胶布用来固定敷料、滚动条绷带或三角绷带。

8. 各种药物

急救箱内还应装有用于退热、止痛、止泻、止吐、防暑等的应急药物。

知识拓展

史蒂夫·欧文，澳大利亚环保人士，电视节目"探索"的主持人。欧文最广为人知的电视节目就是他与他的妻子一起主持的"鳄鱼拍档"，他也因为这档节目获得了"鳄鱼先生"的绰号。2006年，欧文在澳大利亚海域拍摄一部水下纪录片时，不幸被有毒鱼类的毒刺刺到，不治身亡，年仅44岁。这提醒人们在进行野外活动时要注意安全，提高保护自己的能力。

野外生存活动的核心特征之一就是容错率非常低。在野外没有良好的饮食、医疗、住宿条件，野外生存者一旦遭遇伤病，就会极其危险。因此，在参与野外生存活动前，除了要掌握基本的急救知识外，还要能够做好有效的伤病预防措施。

第二节 攀 岩

攀岩是一项深受人们喜爱的运动项目。攀岩融健身性、娱乐性和竞技性于一体，要求运动员身体素质全面，具备勇敢、顽强和坚韧不拔的品质，能够在各种不同的高度及角度的岩壁上轻松、准确地完成腾挪、转身、跳跃、引体等惊险动作，给人以优美、惊险的感受，故人们又称攀岩为"岩壁芭蕾"。人们对攀岩的喜爱充分体现了人们回归自然、挑战自我的愿望。攀岩爱好者在岩壁上腾挪蹭移，稳如壁虎，矫若雄鹰，充分展现了攀岩运动的魅力。

一、攀岩的起源与发展

攀岩起源于 20 世纪五六十年代，并于 1974 年被正式列为国际竞技体育运动项目。1991 年，亚洲攀岩委员会成立，该委员会决定以后每年举办亚洲攀岩锦标赛。同年 12 月，第一届亚洲攀岩锦标赛在中国香港举行。

攀岩技术的诞生已有一百多年的历史。早在 1865 年，英国登山家、攀岩运动创始人埃德瓦特首次用简易的钢锥、铁链、登山绳索等装备成功地登顶险峰。1890 年，英国登山家马默里改进了攀登工具，发明了打楔用的钢锥和钢丝挂梯及各种登山绳结，使攀岩技术进入了新的发展阶段。

1948 年，苏联举办了首届攀岩锦标赛。难度较大的攀岩比赛则是在 20 世纪 50 年代末 60 年代初才出现的。当时，苏联高加索地区的一些地方体育协会和军队率先开始试行攀岩比赛，后来逐渐发展为全苏联的比赛。1976 年，苏联和捷克斯洛伐克的登山组织在苏联克里米亚举办了第一届国际攀岩锦标赛，英国、民主德国、联邦德国、意大利、美国、日本等 12 个国家的 213 名选手参加了比赛。此后，由苏联提议，国际登山联合会决定每两年举办一届国际攀岩锦标赛，比赛项目有个人攀登赛、个人平行计时赛、小队攀登赛等。

我国从 1987 年起已先后举办了多届全国性的攀岩比赛，比赛项目有男、女单人攀登赛，双人结组攀登赛和人工岩场的攀登比赛。不论是哪种比赛形式，其都是以攀岩技术为基础发展起来的。另外，攀岩技术还可以被运用到科学考察、工程技术、消防、建筑等领域。攀岩运动不仅具有经费开支少、装备简单的特点，还具有难、险、新及竞争性和实用性等特点。

攀岩百科

二、攀岩的锻炼价值

（一）锻炼身体素质

首先，攀岩作为一项运动，能起到锻炼身体、提高身体素质的作用，并且比一般的运动效果要好。原因是攀登岩石峭壁或人造岩墙时不用工具，仅靠手、脚和身体的平衡向上运动，手、脚要根据不同的支点采用不同的用力方法，如抓、握、挂、抠、撑、推、压等，能够有效增强参与者的身体力量，提高其平衡能力。此外，攀岩对改善心血管系统功能也有相当重要的作用，并且能够通过热量调节和新陈代谢促进血液循环。

（二）培养意志品质

除了能锻炼各项身体素质外，攀岩还能锻炼人的意志，培养良好的思想品德和体育意识，如团队合作意识。原因是在攀岩保护中，需要伙伴的精确合作才能确保生命安全。此外，攀岩还能提高人们对环境的适应能力和对突发事件的应变能力，以及强烈的责任心、自信心和自强能力，在运动中寻找到自身的价值所在。

参加攀岩活动不仅能发展人的力量、灵敏等身体素质，还能培养其勇敢、顽强和坚韧不拔的精神，对智力和体力都有调节作用，使人在惊险中得到美的享受。攀岩是一项充满刺激和挑战的运动，吸引着很多年轻人，甚至中老年人的关注。

三、攀岩基本技巧

（一）手法技巧

有人认为手在攀岩时能承受较多的重量，因此攀岩者手劲必须要大。然而这是没有必要的，因为在攀登直壁时，手基本上是用来掌握平衡的。支点与手之间的接触力量是攀岩成功的关键，抓支点时，手不要用太大的力，而是要放松，用最小的力去抓支点，否则攀岩者手臂的力量会很快减弱。岩壁上的支点形状很多，常见的有几十种，攀岩者要熟悉这些形状，知道面对不同支点，手应抓握何处及如何发力。根据支点凸出、凹陷的位置和方向，本教材主要介绍以下几种攀爬手法。

1. 抓 握

当手指抓住支点的某一凸凹边缘时，人们一般会发力并紧抓不放。但很多时候，有一些支点完全可以用手掌去握住，而不应该仅靠手指的力量。用整个手掌去抓握支点可以增强抓握的稳定性。

2. 开 握

如果支点的边缘或某些点的小洞可以支撑住手指的第二关节，那么手就可以平坦地靠在岩面上，这样可以使手张开、手指并拢，让手指与支点充分接触，整个手掌不用紧握支点。在开握的动作中，拇指的作用一般较小；如果支点是倾斜的，则拇指可以与其他手指一起捏住该点。一般情况下，如果支点是圆的，那么开握方法是最佳的选择。

3. 抠 握

当遇到相对较小的支点，除拇指以外的四指并拢后能套住该支点时，可用拇指压住食指套住支点做抠握动作。在做抠握时，要避免手指因承受过大的压力和拉力而受伤。当手掌朝上，向上抓支点时，需要用反抠的动作，这种动作通常是用来维持平衡的，它是通过手与手或手与脚之间的反作用力来实现的。

4. 曲 握

曲握指手掌弯曲，四指并拢，拇指压在食指上，用手掌的外边缘抠握支点。因为拇指力节很强，可以很好地控制手形，所以这种握法不仅有力，还会给其余的手指一个很好的放松机会。实际上，攀岩者可通过曲握支点来使前臂得到放松，因此曲握动作是很好的休息姿势。这种动作一般在小球状的突出支点和圆支点上使用。

5. 捏 握

当一个支点没有可把住的边，并且只能依靠手指的摩擦力把住时，应采用捏握的动作。拇指捏握的方向与手指抓握的方向是相对的，用拇指压在支点的边上，其压的方向与四指的方向成90°角。但当支点很小时，只能用拇指和食指的第二关节外侧去捏握。

6. 侧 拉

侧拉的基本技术要点是使身体侧向岩壁，以身体对侧的手脚接触岩壁，伸直另一条腿来调节身体平衡，靠单腿力量将身体顶起，抓握上方支点。侧拉动作主要在过仰角及支点排列近于直线时使用。

7. 洞点法

无论是在自然岩壁上，还是在现代攀岩比赛中使用的岩壁上都有许多小洞或洞点。洞点可以是一条窄缝，也可以是能伸进一两根手指或整个手掌的大洞点。攀岩者在抓这些洞点时，首先应感觉一下洞内的情况，找到最深的抓握部位。在所有洞点中，指点是最难抓握的，原因是指点洞口面积小，手指在其中用力非常容易拉伤肌腱。如果单指点是垂拉方向的，则可用食指抓洞点，用中指靠住食指，以增强抓点的稳定性。

岩壁上各支点的形状和大小不同，其适用的抓握方法各有不同。即使是同一支点，也可能有多种抓握方法。这就需要攀岩者通过大量的练习熟练掌握并灵活运用这些手法技巧。在攀岩手法的运用中，手指的力量十分重要。攀岩者在日常训练中可用指卧撑、引体向上、挂指引体、提捏重物等方法来练习手指力量。

（二）脚法技巧

攀岩者若想使自己的攀岩技术达到一定水平，就必须学会正确灵活地运用各种脚法技巧。因为腿的负重能力和爆发力都很强，并且耐力强，所以在攀岩中若能充分利用腿部力量，尽量用脚来支撑身体的重量并注意平衡，就有利于减轻身体对臂力和手指力量的依赖，减轻手臂的负担，从而进一步提高攀岩者的攀爬能力。

各脚法技巧如下。

1. 正 蹬

正蹬是指运用脚的前部和拇趾蹬踩支点的方法。大部分初学者倾向于通过增大鞋底与支点的接触面积来增大与支点之间的摩擦力。但是正蹬不是单靠增大接触面积来增大摩擦力的，而是通过立起脚跟来增大脚尖与支点间的压力，从而增加摩擦力。正蹬技术的运用比较广泛，除了用于踩蹬支点外，还可用于蹬踩岩壁其他位置，如不规则处、粗糙的地方和凸凹处。

2. 侧 蹬

侧蹬是用脚的外侧边蹬踩支点的方法。不论是在直壁上还是在屋檐上，侧蹬都能使攀岩者的身体更加贴近岩壁，有利于其把身体的重心放在脚上，同时可以减轻手的拉力。脚跟勾点这样的动作多运用于蹬踩斜面和屋檐上，一般是把脚跟踩在一些适合做该动作的支点上。通常情况下，脚的前部是被顶住的，脚跟是被挂住的。当做侧蹬动作时，抬起脚，上体尽量前屈，直至脚能够挂在某个支点上。

（三）手法、脚法的配合

1. 手脚同点法

手脚同点法是指当一些手点高度在腰部附近时，同侧脚也踩到此支点上，身体向上、向前，把重心移到该侧脚上，发力蹬起，同侧手伸出抓握下一支点，另一侧手用来保持平衡的方法。采用手脚同点法，岩壁支点要少，身体上升幅度要大，速度要快。做手脚同点法技术动作时需要注意：若支点较高，应使身体稍侧转，面向支点，腰胯贴墙向后坠，腾出空间抬腿；不要面向岩壁直接抬腿，待一脚踩实后，另一脚和两手发力，使重心前送，压到前脚上，单腿发力顶起身体，同点手放开原支点，从侧面向上滑，抓握下一个支点，另一侧手固定不动，调整身体平衡。

2. 三点固定法

三点固定法是指在攀爬岩壁时使两脚单手或两手单脚三点固定，每次只移动一只手或一只脚来向上攀爬的方法。采用三点固定法时，上下肢要协调配合，在放手移向下一个手点前，身体必须保持平衡状态。移动到新的脚点时，要先将重心移至该支点。攀爬过程中要降低身体重心，手臂尽量伸直，尽可能多地利用下肢发力和支撑重心。在攀爬过程中，灵活地控制和移动重心能有效地减轻两手的负荷，保持身体平衡，提高完成动作的能力。初学者不要急于爬高，应先做一段时间的平移练习，即从岩壁较低位置的一侧横向移至另一侧，体会推拉腰胯的重心控制技术。

在使用三点固定法进行单手换点时，一般先使身体重心向对侧移动，使手在离开原支点之前负荷变为 0，这样可以轻松地出手抓握下一个支点。横向移动时，重心要下沉，使两手吊在支点上而不是费力地抠拉支点；在伸手够下一个支点时，两脚应踩实，腿部发力使重心上移，而不是单靠手的拉力使身体上移，只靠手臂力量是不可能持久攀爬的。操作时，身体尽量贴近岩壁，若用到侧拉、手脚同点、平衡身体等技术动作时，要使身体与岩壁间留有一定的空间，以便做预备性动作，但要在身体上升的一瞬间使身体迅速贴向岩壁。在保证安全的前提下，可利用惯性，动作不停顿，直接抓握下一个支点，这样不仅可以有效地节省体力，还能增强攀岩者完成动作的信心。

攀岩动作要连贯但不能随意，每个动作都要到位，抓握住支点后要尽快恢复身体平衡，调整好重心。困难地段须快速通过，在容易地段可适当调整和休息，停顿、连贯间隔进行。休息地段一般选择岩壁没有仰角或仰角较小的大支点处，可用较小的力去抓握支点，两臂依次轮换休息。休息时，两脚踩稳支点，上体后仰，但腰部要向前顶出，下身贴近岩壁，重心落在两脚之间，手臂一有机会就要伸直，尽量避免长时间弯曲，否则臂力会很快被耗尽。在仰角面上，身体垂直于水平面，不要贴近岩壁，这样能够使脚与岩面的摩擦力增大，从而增大脚的蹬力。在垂直岩面上，腹部要紧贴岩壁，可使身体重心落在小的脚点上。当脚移向下一个脚点时，手臂自然伸直，不要使用臂力改变身体方向，要在踩稳脚点后，靠转移身体重心来完成动作。总之，攀岩者在整个攀爬过程中要合理分配体力，有效安排休息，用最小的力去完成整个攀爬过程。

知识拓展

攀岩时应注意以下事项。

（1）攀爬的时候，一定要紧贴岩壁，这样既安全又省力。

（2）大腿远比胳膊有力，因此要多用大腿的力量。

（3）每次提起一只脚，会节省胳膊的力量。

（4）在计划好路线，考虑好下一步的落点之后，再将手、脚挪到对应的支点上。

（5）在攀爬过程中休息时，身体一定要贴紧岩壁。

第三节　定向运动

定向运动是指参加者借助定向地图和指北针，按组织者规定的方式合理地选择路线，按顺序到访地图上所标示的若干放置于地面上的检查点，以通过全程检查点用时较短者或在规定时间内找到检查点得分较多者为胜的一种运动。

一、定向运动的起源与发展

（一）起　源

现代定向运动起源于19世纪末的瑞典，其最初只是一项军事体育活动。"定向"一词最早出现在瑞典，在1886年首次被使用，意思是在地图和指南针的帮助下，越过不为人知的地带。1895年，在瑞典斯德哥尔摩举行了一场具有深远意义的定向运动比赛，标志着定向运动作为一个体育比赛项目诞生。

（二）发　展

1. 世界定向运动的发展

定向运动作为一个体育运动项目，于20世纪初首先在北欧开展。1919年，在斯堪的纳维亚半岛举行了第一次正式的定向运动比赛。1931年，第一场国际性定向运动比赛成功举行。1961年，在丹麦首都哥本哈根，第一个国际定向运动组织，即国际定向越野联合会（以下简称国际定联）正式成立。中国于 1992 年加入国际定联。

2. 中国定向运动的发展

1978 年，定向运动传入中国台湾；1979 年 3 月，中国香港的定向运动爱好者成立了香港野外定向会；1983 年，定向运动传入中国内地；1984 年，中国人民解放军长沙地区军队院校协作区在长沙工程兵学院举办了中国首次全国定向运动骨干培训班；1991 年，中国制定了第一部《定向运动竞赛规则》；2004 年，中国国家定向运动队成立。

二、定向运动的锻炼价值

（一）强身健体

定向运动比赛一般在室外进行，在复杂的环境中，可以有效地培养参与者的速度、耐力、力量、灵敏性、柔韧性等身体素质。在比赛中，参与者利用指北针和地图寻找检查点，须快速地判断和选择正确的路线，这个过程能培养其独立分析问题和解决问题的能力，提高其逻辑思维能力。

（二）培养活动能力

定向运动能培养人们走、跑、跳、投、攀、爬、提、悬垂等基本活动能力。

（三）了解自然环境

参与者进行定向运动时，能够亲近和了解自然环境，更加深刻地理解人与自然和谐发展的内涵，从而树立正确的自然观、人生观、价值观。

（四）提高身体适能水平

定向运动是一种有氧运动，是发展心肺适能、肌肉适能，以及协调性、灵敏性和平衡能力的好方法。定向运动是对参与者心理和身体的双重挑战。一方面，定向运动要求参与者在复杂的自然环境中做到身体活动与地理环境、心理活动的协调，培养参与者的协调能力、自我控制能力和应变能力；另一方面，定向运动的特殊性决定了该项目以脑力运动为主，并且具有一定的娱乐性和趣味性。因此，与其他运动项目相比，参与者进行定向运动的主动性和积极性较高，更易投入其中。另外，定向运动具有需要长时间和长距离跑动的项目特点，对发展参与者的体适能十分有益。

（五）增长知识与技能

定向运动涉及自然地理学、环境地理学、数学、地图学、指北针应用等多方面的知识和技能。参加定向运动，参与者必须要学习地图和指北针的使用方法，理解地图、指北针与地形的关系，并掌握捕捉地表特征及在地图上对其定位的技能。这些知识的掌握和技能的形成对野外工作和生活能力的培养与提高有着积极作用。掌握比例尺、距离、方向等知识，以及空间的确定、测量与分析、安排检查点到访顺序等技能，有利于参与者解决生活中的实际问题。

（六）促进心理健康

定向运动可以促进个体心理健康，有利于个体认识并挖掘自身潜能，完善个性特征，增强自信心，提高独立工作、独立分析与解决问题、自我控制及社会交往的能力。

（七）培养团队精神

将团队定向运动用于团队素质拓展培训，可以培养团队成员的团队精神，提高团队成员的协作能力和凝聚力。

三、定向运动的分类

1. 竞技性领域定向运动

竞技性领域定向运动按比赛性质分为个人赛、接力赛、团队赛；按检查点设置分为传统定向、微型定向；按比赛距离分为长距离赛、中距离赛、短距离赛等；按比赛成绩计算方法分为单程赛、多程赛、资格赛。

2. 休闲娱乐性领域定向运动

休闲娱乐性领域定向运动按活动场地分为室内定向、室外定向（校园定向、公园定向、野外定向、街道定向等）；按活动性质分为休闲娱乐定向、教材化定向、个人素质拓展定向、团队素质拓展定向、野外穿越等；按活动的要素或活动的结构分为单一要素定向、多要素定向。

知识拓展

定向运动按运动工具的不同可分为徒步定向（如传统定向越野跑、接力定向、积分定向、夜间走向、五日定向、公园定向等）和工具定向（如滑雪定向、山地自行车定向、摩托车定向等）。

四、定向运动的装备

1. 定向地图

定向地图有普通地图和专题地图之分。普通地图：内容相对丰富，能详细标示制图区域内各种自然和社会经济状况，主要包括平面图、地形图和地理图。专题地图：在普通地图的基础上，只对专题内容做详尽标示，而将其他地理信息简化或选择相关的内容予以标示。

（1）定向地图比例尺。

- 比例尺的定义：地图上某一线段的长度与相应实地的水平距离之比。
- 比例尺的表示形式：数字式、图解式、文字式。
- 数字比例尺的换算：地图比例尺＝图上距离/实地距离。
- 比例尺在定向越野中的作用：测算实际距离。

（2）定向地图上的地物符号。

地物符号有面状符号、线状符号和点状符号。符号的构成要素有图形、大小和颜色。

 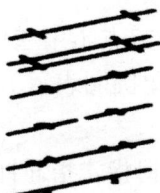 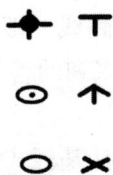

面状符号	线状符号	点状符号

面状符号：地面事物呈面状分布，如湖泊、森林、沼泽等。

线状符号：地面上呈带状或线状延伸的事物，如道路、输电线、河流等。

点状符号：客观事物在地面上所占的面积较小，如居民点的房屋、建筑、小树等，在地图上不能按比例尺标示。

（3）定向地图上的地貌标识。

定向装备

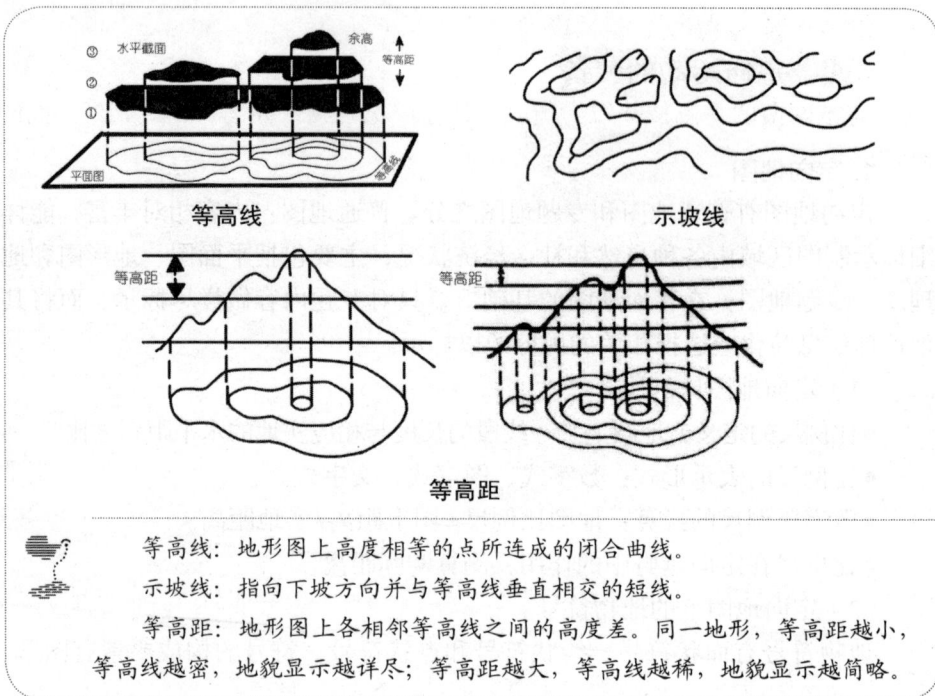

等高线

示坡线

等高距

等高线：地形图上高度相等的点所连成的闭合曲线。

示坡线：指向下坡方向并与等高线垂直相交的短线。

等高距：地形图上各相邻等高线之间的高度差。同一地形，等高距越小，等高线越密，地貌显示越详尽；等高距越大，等高线越稀，地貌显示越简略。

2. 定向行进路线

定向行进路线一般包括一个起点（用三角形表示）、一个终点（用双圆圈表示）和一系列的检查点（用单圆圈表示）。

3. 指北针

指北针包括基板式指北针和拇指式指北针两种。

4. 点标旗

点标旗由三面按三角形排列的正方形标志旗组成，各面正方形标志旗以对角线划分颜色，左上部三角形为白色，右下部为橙色。点标旗上通常要编写代号，以便选手在比赛时依此判断检查点。

5. 打卡器

打卡器包括钳式打卡器和电子打卡器。

6. 个人装备

个人装备包括衣裤、鞋、号码布等。

五、定向运动基本技能

（一）实地判定方位

1. 利用指北针判定方位

将指北针放平，待磁针完全静止后，磁针的红色一端，即N端，指向北

定向越野常用技术

方；蓝色一端，即S端，指向南方。

2. 利用地物判定方位

树木朝南的一侧枝叶较为茂盛，色泽鲜艳且树皮光滑。山坡朝南一面的积雪融化快。

3. 利用太阳和手表判定方位

在晴朗的天气，上午9时至下午4时，用手表时针对准太阳，这时时针与12时刻度的夹角平分线所指的方向就是南方。注意：手表平置；不能在南纬20°30′和北纬20°30′之间的地区的中午前后使用；一定要将时间换算为当地时间。

（二）标定地图

标定地图就是给地图定向，使地图的方位与实地的方位一致。具体方法如下。

（1）利用指北针标定地图：使指北针上的红色指针与地图上的磁北线的方向吻合或平行。

（2）利用概略标定地图：上北、下南、左西、右东。

（3）利用地物标定地图：利用直长地物标定地图；利用明显地形标定地图。

（三）确定站立点在地图上的位置

（1）直接确定是最常用的确定方位的方法。

（2）利用位置关系确定。

（3）利用"交会法"确定：① 90°法，线状符号与垂直方向线的交点为站立点；② 连线法，适用于在线状地物上运动的情况，同时待测的位置恰好是在某两个明显地形点的连线上；③ 后方交会法，适用于待测点上无线状地物可利用，地图与实地相应地都有两个以上的明显地形点，且地形较开阔、视线良好的情况。

（四）快速行进

1. 依地图行进

（1）用拇指辅行法行进：在运动过程中，要不断地转动地图，达到地图方向与行进方向一致的目的，并且要将拇指压在站立点上。

（2）沿地形地貌行进。

（3）其他行进方法：水平位移法行进、借点法行进、借线法行进、提前绕行法行进（直线跑、提前绕）。

2. 沿磁方位角方向行进

从某点的磁北方向线起，依顺时针方向到目标方向线之间的水平夹角，就是磁方位角。确定目标点方向、快速到达目标点的捷径，就是利用指北针将磁方位角确定下来，并沿磁方位角方向行进。

正确估算距离的方法：利用比例尺换算图上距离和实际距离，计算公式为实际距离＝水平距离＋水平距离×修改系数；利用步测法计算已跑过的距离；根据步幅的大小计算距离；用目估法测算实际距离。

（五）判读地貌

1.判断山的各部形态

（1）山顶与凹地：比周围地面高凸隆起的部分或山的最高部位为山顶，分为尖顶山、圆顶山和平顶山。凹地是指比周围地面凹陷且经常无水的低地。

（2）山脊与山谷：从山顶到山脚的凸起部分为山脊；相邻山脊或山脊之间的低凹部分为山谷。

（3）鞍部：相连两个山顶间的凹下部分。

（4）山坡：山体的倾斜部分。

（5）山丘：体积较小，只能以一条等高线标示的小山包。

2.判断地貌起伏

（1）以等高线图形的形状为依据：山脊、山垄等地貌隆起部分的等高线图形，其凸出部分总是朝着下坡；山谷、凹地的等高线图形与山脊、山垄等地貌隆起部分的等高线图形相反，总是朝着上坡。

（2）以等高线的示坡线为依据：顺示坡线方向为下坡，逆示坡线方向为上坡。

（3）以等高线的注记为依据：朝着字头的方向为上坡，背着字头的方向为下坡。

（4）对坡度的判断：以等高线的疏密为依据对山体斜坡的陡缓进行判断。等高线较密，为陡坡；等高线较疏，为缓坡。

（5）对形态的判断：以等高线的疏密变化为依据来对山体斜坡的形态进行判断。

●匀坡：等高距相等，等高线疏密一致。

●凹坡：等高线自上而下由小到大，等高线上密下疏。

●凸坡：等高线自上而下由大到小，等高线上疏下密。

●复合斜坡：由匀坡、凹坡、凸坡组合而成，由下而上先缓后陡，再缓又陡；等高线先疏后密，再疏又密。

（六）选择路线

1.选择路线的原则

（1）有路不越野。地图显示性强，若点与点之间的道路标示详细，则优先选择道路行进而不越野。道路有利于运动中图地对照，随时明确站立点在图上的位置，如路与路的交叉口、路的拐弯角、路的最高点和最低点等，不易迷失方向。另外，道路相对平坦，不仅有利于提高行进速度，还可以节省体力。

（2）选近不选远。若两点之间起伏不大，树林稀疏，通透性强，则应遵循选近不选远的原则选择路线。

（3）走高不走低。选择路线时，若选择了越野，则应尽量在高处行进，避免在低处行进。这是因为：地势高，视野开阔，便于确定站立点和保持行进方向；高处通风、干燥，荆棘、杂草、虫害及其他危险较少；人们一般习惯在高处行走，在山脊这样的地方，常常会有放牧、砍柴的人踏出的小路，利用这些小路便于提高行进速度。

（4）统观全局，遇障提前绕。在起伏较大、树林密集、障碍较大的地段，坚持遇障提前绕的原则。

2. 选择路线的方法

（1）借线法（扶手法）。当检查点位于线状地形上或其附近时，可采用借线法选择路线。行进时，要先明确站立点位置，再以易于辨认的线状地形，如小径、围栅、小溪涧、山背线、高压线等作为行进的向导，使自己行进更有信心。沿着线状地形行进，如同扶着楼梯的栏杆行进，因此人们又称借线法为扶手法。

（2）借点法（攻击点法）。当检查点附近有高大或明显的地形点时，可采用借点法选择路线。高大或明显的地形点可以是高塔、建筑物、路的交叉点、拐弯点等。参与者到达攻击点后可利用指北针确定到访检查点的前进方向，再寻找检查点。利用攻击点寻找检查点可以提高寻找的准确性和路线的简化性。行进前，要先将该地形点辨认清楚，再用最快的速度前往检查点。

（3）偏向瞄准法。当检查点位于线状地形上或其附近时，如果直接瞄准行进，往往会因为多种因素（如绕过灌木丛、沼泽地等）造成路线偏移，从而使人们在到达该线状地形后，不知检查点在何方。若一开始人们就有意识地将目标方向向左或向右偏移一定的角度，在到达线状地形后，检查点的位置也就非常清楚了。

（4）水平位移法。沿着等高线行进，简单地说，就是不上山也不下山。这是一种常用的方法，也是寻找地形较复杂处的检查点较实用的方法。运用该方法应注意：① 站立点或辅助点与检查点应在同一高度；② 站立点或辅助点与检查点之间的植被可通行且无其他不利于奔跑的障碍物；③ 体力下降，参与者往往会无意识地往山下偏移，应具备下（上）几米就上（下）几米的纠错意识。

（5）导线法。当站立点距离检查点较远、途中地形又很复杂时，可采用导线法，即把一条路线分成几个线段逐一完成。行进中，要充分利用各个明显地形点，从而保证行进方向和路线的正确性。

（七）捕捉检查点

1. 定点攻击法

当检查点设在明显、较大的地物、地貌上或其附近时，可采用定点攻击法捕捉检查点。先将这些明显的地物、地貌设为攻击点，再根据这一攻击点与检查点的相对方位、距离关系寻找检查点。

2. 提前偏差法

当检查点设在线状地物（如大路、沟渠、河流）的一侧时，可采用提前偏差法捕捉检查点。先根据地形条件选择线状地物作为目标点，再提前偏离检查点，跑到线状物上，之后根据线状地物与检查点的位置关系找到检查点。

3. 距离定点法

在起伏不大、无道路、植被较多、观察不便的区域内寻找检查点时，可采用距离定点法捕捉检查点。首先，通过比例尺从图上测算出站立点或辅助点至检查点的实地距离，并换算成自己的步数。其次，利用指北针确定行进方向，沿直线走（跑）完自己的步数。选择一条路线，把它分成三个区域：绿区、黄区、红区。绿区——概略定向，在这个区域，由于标定了行进的方向，精确地确定了站立点（借助于检查点），因此可以用最快的速度奔跑，如有可能，则应多采用借线、记忆等方法沿道路奔跑；黄区——标准定向，这一区域内的各种明显地形点将逐渐引导参与者接近检查点，因此应多利用借点、导线、水平位移等方法行进，并尽可能地保持标准跑速；红区——精确定向，在即将到达检查点时应减慢跑速，防止过早地兜圈子寻找点标，或者错过点标，此时应勤看地图、勤对照，时刻明确站立点在图上的位置。距离定点法多采用拇指辅行、偏向瞄准、借助进攻点，以及运用指北针确定行进方向，通过步测确定行进距离，并参考检查点说明寻找点标。

4. 地貌分析法

在地貌有一定起伏的地域内，检查点设在低小地物附近时，可采用地貌分析法捕捉检查点。首先，根据地图上检查点与地貌的位置关系，分析出图地位置对应关系；其次，依据这种位置关系来寻找检查点。

第四节　轮　滑

轮滑又称滑旱冰、溜冰、滑冰、滚轴溜冰等，是运动者穿着带滚轮的特制鞋在坚硬的场地上滑行的运动。

一、轮滑的起源与发展

（一）轮滑的起源

轮滑运动是一项历史悠久且具有国际性的体育运动，是从滑冰运动过渡而来的。据记载，最早的轮滑鞋诞生于 1100 年，那时称作溜冰鞋。在 18 世纪初期，一名荷兰的滑冰爱好者经过不断尝试，发明了最初的轮滑鞋，轮滑运动从此在欧洲兴起。18 世纪 60 年代，出现了对两轮轮滑鞋的记载，但这种鞋很难控制滑行，后来一些轮滑爱好者又多次对轮滑鞋进行了改进。

1861 年巴黎世界博览会上的轮滑表演把轮滑运动推向了一个新的阶段。1863 年，美国的詹姆斯·普利姆普顿设计制造了以金属轮子代替易损的木制轮子的新型轮滑鞋，这种轮滑鞋就是现在的双排轮滑鞋。这种新型轮滑鞋便于转弯，还能倒滑，安全灵敏，滑行起来具有更多的优越性，因此深受人们欢迎。普利姆普顿于 1866 年在纽约投资建造了一座室内轮滑场，并组织成立了纽约轮滑协会，从此轮滑运动被列为体育运动的正式比赛项目。1884 年，美国的理查森和雷蒙德发明了滚珠轴承，这对提高轮滑鞋的性能起了极大的推动作用。后来有人将滚珠轴承应用于轮滑鞋上，使轮子转动更容易，轮滑鞋整体更轻巧，这就更加推动了轮滑运动的开展。

1902 年，美国芝加哥的科利瑟姆公众轮滑场开业，有大约 7000 人参加了开幕式。不仅如此，由于当时冰上运动比轮滑运动更普及和技术更先进，受其影响，轮滑运动也分化出速度轮滑、花样轮滑、轮滑舞蹈等，并进行了各种各样的比赛。1908 年，美国纽约的麦迪逊广场变成轮滑场后，美国和欧洲国家的几百座轮滑场和轮滑厅相继开业，这使轮滑运动得到迅速普及。

1979 年，美国的两名冰球运动员奥尔森兄弟在其家乡明尼苏达州的明尼阿波利斯发现了一双早期的单轮滑鞋，由于这双轮滑鞋的轮子呈一条直

轮滑百科

线，而不是普利姆普顿发明的双排轮滑鞋，因此引起了他们的兴趣。于是，奥尔森兄弟对轮滑鞋重新进行设计，根据轮滑鞋的原理，采用现代的材料，用聚氨酯制作轮子，并将其安装在冰球鞋下面，再装上橡胶制的制动器，就制成了现在的单排轮滑鞋。

（二）国际轮滑运动的发展概况

1924 年，德国、英国、法国和瑞士的代表相约在瑞士的蒙特勒，成立了世界上最早的国际滚轴溜冰联合会。1952 年，国际滚轴溜冰联合会更名为国际轮滑联合会。自 1936 年首次在德国举行世界轮滑球锦标赛以来，国际轮滑联合会确定：每年举行一届世界速度轮滑锦标赛（包括场地赛和公路赛）、世界花样轮滑锦标赛、世界轮滑球锦标赛。1980 年，国际轮滑联合会第 36 次例会通过决议，正式接纳中国轮滑协会为该联合会的会员。经过多年的发展，国际轮滑联合会已经成为一个全球性的单项国际体育组织，管理世界范围内轮滑运动的竞赛、组织与发展。国际轮滑联合会在 1975 年得到国际奥林匹克委员会的承认，且成为国际运动联合会的成员和国际世界运动会协会的成员。

二、轮滑的锻炼价值

（一）改善神经系统机能

人体各器官、系统的一切活动都是在神经系统的调节下进行的，通过神经系统的调节，人体对内外环境产生相应的反应，保证人体生命活动的正常进行。经常参加轮滑运动，能够改善神经系统对人体机能的调节作用。人体在运动时，心肺功能得到加强，心血管系统和呼吸系统得到改善，消化系统活动减弱，当运动停止后则相反。这样可以改善神经系统对内脏器官的运动机能的调节，促进内脏器官与肌肉运动相适应，提高肌肉的工作能力。经常参加轮滑运动，会对机体的前庭器官和神经系统产生明显的影响，刺激前庭分析器产生兴奋，使神经系统的反应速度及神经系统对肌肉的调节机能得到改善。

（二）改善心血管系统机能

经常参加轮滑运动对心血管的形态、结构和机能都会产生不同程度的良性影响，可提高心脏功能，增强心肌收缩力，增大心容量，延缓心肌衰老。

（三）改善呼吸系统机能

经常参加轮滑运动，尤其是户外轮滑，不仅能使轮滑者呼吸新鲜空气，促进机体的新陈代谢和血氧供应，还能增大肺通气量，增加肺泡参与气体交换的数量，提高肺的换气量，促进肺毛细血管增多和血液循环加快，从而提高呼吸系统的机能。

（四）改善运动系统机能

经常参加轮滑运动能提高人体的平衡能力。在滑行时，轮滑者不仅要保持正确的滑行姿势，在花样轮滑、轮滑球等运动中还要求做出各种旋转、跳跃、急停等动作，要求具有很好的平衡能力；轮滑运动对骨髓有较大的刺激作用，可促进骨骼发育；轮滑运动能使肌肉毛细血管数量增多。另外，经常参加轮滑运动的人，其力量、速度、耐力、灵敏度等素质几乎都高于一般人。

（五）改善体形

轮滑运动是一项全身性的运动，也是一项健康的有氧运动。一般来说，轮滑运动的最大摄氧量（测量运动强度的基准）是跑步的90%，可以达到强化心血管和消耗脂肪的效果。因此，很多人把轮滑运动作为一项改善体形、减脂塑身的运动进行锻炼。

三、轮滑基本技术

轮滑基本技术的原则是对轮滑技术规律正确认识的提升和归纳，它反映了轮滑技术内部各构成因素之间，以及外部各相关因素之间，在结构上、功能上的本质联系和发展的必然趋势，对正确、合理地掌握和完成轮滑技术动作具有普遍性的指导意义。对于轮滑初学者来说，首先要掌握轮滑基本技术的重点，即重心突出、平抬平踏、充分侧蹬地、滑足支撑重心、浮足提膝收回和浮足就近落地。

（一）重心突出

轮滑装备

重心突出，即身体重心的控制和稳定是在完成轮滑运动的技术动作时，应首先注意和控制的重要因素。重心突出还有一层含义，即除了花样轮滑的特殊动作要求外，在绝大多数情况下，在完成轮滑运动的技术动作时，身体的重心都应向身体位移的方向移出身体之外。

（二）平抬平踏

在轮滑中（除了花样轮滑的特殊动作要求外），如要使一脚离开地面，则应以脚底部的所有轮子同时离开地面的方式平行抬起；如要使一脚着地，则应以脚底部所有轮子同时着地的方式平行踏下。

（三）充分侧蹬地

腿部蹬地是滑行的动力。在腿部蹬地时，为加大蹬地力量和增加做功的距离，腿部应充分蹬伸。基于轮滑运动场地和器材的特点和性能，腿部蹬伸的方向应为人体位移方向的侧前方或侧后方。

（四）滑足支撑重心

在轮滑的滑行过程中，滑足应支撑或主要支撑身体重心。

（五）浮足提膝收回

在滑行过程中（除了花样轮滑的特殊动作要求外），为了有效地控制身体重心，保持重心稳定和有利于下接动作，浮足应收回并靠近支撑身体重心的滑足。

（六）浮足就近落地

在滑行过程中（除了花样轮滑的特殊动作要求外），为更好地控制身体重心，保持重心稳定，增加蹬地腿蹬伸的做功距离。浮足在落地时，应适当靠近支撑身体重心的滑足。

知识拓展

轮滑鞋的保养技巧

（1）经常将轮滑鞋的鞋内套取出洗涤，可以防臭及避免滋生细菌。

（2）经常护理或更换鞋上的轮子，可使直排轮滑鞋的轮子更加耐用。

（3）避免在粗糙的路面上滑行，可以延长轮子和轴承的使用寿命。

（4）不要调换单个轮子或轴承，否则会降低滑行的稳固性。

（5）如果轴承用久了，在滑行时不顺畅或有"沙沙"的声响时，则可将轴承取下来，放在去渍油里浸泡半小时左右，将轴承内的杂质清洗掉，再喷上机油或轴承专用油，这样可以延长轴承的使用寿命。

（6）不使用轮滑鞋时，应当将轮滑鞋放在干燥和没有阳光直射的地方，这样可以防止配件生锈，延缓老化。

第五节　毽　球

毽球又称毽子，古称抛足戏具，是一种将鸡毛插在圆形的底座上制成的游戏器具。

一、毽球的起源与发展

（一）毽球的起源

毽球起源于汉代（1973 年，山东济宁出土的汉代"蹴毛丸"画像石被认为是毽球的雏形），在我国有着悠久的发展历史，是一种古老的传统民间体育活动。毽球由古代蹴鞠发展而来，至今已有 2000 多年的历史，盛行于汉魏六朝、隋朝、唐朝。到明清时期，毽球在民间发展迅速，并发展到鼎盛阶段，参与的人越来越多，难度逐渐增大，技巧也逐渐提升。作为一项简便易行的健身活动，毽球深受人们的喜爱。

（二）毽球的发展

现代毽球是一项新兴的体育运动项目。20 世纪 30 年代，涌现出了一批闻名全国的毽球能手。毽球技术在普及的基础上得到了提高。

1928 年，在上海市举行的中华国货展览会上，进行了我国第一次毽球公开比赛，推动了这项民族体育运动的发展。

1933 年，在全国体育运动会上，毽球同拳术、摔跤、弹弓、剑术等民间运动项目一起进行了比赛。

1963 年，毽球运动被列入国家提倡开展的体育运动行列之中，同时被编入了小学体育教材。

1984 年，经国家体育运动委员会（现为国家体育总局）批准，毽球被列为全国正式比赛项目。毽球运动以其坚实的群众基础在全国各地蓬勃发展起来。

1987 年，中国毽球协会的成立标志着毽球运动在中国进入了新的发展阶段。

1999 年，国际毽球联合会在越南成立，自此，毽球逐渐走出国门，走向世界，并在亚洲、欧洲、美洲等多地推广。

毽球百科

二、毽球的锻炼价值

毽球是老少皆宜的健身运动，可以增强体质，提高抵抗力。在踢毽球时，抬腿、弹跳、屈身、转体等动作使身体的各部位都能得到很好的锻炼，能有效地提高腿部关节的柔韧性和身体的灵活性。踢毽球还可使人的注意力更为集中，提高灵敏素质，增强反应能力，预防骨质疏松，刺激大脑皮质兴奋，发展智力等。

三、毽球基本技术

（一）发球技术

1. 脚背正面发球

面对球网，两脚前后自然开立，左脚在前，右手持球并向右脚前上方抛起，右腿向前摆动，伸膝绷脚背，加速伸膝击球过网。发球时，人体重心应顺势向前跟进，脚背要绷紧、绷直，以大腿带动小腿向前形成鞭打动作，在离地面约 25 厘米的高度处将球踢出，击球部位在脚背正面二趾的趾关节处。

2. 脚内侧发球

面对球网，两脚自然开立，旋髋，送髋，用脚内侧踢球。摆动腿外展、外旋，脚内侧正对踢球方向。在踢球环节，发球人须转动髋关节，形成外旋，并向前上方送髋，用脚内侧将毽球踢出。

3. 脚外侧发球

发球人侧身对网，上步移动，摆动腿向外侧高抬，大腿带动小腿侧摆，脚背绷直向内侧画弧线，然后用脚背外侧向正前方发力扫踢，将球踢出。

（二）踢球技术

1. 脚背内侧踢球

膝关节向外展，大腿向外转动，稍有上摆，动作幅度不要过大，髋关节和膝关节放松，小腿向上摆。踢毽球时，踝关节发力，脚放平，用脚内弓部位踢球。脚背内侧踢球技术主要用在传接球方面。要想成为一名出色的毽球球员，无论是一传手、二传手还是攻球手，都必须熟练、稳定地掌握脚背内侧踢球。

2. 脚背外侧踢球

用脚背外侧踢球时要稍侧身，向体侧甩踢小腿，勾脚尖，用脚背外侧踢球。要想获得较低的托球点，支撑腿应适当弯曲，还要注意将身体重心放在支撑腿上。

3. 脚背正面踢球

用脚背正面踢球，要注意绷脚尖和抖动踝关节发力击球。脚背正面踢球是难度较大的一种基本技术，要求动作不仅要快，还要有一定的准确度。抖动脚踝发力时，击球的节奏过快或过慢都会影响踢球完成的质量。

（三）进攻技术

1. 头部攻球

头部攻球是从限制区外助跑起跳，靠腰部、颈部发力，在空中用额头部正面、侧面击球的一种技术。头部攻球技术的特点是力量大、速度快、变向多。如果将头部攻球运用得熟练，就能给对方防守造成一定困难。

2. 脚踏攻球

脚踏攻球是踢球腿向上抬后向下发力，用前脚掌部位推压击球的一种技术。由于脚踏攻球力量相对较弱，因此必须充分发挥其快、刁的特点，攻其不备才能给对方防守造成较大的威胁。

在练习时多注意控制球的线路和落点。脚踏攻球的特点是视野开阔、目的性强、球速快、变化多，既可以压踏前场，又可以推踏后场，还可以抹吊近网。

3. 倒勾攻球

倒勾攻球是以大腿带动小腿向上摆动，加速发力的一种技术。斜线攻球时，可以用站位方向的变化和脚尖内扣来达到变攻球的目的；外摆攻球时，击球瞬间外翻脚踝，用转体和向外摆动腿来控制球的力量和落点；内扫攻球时，用脚尖部位或脚内侧向异侧腿前上方边转体边扫踢击球。倒勾攻球的特点是击球点高、球速快、力量大、易控制、变化多，通常可根据对方不同的阵型攻出直线、斜线、外摆、内扫、轻吊、凌空等不同特点的球，给对方造成较大的威胁。

（四）防守技术

1. 触 防

触防是三名队员根据对方的攻球情况，在前边单人拦网的同时，侧边两名防守队员判断扣球的路线，用膝关节以上的身体部位触防，防守对方的攻球的一种技术。

2. 踢 防

踢防是当对方将球攻击过网后，防守队员利用脚的各部位将球击起，以便调整进攻的一种技术。踢防主要有内踢、外踢和挑踢。

（1）内踢：球的落点在身体前边，快速移动到位，在向内侧横向摆动小腿的同时，脚踝向内侧端平，完成踢球动作。

（2）外踢：在腰和髋关节的带动下，向横外侧或后外侧摆动小腿踢球。踢球时，脚侧面摆平，完成踢球动作。

（3）挑踢：看准来球，在踢球的瞬间，依靠髋关节、膝关节、踝关节带动，抖动脚踝，上挑脚尖，脚背的角度适当，完成踢球动作。

3. 跑　防

跑防是在对方攻球落在守方较大的空当区域，而球速又不是太快的情况下使用的一种跑动防守技术。跑防要求防守者首先要有必胜的信心，敢于去追任何一个有难度的球；其次要根据来球的具体情况，采用准确的防守技术起球。要想提高跑防效果，就必须做到判断准确、起动迅速、跑动积极、起球稳重。防守技术的练习方法如下。

（1）两人一组，互打防、拦球练习，计时或记数交换进行。

（2）三人一组，一打二防练习，计时或记数交换进行。

（3）两人隔网互打防、打拦练习，计时或记数交换进行。

（4）两人互打多球练习，用单一防守技术防不同的来球，反复进行。

（5）个人对墙或对网踢球，进行防守起球练习。

（6）隔网多攻与挡、防对抗练习，也可结合防反进行。

4. 拦　网

拦网主要有单人拦网和双人拦网两种。

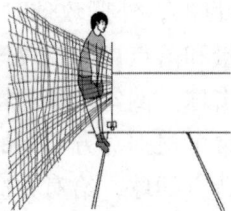

单人拦网

面向球网，两脚平行开立，与肩同宽，两膝微屈，重心下降，自然收腹，上体稍前倾，两臂自然弯曲并置于体侧，目视攻球，准备起跳网。当对方攻球（倒勾、蹬踏）时，两脚用力蹬地起跳，两臂收拢自然下垂于体侧，提腰、收腹、挺胸堵击球。击球后，身体自然下落，两脚前脚掌先着地，屈膝缓冲。

双人拦网

盯住对方的击球点，两人在网前滑步选准位，起跳时机是重点，拦正挡侧是难点，将球拦落对方处。

第六节 体育游戏

体育游戏是人类在一定规则的约束下进行的身体娱乐活动，具有趣味性、教育性等特点。体育游戏不仅是休闲娱乐和增进健康的手段，还是一种用途广泛的教学手段。在体育教学中有田径类、足球类、篮球类、排球类等游戏，几乎涵盖了所有体育项目，对促进学生身心健康、提高学生社会适应力具有重要的作用。

一、体育游戏的起源与发展

（一）体育游戏的起源

游戏是人类社会的一种具有悠久历史的娱乐活动，是在人类社会发展的进程中因生活的需求而产生的。需求是人对一定客观事物需要的表现，是人类一切活动的动因，表现为愿望、意向、兴趣，是行动的一种直接原因。人类的需求是现实的，与整个社会发展水平相适应，受社会、经济、政治、意识形态等因素的制约和影响。随着社会的发展，人类的需求也不断由低级向高级发展。美国心理学家马斯洛把人的需求由低到高归纳为生理需求、安全需求、社交需求、尊重需求和自我实现需求五个层次，并认为人在低层次的需求得到满足之后，必然会提出高一层次的需求，并会付诸行动，努力去实现这些需求。

游戏是具有特殊形式的人类活动，早在原始社会就已出现。在原始社会，由于生产工具简陋，生产力低下，人类为了实现维持生存、延续种族的需求，几乎要付出全部的时间和精力。游戏作为娱乐活动的一种形式，并不是当时人们经常进行的活动。最早出现的游戏不是人们出于对娱乐的需求，而是出于对教育未成年人的需求。人类在漫长的年代里，在生产、狩猎、军事活动及日常生活中积累了大量的知识和经验，使生产力得到发展，生产技能日趋多样化、复杂化，这就对生产的主体——人提出了更高的要求，于是便出现了原始的教育。在原始社会，没有学校、文字、书籍等，教育的方式不外乎直接在生产或生活实践中进行教育，利用游戏、竞技、舞蹈、歌唱等形式进行教育。

我国可考证的最早出现的游戏用品是西安半坡遗址出土的新石器时代的石球。这种石球与北京民间的踢石球游戏所用的石球很像，因此有人认为那时就有踢石球的游戏。我国经考证的游戏主要有以下两个分支。

（1）文献中记载的士大夫的休闲游戏。我国古代文献中记载了大量的、各种形式的游戏，这些游戏多数是体育游戏，也是作为士大夫休闲时进行的娱乐游戏，如投壶、捶丸、蹴鞠、木射、角抵、射虎等。在这些游戏中，有些纯属娱乐性的游戏，如投壶、捶丸等，身体活动量较小。此外，还有与战争及狩猎有关的游戏，如角抵、射虎等，身体活动量较大。

（2）流传至今的民间游戏。我国古代的游戏除了文献中记载的士大夫的休闲游戏之外，还有大量在市井乡村历代流传的民间游戏，这些游戏中虽然也有少量游戏为一些文献所记载，如手鞠、击壤等，但大都是在民间口口相传的游戏，无文献记载，且只有一些优秀的、特别吸引人的游戏具有较强的生命力流传了下来。例如，儿童追逐游戏"官兵抓强盗"、蒙古族投掷游戏"布鲁"、朝鲜族游戏"顶瓮竞走"等。

（二）体育游戏的发展

在古代的诸多体育游戏中，有的游戏被一代一代地流传下来，给人们带来不同的感受和收获，虽然经过漫长的岁月，但没有发生太大的变化。然而更多的游戏在历史的长河中经过不断地改进和发展，其形式渐渐脱离人类的生产、生活，游戏的情节性逐渐减少，而趣味性、竞争性则逐渐增加，游戏的规则也逐渐严谨。为了满足社会发展的需要，体育游戏逐渐发展为学校体育游戏和竞赛性游戏两类。

学校体育游戏是学校教育的一个重要组成部分。教育者在长期的教学实践中，逐渐体会到体育教育对学生健康成长的重要性，而在体育教育中，游戏又是一种有效的、深受学生欢迎的形式。

竞赛性游戏又称竞技运动，是体育游戏发展的高级阶段。对于一些颇受人们欢迎的民间体育游戏，其游戏形式及游戏规则逐渐得到完善和调整，且增加了竞争性，从而使民间体育游戏得到社会的公认，成为重要的竞技运动。

知识拓展

我国纷繁众多的体育游戏可以分为五类，其具体分类情况如下。

（1）按组织形式可分为不分队游戏和分队游戏。

（2）按人体活动的基本能力可分为奔跑的游戏、跳跃的游戏、投掷的游戏。

（3）按发展的身体素质可分为速度游戏、力量游戏、耐力游戏、灵敏游戏、柔韧游戏。

（4）按运动负荷可分为大运动负荷游戏、中运动负荷游戏、小运动负荷游戏。

二、体育游戏的锻炼价值

体育游戏是一种以身体练习为基本手段的锻炼身心的活动。经常参加体育游戏，对改善人的身体状况、提高身体素质、发展基本活动能力和提高人对各种自然和社会环境的适应能力均大有裨益。

儿童和少年处于身体发育的关键时期，培养其走、跑、跳、投等基本活动能力有利于生长发育。青年人的身体在形态上已基本固定，处于提高身体素质的大好时期。然而，素质练习内容单调、枯燥，很难引起参与者的兴趣，而体育游戏则可使单调、枯燥的素质训练变得趣味无穷。例如，角力、搬运、追拍、接力等体育游戏，对发展青年人的各种身体素质起着重要的作用。中年人机体平衡逐步向分解代谢多于合成代谢的方向发展，经常参加体育活动，有利于其新陈代谢的平衡，防止各种急性、慢性疾病的发生，还有利于病后身体的恢复。对于老年人来说，保持头脑清醒和手脚灵活十分重要，适当选择一些运动负荷较小的集体性体育游戏，可以调节精神，活动筋骨，达到强身健体的目的。

三、体育游戏的创编与案例

在体育教学中，体育教师常采用体育游戏作为重要的教学手段。这些体育游戏可以从书本上直接选用，也可以根据所在学校的学生、场地、器材等具体情况对书本上的游戏进行改编，还可以由体育教师创编出更符合实际需要的游戏。

创编体育游戏要遵循一定的创编原则。体育游戏的创编原则是人们在创编和运用体育游戏的实践中，逐步总结、积累、概括出来的，是创编体育游戏必须遵循的原则。遵照这些原则，将使创编的游戏更具科学性和实效性。创编体育游戏，还要掌握一定的创编技法，遵循一定的程序。采用正确的创编技法，遵循合理的程序，能使创编体育游戏的工作顺利、快捷地完成，也能使创编出来的体育游戏比较规范。

（一）体育游戏的创编原则

1. 趣味性原则

创编的游戏应具有一定的趣味性，以使学生在游戏中感到愉快，能吸引学生主动加入游戏。趣味性原则是创编体育游戏时应遵循的主要原则之一。

增加体育游戏的趣味性，可以从以下几个方面入手：① 增加游戏的竞争因素；② 采用新颖的动作；③ 适当采用一些惊险的动作；④ 适当提高动作的难度。此外，在游戏中采用一些特殊的、诙谐的规则和一些有趣的赏罚办法，或者在低年级的游戏中加入故事情节，采用一些形象化的动作，都可以增加游戏的趣味性。

2. 锻炼性原则

体育游戏是一种体育运动，它必须具备体育的健身功能。学生通过参与游戏，能达到锻炼身体、增强体质的目的。锻炼性原则是创编体育游戏时应遵循的主要原则之一。

3. 针对性原则

创编体育游戏要有明确的针对性，要根据需要有的放矢地进行创编。有些体育教师认为，在体育课中做游戏只是为了提升学生的兴趣，有去上体育课的意愿，因此在创编或选用体育游戏时，并不注重游戏的针对性。体育游戏虽然可以活跃课堂氛围，调动学生参加体育锻炼的积极性和主动性，但这只是体育游戏的任务之一。要全面地完成体育游戏的任务，在创编时，必须遵循针对性原则。

4. 安全性原则

在体育游戏活动过程中，参与者兴奋性高、精神放松，会全身心投入游戏中，在这种情况下很容易出现安全事故。因此，在创编体育游戏时必须防患于未然，尽可能排除不安全因素。在创编难度大、带有惊险性的动作时，应充分考虑参与者的年龄、运动能力等因素。创编体育游戏还应对动作的可行性、安全性进行科学分析，按参与者的承受能力来设计。参与者在做投掷、负重动作时，必须避免因器械使用不当而发生事故。游戏的组织要严密，要对场地、队形排列、往返路线、交接方式进行周密的安排和设计。

（二）体育游戏创编的方法与步骤

1. 体育游戏的创编方法

掌握体育游戏的创编原则，有利于创编游戏工作在正确的指导下进行，从而使创编的游戏减少或避免出现错误和缺陷。正确掌握体育游戏的创编方法，可使创编体育游戏的工作顺利进行。

（1）变化法。在体育游戏的教材中，教师可选择一些易于变化的游戏，进行触类旁通、举一反三的改造和发挥，从而创编出新的游戏。例如，田径类的接力跑游戏，根据其特点，对其稍加变化和改造，即可创编出运球接力、负重接力、钻跨障碍等新的体育游戏。

（2）组合法。运用排列组合的原理，将不同类型的体育游戏进行组合，或者将其他运动手段、体育动作与游戏形式进行组合，便可创编出新的体育游戏。

（3）移植法。将生产生活中较为常见和实用的动作，从内容到组织形式及方法手段进行移植改造，创编出新的体育游戏。例如，可效仿人们在抗洪救灾中搬运沙袋的动作，采用运重物接力比速度的游戏方式，将游戏移植到体育教学中，使游戏更新颖并具有教育意义。

（4）程序法。按照一定的逻辑程序进行创编：① 目的和任务，即根据设想、条件和已有资料，明确创编游戏的目的和任务；② 设计规划，即经过严密构思，选定内容和素材，确定格式和程序，设计基本模型；③ 验证修改，即通过反复实验、推敲、修改和完善来增加游戏的科学性和可行性；④ 书写，即按游戏名称、游戏目的、场地器材、方法、规则、教学建议等进行编写。

（5）提炼法。将颇受大家喜爱的民间游戏、乡土游戏和地域性游戏去粗取精、提炼精华，从而创编出新的体育游戏。

2. 体育游戏的创编步骤

（1）搜集和选择体育游戏的素材。

（2）体育游戏的设计：① 确定游戏名称；② 明确游戏的目的和任务；③ 确定游戏的活动方法；④ 检验和修改游戏；⑤ 制定游戏规则；⑥ 提出教学建议；⑦ 为游戏配图；⑧ 按规定格式书写体育游戏。

（三）体育游戏的案例

本教材列出以下几种体育游戏的案例以供参考。

【案例1】

游戏名称：照镜子。

游戏目的：锻炼学生的判断能力和快速反应能力。

游戏方法：前后（或左右）学生两人一组，相对而立（或坐）。一人在下肢不动的前提下，做单（双）手上举、前平举、侧平举、抓耳、摸鼻、指嘴等动作；另一人像照镜子一样随之而做，如出错即为失败。两人互换角色，继续进行。

游戏规则：① 游戏中，双方下肢均不得离地和挪动，全身均不得碰到桌椅发出声响，否则碰到一次扣1分，并且在游戏结束后，做2个俯卧撑；② 游戏中，注意与其他组的距离，避免相互干扰；③ 游戏中或庆祝胜利时，要尽量降低声音，不要跺脚、击掌，否则每次罚做2个俯卧撑。

教学建议：照镜子游戏可多人组合进行，也可由教师在讲台上做动作，全班学生随教师做动作。

【案例2】

游戏名称：赶"猪"过河。

游戏目的：使学生掌握深吸气和均匀慢呼气的方法，增加学生的肺活量。

游戏方法：前后学生两人一组，对桌而坐，在课桌两边沿5厘米处各画一条直线（与边沿平行），每人将一个纸团（或塑料小球）放在靠近自己一边的直线后侧。游戏开始后，两人轮流将纸团向前吹，以纸团过对面直线后侧、吹气次数少者为胜。

游戏规则：① 游戏中，每人一次只能吹一口气；② 游戏中，可以用手扶撑桌子，但不能使桌子晃动，也不能离凳而站，更不能弄出声响，否则为失败。

教学建议：赶"猪"过河游戏也可两人同时吹气，且不分吹气次数，以先将纸团等物吹过对面直线者为胜。

【案例3】

游戏名称：看谁反应快。

游戏目的：提高学生的快速反应能力和应变能力。

游戏方法：学生坐在座位上，以竖排（或横排）为一组。教师在讲台上说出某种队列或体操动作，学生立即用特定的手势予以表示。例如，由两臂垂直于桌面、两手手心向前开始，右手手心向左转90°，表示向左转；左手手心向右转90°，表示向右转；两手向内轮转，表示后滚翻；两手向外轮转，表示前滚翻等。做错动作或反应迟缓者为失败，扣1分，最后以累计扣分最少的组为胜。

游戏规则：① 必须按信号做规定的动作；② 只能用手做相应的动作，不能边说边做，更不能相互提示。

教学建议：教师要根据学生的年龄特点选择信号和动作。

【案例4】

游戏名称：抓"落雁"。

游戏目的：提高学生的判断能力和快速反应能力。

游戏方法：前后学生两人一组，对桌而坐，事先准备一个小沙包或乒乓球等轻物作为"落雁"。游戏开始，学生甲一手持"雁"，臂向前平举，待学生乙做好准备后，学生甲松手放"雁"，学生乙迅速用手去抓"雁"，在"雁"落到桌面之前抓到者得1分，然后交换进行。进行一定次数后，以积分多者为胜。

游戏规则：①持"雁"者必须等对方做好准备后才能松手；②抓"雁"者在对方松手前，必须将手放在自己体侧，不得提前伸向对方的手下方等待，且"雁"落到桌面后不能再抓，否则为失败。

教学建议：① 作为"落雁"的下坠物，其重量、大小可视学生的年龄而定；② 抓"落雁"游戏也可两人同时站立进行；③ 为减小声响，可事先在桌面上垫上衣物或书本。

本章课后思考题

292